50 ans de politique extérieure du Congo-Brazzaville

Diplomatie et démocratie

Études africaines
Collection dirigée par Denis Pryen et François Manga Akoa

Dernières parutions

Dingamtoudji MAIKOUBOU, *Les noms de personnes chez les Ngwabayes du Tchad*, 2012
Abderrahmane NGAÏDÉ, *L'esclave, le colon et le marabout. Le royaume peul du Fuladu de 1867 à 1936*, 2012.
Casimir Alain NDHONG MBA, *Sur la piste des Fang. Racines, us et coutumes*, 2012.
Boubakari GANSONRE, *Archives d'Afrique et communication pour le développement*, 2012.
Angelo INZOLI, *Le développement économique du Burundi et ses acteurs, xixe-xxe siècle*, 2012.
Djibril DIOP, *Les régions à l'épreuve de la régionalisation au Sénégal. État des lieux et perspectives*, 2012
Vitaly TCHIRKOV, *La Guinée face au handicap. La problématique des déficiences motrices à Conakry*, 2012
Mohamed Lamine MANGA, *La Casamance dans l'histoire contemporaine du Sénégal*, 2012.
Roda N'NO et Alice ATERIANUS-OWANGA, *Akamayong-Nkemeyong. Recueil de textes de rap en langue fang nzaman*, 2012.
Théodore Nicoué GAYIBOR (dir.), *Cinquante ans d'indépendance en Afrique subsaharienne et au Togo*, 2012.
Christian Thierry MANGA, *Le Sénégal, quelles évolutions territoriales ?*, 2012.
N'deye Maty Sene, *Le commerce des produits maritimes et fluviaux au Sénégal de 1945 à nos jours*, 2012.
Tiéman DIARRA, *Santé, maladie et recours aux soins à Bankoni, Niarela et Bozola (Mali). Les six esclaves du corps*, 2012.
Tiéman DIARRA, *Paludisme, cultures et communautés. Le cri du hibou*, 2012.
André SAURA, *1975, une année sans pareille à Madagascar*, 2012.

Alphonse NKOUKA-TSULUBI

50 ans de politique extérieure du Congo-Brazzaville

Diplomatie et démocratie

L'Harmattan

Du même auteur

Deuxième Bureau
Roman, Éditions CLE, Yaoundé, 1980.

Chemins croisés
Nouvelles, Éditions Saint-Germain-des-Prés, Paris, 1981.

Guerres et Pleurs au Congo-Brazzaville, ou la vie politique au jour le jour du temps du président Pascal Lissouba (1992-1997)
Chronologie, Éditions Kaktus, Praia (Cap-Vert), 2003.

© L'Harmattan, 2012
5-7, rue de l'École-Polytechnique ; 75005 Paris

http://www.librairieharmattan.com
diffusion.harmattan@wanadoo.fr
harmattan1@wanadoo.fr

ISBN : 978-2-336-00627-7
EAN : 9782336006277

"... Pour analyser la politique internationale, il faudrait tracer, dans le système international, des lignes fonctionnelles verticales, c'est-à-dire, s'efforcer d'isoler des groupes de questions ou de domaines, sur la base de critères pertinents pour l'analyse politique. D'autre part, pour élaborer une théorie de la politique étrangère, on peut combiner ces différents domaines dans l'optique de l'État-Acteur ; l'analyse demeure fondée sur la notion d'acteur et, dans cette perspective, l'étude de la politique étrangère est la coordination horizontale des actions des États dans divers domaines... "[1]

---

[1] Marcel Merle, in: La Politique étrangère, PUF, Paris, 1984, pp.205-206.

AVANT-PROPOS

"Diplomatie et Démocratie", tel est le titre d'une réflexion que j'avais rédigée à l'attention des délégués à la Conférence nationale souveraine de 1991 et qui était ma contribution au grand débat général sur le devenir de la nation congolaise ; une Commission des relations extérieures devait en effet réfléchir et esquisser les orientations d'une politique extérieure nouvelle, en se basant sur les leçons du passé et en s'organisant, en conséquence, autour de nouveaux impératifs de développement tels que la globalisation de l'économie, l'environnement, la dette, le poids des énergies (nouvelles et renouvelables) et les questions de sécurité internationale. Se fondant sur une analyse sérieuse des leçons tirées de ce qu'était l'action extérieure du Congo d'alors et des années précédentes, le document identifiait des missions nouvelles, proposait des principes directeurs et esquissait des règles de jeu de la future politique extérieure du pays à l'orée du troisième millénaire ; ma conviction était que ce troisième millénaire verrait l'humanité faire son entrée dans la civilisation universelle achevée, faite d'interdépendance prononcée des nations, d'osmose des blocs et d'interpénétration des intérêts de groupes.

Plus d'une vingtaine d'années se sont écoulées depuis lors ; ignorant ou faisant semblant d'ignorer son passé, la nouvelle diplomatie congolaise a, d'une part, navigué entre les eaux tumultueuses d'une guerre civile née de l'expérimentation maladroite de la démocratie plurielle, et a, d'autre part, été ballottée d'ici delà par la lutte inlassable d'influence que se livrent au Congo, comme dans la région, et par gouvernements successifs interposés, les grands lobbys pétroliers mondiaux, les marchands d'armes et d'illusions, sans oublier les nostalgiques métropolitains du vieil empire colonial ; ce sont, hélas, souvent les mêmes.

La pratique internationale du Congo de ces dernières années après la Conférence nationale souveraine m'a enhardi dans l'idée d'approfondir la réflexion de 1991 et d'étudier encore un peu plus cette politique extérieure depuis les origines, à savoir depuis 1960, jusque dans les années 2000 ; cela ferait donc cinquante ans de diplomatie et correspondrait, en 2010, à cinquante ans de vie nationale du Congo indépendant (1960-2010).

L'objectif de la démarche était, d'abord, de laisser un témoignage dans un domaine où rien, ou presque rien, n'a été écrit ; c'est, ensuite, d'ouvrir le débat sur une question cruciale, à savoir s'il peut réellement exister une politique extérieure d'un petit pays, avec des ressources naturelles évidentes certes, mais qui ne pèse pas d'un iota sur la scène internationale ; et c'est, enfin, de se demander si Diplomatie pouvait rimer avec Démocratie, ou si, après tout et malgré le vent des démocratisations des années 90, les politiques extérieures des petits pays ne sont rien d'autre et continuent à n'être que des officines-relais des grands intérêts qui guident le monde d'aujourd'hui.

Et puis le monde d'aujourd'hui a changé ; il est en perpétuelle mutation et de plus en plus globalisé, grâce au progrès galopant des technologies et avec de nouveaux défis planétaires, tels que l'intégrisme, le terrorisme, l'environnement ou l'écologie, l'immigration, la récession économique, la pauvreté endémique, etc.… qui exigent des solutions tout autant globales ; si le monde est devenu si différent, la diplomatie doit l'être également, avec de nouveaux acteurs et de nouvelles pratiques et méthodes autres que les traditionnelles recettes utilisées pour vaincre les famines, combattre les maladies pandémiques, ou mettre la guerre hors-la-loi. Les affrontements mondialistes d'hier et d'aujourd'hui autour de l'OMC sont un exemple de cette nouvelle forme de diplomatie d'acteurs pluriels mettant face à face ceux qui détiennent des privilèges et qui s'y agrippent becs et ongles, et ceux qui, désespérément, veulent changer les règles d'un jeu inique, forgées contre eux et sans eux ; le monde a changé, mais il reste un monde dans lequel tous les peuples doivent coexister, coopérer afin d'aboutir ensemble à des solutions qui favorisent le développement, garantissent la paix et la survie de l'espèce, protègent la nature et assurent un mieux-être à chaque fils et à chaque fille de la planète. Ce nouvel éclairage m'a aussi guidé dans cette entreprise.

INTRODUCTION

Il faut qu'au début d'une réflexion sur la politique extérieure du Congo, les choses soient claires : c'est le Congo en tant qu'État-acteur, selon l'expression empruntée à Marcel Merle, qui nous intéressera, depuis que ce territoire anciennement sous domination française s'est ouvert à la souveraineté internationale. Ce Congo, ce sont les différents organes administratifs, de conception ou d'exécution de la politique extérieure ; c'est aussi l'ensemble des personnalités qui ont eu à assumer de grandes responsabilités dans la conduite des affaires ; c'est, également et surtout, de l'histoire diplomatique de ce petit pays d'Afrique centrale qui a joué un rôle historique pendant la Deuxième Guerre mondiale et au moment de la décolonisation du continent, qu'il s'agira.

La politique extérieure du Congo confondra donc, ici, les hommes et leurs actions, les principes et les modalités de mise en œuvre, les résultats et leur impact au plan international et au plan national. Mais est-ce à croire que cette étude ne serait qu'un salmigondis, un enchevêtrement d'idées, de points de vue subjectivistes et partisans ? Non, cette étude s'est voulue être une œuvre scientifique, tout en ayant constamment à l'esprit les préoccupations suivantes :

- Analyser la manière dont est conçue la politique extérieure du Congo, sa justification, la pertinence de ses principes, la ou les stratégies adoptées pour sa mise en œuvre ;
- Identifier les facteurs qui ont facilité ou entravé cette politique extérieure ;
- Évaluer les principes de politique extérieure à la lumière des orientations et stratégies de développement des gouvernements du Congo ;
- Procéder à une évaluation qualitative et parfois quantitative des résultats obtenus ;
- Examiner les organes de conception et d'exécution de la politique extérieure, leur fonctionnement, leur efficacité ;

- Examiner l'efficacité de la gestion et de l'exécution de la politique extérieure du Congo, la place de celle-ci, son rôle et son impact sur l'échiquier international.

Il est clair que, tout au long des périodes analysées, nous avons tenté de rendre à l'histoire événementielle ce qui lui revient, tout en nous efforçant d'interpeller les faits, de donner, en conséquence, à cette histoire un certain contenu et une certaine signification. Mais cet exercice, quelque exaltant qu'il ait pu être, n'a pas manqué de difficultés ; s'il est vrai qu'il a été plus facile de dégager les principes généraux de politique extérieure, parce que savamment et abondamment proclamés, tels un credo, dans de nombreux écrits et de multiples déclarations des hommes politiques, le grand problème a été cependant de faire la part du discours et de la réalité ; la pratique quotidienne n'a pas toujours marché en conformité avec les principes ; des contradictions ont même été constatées ; bref, il a fallu sérier les faits, en les interprétant à la lumière des principes bien sûr, mais aussi en tenant compte de la conjoncture internationale.

Dans les pages qui vont suivre, quelques termes reviendront souvent : politique extérieure, politique étrangère, diplomatie, relations internationales, société internationale, droit international public, etc. Ce sont des termes-clés, à la vérité, qu'il importe de préciser pour éviter toute ambiguïté dans l'interprétation ; nous empruntant la plupart des définitions ci-après à des auteurs bien connus[2] :

- **Relations internationales** : Sont internationales les relations qui dépassent les limites d'un seul État et qui, se situant donc dans le cadre de la communauté internationale, échappent à l'empire d'un pouvoir étatique unique. Ce sont avant tout les relations entre États et Organisations ; des relations qui, se nouant au sein de la société internationale, y font apparaître la nécessité de règles juridiques.

- **Société Internationale** : La définition la plus simple et en même temps la plus générale pourrait être la suivante : le

---

[2] S. Dreyfus, in: <u>Droit des Relations Internationales,</u> Cujas (Paris) 1981; pp.V et VI.

milieu social dans lequel se développent des relations internationales caractérisées par une certaine durée et une certaine régularité ; ajoutons que cette société se caractérise essentiellement par l'absence d'une autorité supérieure capable d'imposer ses décisions et par le fait qu'elle est composée d'États et d'autres sujets du droit international. Notons que droit et société sont deux notions étroitement liées et indissociables. Le droit n'est que le reflet de la société qui lui donne naissance et qu'il régit. Les rapports sociaux internationaux, c'est-à-dire les relations internationales, se développent dans un cadre propre, celui des règles juridiques qui constituent ce qu'on appelle le Droit international public.

- **Droit international public** : Longtemps désigné par le terme "droit des Gens", le droit international public est l'ensemble des règles juridiques qui régissent les rapports internationaux ; c'est-à-dire qu'il s'agit de toutes les règles applicables aux relations entre membres de la Société internationale. Droit international et relations internationales constituent deux optiques complémentaires qui se rejoignent et coïncident très largement pour l'étude et l'analyse d'une même réalité. C'est ici qu'intervient la diplomatie.

- **Diplomatie** : Étudier les relations internationales, c'est analyser le comportement des États par référence à des mécanismes sociaux et à des règles juridiques. Cette attitude étatique est souvent régie par des principes et des mécanismes spécifiques à chaque État et dont l'ensemble a pour nom la diplomatie. La diplomatie qui est une science, est donc l'art qui consiste pour un État donné de se comporter au sein de la société internationale.

- **Politique étrangère** : Parmi les diverses définitions de ce terme, l'on retiendra la plus simple : la politique extérieure ou Relation extérieure est la partie de l'activité étatique tournée vers le dehors, c'est-à-dire qui traite des problèmes qui se posent au-delà des frontières nationales. Complétons : pour mieux appréhender une telle activité, l'on tiendra compte du contexte dans lequel elle se déroule et des conditions réelles qui président à son élaboration et sa mise en œuvre.[3]

Sur la base des définitions ci-dessus, la politique extérieure du Congo à laquelle sont consacrées les pages suivantes ne sera pas - et c'est l'évidence même - une simple étude de l'histoire diplomatique congolaise, voire une simple description des faits internationaux auxquels le Congo-Brazzaville aura pris une part plus ou moins significative, mais plutôt et surtout une analyse du comportement du Congo, État-Acteur, par rapport à des mécanismes, à des règles et à des principes juridiques, ceci en confrontation avec la réalité internationale.

Le Congo est indépendant depuis cinquante ans ; cinquante ans de politique extérieure paraîtraient sans doute un peu courts pour parler d'une histoire diplomatique véritable ; il serait peut-être plus convenable de parler, ici, d'expérience congolaise en matière de politique étrangère ; mais l'une ou l'autre nous amène toujours à parler de la diplomatie.

De cette diplomatie, quatre moments sont essentiellement étudiés : 1960-1963, 1963-1968, 1968-1990 et puis la période contemporaine. Ces moments correspondent tous à des périodes décisives de politique intérieure congolaise, mais dont les répercussions dans les échanges de ce pays avec l'extérieur auront été aussi déterminantes :

- La période allant de 1960 à 1963 correspond au règne de Mr l'abbé Fulbert Youlou ; c'est une période d'apprentissage de la démocratie et de la gestion des affaires ; une période de tâtonnements donc, fortement marquée par la présence, voulue et/ou imposée, de l'ancienne puissance coloniale qui, malgré les indépendances proclamées, continue, à travers divers subterfuges[4], de tirer les ficelles du jeu politique. Le comportement extérieur du Congo en sera largement tributaire.

- La deuxième période qui amène au pouvoir l'équipe de Mr Alphonse Massambat-Débat (1963-1968) se traduit par une série

---

[3] Définition donnée par Marcel Merle, in: <u>La Politique extérieure</u>, *op.cité ut supra.*
[4] Nous faisons allusion aux premiers Accords de coopération franco-congolais des années 60.

de ruptures[5], au plan intérieur comme au plan extérieur. C'est l'affirmation - du moins, on le tente - d'une politique extérieure qui se voudrait réellement indépendante, éclairée qu'elle est par les lumières nouvelles du "socialisme scientifique".

- La période qui va de 1968 à 1990 est très riche : d'abord parce que le mouvement ou l'élan "révolutionnaire" paraît se radicaliser, du socialisme scientifique on en vient au "marxisme-léninisme", comme idéologie dominante ; ensuite parce qu'elle est la période la plus longue de cette histoire et qui aura vu se succéder, de manière plus ou moins violente, trois chefs d'État (Messieurs Marien Ngouabi, Joachim Yhomby-Opango et Denis Sassou-Nguesso) ; des présidents de la République à la personnalité différente certes, mais au fond, une seule et même politique extérieure, celle d'un parti unique, le Parti Congolais du Travail (PCT)[6]; et enfin, parce que l'action extérieure, nationaliste, cherche à atteindre une certaine maturité et une certaine tradition, malgré d'insurmontables dilemmes qui feront apparaître bien d'incohérences, voire de contradictions.

- Le quatrième moment, allant de 1990 à nos jours, sera examiné sous le signe de l'imbroglio démocratique, du pétrole et de la guerre civile ; cette diplomatie que l'on qualifierait de *diplomatie du pétrole et de la guerre* est contemporaine ; elle n'est pas révolue et n'a pas fini de poser ses marques ; il sera donc difficile de la cerner outre mesure que sous forme d'interrogations et d'orientations vers une politique consciente, liée aux intérêts nationaux, aux intérêts vitaux du peuple et non des castes, une politique extérieure telle qu'elle devrait et doit être dans un régime de démocratie pluraliste.

C'est vers la définition de cette politique extérieure là, d'ailleurs, que l'examen de ces différents moments devrait nous

---

[5] En 1963, un mouvement insurrectionnel qui prendra le nom de "Révolution" renverse le régime du Président Fulbert Youlou et entend changer les choses de fond en comble.
[6] Parti unique au pouvoir de décembre 1969 à février 1991.

conduire ; dans cette démarche, on aura toujours à l'esprit que la politique étrangère suppose une tradition (le peuple change rarement), qu'elle nécessite une codification, qu'elle réclame des missions précises et exige des moyens (matériels et humains) pour que son élaboration et sa mise en œuvre soient cohérentes, fiables et efficaces ; c'est comme un art qui ne saurait se satisfaire de l'improvisation, de l'à-peu-près, de la médiocrité et du ridicule. Près de cinquante ans après les indépendances, existe-t-il une politique extérieure du Congo ? C'est-là, la question, c'est aussi la préoccupation de cette analyse.

PREMIERE PARTIE

LA POLITIQUE EXTÉRIEURE DU CONGO DE 1960 À 1963

Cette période peut apparaître quelque peu lointaine aujourd'hui ; et analyser l'action extérieure de ces premières années d'indépendance pourrait s'avérer comme une entreprise hasardeuse, voire difficile pour des raisons évidentes : d'une part, la documentation, celle que l'on voudrait sérieuse et fiable, est quasi inexistante, la "Révolution" ayant brûlé la plupart des archives ; et d'autre part, les témoins, voire certains acteurs privilégiés, ont presque tous disparu de la scène tandis que les survivants se sont volontairement interdit - exception faite, toutefois, lors de la Conférence nationale de 1991 - le moindre commentaire sur une époque révolue et souvent décriée par les régimes de parti unique qui se sont succédé après. Et pourtant, cette période s'honore d'une importante activité diplomatique : le Congo-Brazzaville est cofondateur de l'Organisation de l'Unité Africaine (OUA) ; auparavant il est membre actif et influent du groupe que l'on a appelé les "12 de Brazzaville". C'est dans ces années-là que l'on fourbit les premières armes diplomatiques à l'ONU où le pays est admis très tôt, que s'établissent les premières relations diplomatiques avec échange d'ambassadeurs, et que sont signés les tout premiers accords de coopération avec l'étranger... Bref, le nouvel État amorce là sa première expérience de vie internationale, avec tout ce que cela comporte, pour un débutant, de maladresses et d'erreurs dues souvent à l'ignorance et à l'inexpérience, mais aussi de joie qu'inspirent de nouvelles découvertes.

Il y a lieu de croire, toutefois, que tout cela ne s'est pas fait de façon empirique ; si l'on tâtonne un peu ou beaucoup, il y a lieu de penser, cependant, que des principes évidents ont dû être conçus et mis en œuvre, le tout sous-tendu, sans le moindre doute, par une certaine philosophie d'action, celle prévalant un peu partout en Afrique noire au lendemain des indépendances et telle que le souhaitait, de toute évidence, l'ancienne puissance colonisatrice.

C'est donc à la découverte de ces principes et de leur mise en œuvre qu'il faudra aller. Car ces principes-là, comme tous les principes, ne sont pas nés *ex nihilo* ; ils sont la résultante de certaines considérations, pour ne pas parler d'idéologie, et d'un certain environnement qui imposent certaines attitudes et certains comportements ; c'est logique et fondamental.

Ces fondements d'ordre historique et idéologique devront être précisés pour mieux appréhender, nous semble-t-il, la portée de cette première expérience internationale du Congo-Brazzaville.

CHAPITRE PREMIER :

FONDEMENTS HISTORICO-IDEOLOGIQUES

Rechercher les fondements, voire les origines, de la politique extérieure du Congo depuis l'avènement du président Fulbert Youlou constituerait, à lui seul, tout un sujet de thèse universitaire. Mais l'on doit admettre sans peine qu'il importe de s'y essayer, ici, ne fut-ce que brièvement : car l'étude d'une aussi vaste entreprise nécessite, en effet, qu'au départ soient définis et précisés les facteurs essentiels qui ont contribué à sa formulation ainsi que les conditions qui ont permis sa mise en œuvre.

L'examen de la période coloniale devrait, sans doute, permettre d'apporter des éléments d'analyse intéressants ; mais pour ne pas remonter jusqu'au déluge, le point de départ de nos investigations historiques se situera, tout simplement, à 1956, avec l'apparition de la Loi-cadre ; l'examen des conséquences que cette loi a entraînées nous conduira au Référendum de 1958, à la proclamation de l'indépendance, puis, finalement, terme vers lequel tendait obscurément cette " brèche historique ", à la conclusion des premiers accords de coopération franco-congolais qui constituent, à nos yeux, les premiers actes décisifs au plan international que posera le Congo, en tant qu'État indépendant et souverain.

*
* *

Que s'est-il, donc, passé en Afrique équatoriale française et, surtout, au Moyen-Congo[7], de 1956 à 1958 ? Pour le savoir, il est bon de rappeler brièvement les évènements majeurs qui ont marqué cette partie du continent africain et d'en retracer l'évolution ; cette évolution a, justement, mis en présence des personnages dont les attitudes, les idées et les actes posés sont à l'origine des faits qui sont analysés ici.

---

[7] Ancienne appellation du Congo-Brazzaville avant la proclamation de la République.

En 1956, le Congo, alors Moyen-Congo, fait partie de l'Union Française au sein du groupe de l'AEF[8] qui comprend, également, le Gabon, l'Oubangui-Chari et le Tchad. De ce fait, son évolution interne et externe est indissociable de celle de ces autres partenaires africains et, d'une façon générale, de celle des Territoires français d'Outre-mer.

Deux évènements importants vont bouleverser la vie politique de ces territoires :

1- **Le premier**, c'est la Loi du 23 Juin 1956, dite Loi-cadre, ou encore Loi-Defferre, du nom de son initiateur.

On parle, ici, de période nouvelle ainsi ouverte à ces territoires, puisque cette loi les dote d'organes leur permettant de jouir d'une autonomie financière et, mieux, de plus de personnalité civile.

Le Décret du 4 avril 1957, pris en application de la loi précitée, organise ainsi, pour sa part, l'AEF et met en place, pour les territoires du Gabon, du Moyen-Congo, de l'Oubangui-Chari et du Tchad, les principaux organes suivants :

- Le Chef de Groupe ou Haut-commissaire est le chef de tous les services du groupe de territoires ; il préside la Conférence Interterritoriale.

- La Conférence Interterritoriale, placée sous la présidence du Chef de groupe, comprend des représentants des Conseils de gouvernement. Elle ne prend pas de décisions, mais peut formuler des recommandations.

- Le Grand Conseil ou Conseil de gouvernement est composé de cinq délégués choisis par chaque Assemblée territoriale. Il exerce des pouvoirs analogues à ceux reconnus aux Assemblées territoriales. Ses membres portent le titre de ministres territoriaux. Ce Conseil est présidé par le Gouverneur de territoire, appelé aussi Chef de territoire.

- L'Assemblée territoriale qui s'est substituée au Conseil Général depuis 1952 conserve les compétences de celui-ci,

---

[8] Afrique 2quatoriale Française regroupant les territoires du Moyen-Congo, du Gabon, de l'Oubangui-Chari et du Tchad ; le Cameroun n'en fait pas encore partie en 1956.

notamment en matière de budget, d'impôts et de services locaux.

Ainsi doté d'organes s'apparentant à une sorte de gouvernement autonome, on serait tenté de croire que le territoire d'outre-mer constitue un État au sens juridique du terme[9]. En fait, ce n'est pas le cas ; il demeure, en tout et pour tout, un territoire de la République Française et rien d'autre.

Où se trouverait, cependant, la nouveauté ? L'un des mérites de cette réforme est à rechercher, nous semble-t-il, dans la distinction qui est faite entre les affaires et services de l'État (dont le Chef de territoire continuait à assurer la direction) et les affaires et services du territoire régis par les organes ci-dessus mentionnés. Ainsi s'opérait, en quelque sorte, un embryon de transfert de compétences et de services, de la métropole vers le territoire colonial. Toute la question reste de savoir comment la collectivité territoriale exerce, effectivement, les compétences qui lui sont, gracieusement, octroyées.

Ici, intervient un organe important : l'Assemblée territoriale ; son existence suppose, en effet, qu'une "vie parlementaire" s'y organise (avec débats éventuellement animés par des familles politiques bien distinctes), c'est-à-dire, en définitive, une vie politique orchestrée par les états-majors des partis politiques en présence. Dans ce contexte, qu'en est-il du Moyen-Congo, à cette époque ?

Dans le territoire du Moyen-Congo, trois partis politiques semblent rivaliser d'ambition pour gagner les faveurs des électeurs :

- Il y a le MSA (Mouvement Socialiste Africain), un parti qui a pour leader incontesté, Monsieur Jacques Opangault, et qui n'est, en fait, qu'un appendice de la SFIO (Section française de l'Internationale ouvrière).
- On distingue, ensuite, le PPC (Parti Progressiste Congolais) qui est une section du Rassemblement Démocratique Africain (RDA). Ce parti jouit d'un certain rayonnement, puisqu'il

---

[9] Rappelons que pour qu'il y ait Etat, il faut un Territoire, une Population et Un Gouvernement.

dispose d'un représentant de marque à l'Assemblée nationale française : Monsieur Félix Tchicaya, député du Moyen-Congo.
- Enfin, le parti de Monsieur l'Abbé Fulbert Youlou, l'UDDIA (Union Démocratique pour la Défense des Intérêts Africains). Le 21 mai 1957, il s'appellera UDDIA-RDA.

Du point de vue de l'orientation politique, rien de bien fondamental ne distingue ces trois partis ; les rivalités, entre eux, tourneront donc court. Le P.P.C sera vite résorbé par l'UDDIA[10] ; quant au duel UDDIA-MSA, il tournera à l'avantage du premier, puisque Mr Fulbert Youlou sera élu Premier ministre du gouvernement de la République du Congo, le 28 novembre 1958.

Bref, récapitulons : la Loi-cadre, loin de creuser le fossé entre la métropole et le territoire d'outre-mer, apporte, tout de même, une nouveauté ; par les organes qui sont créés, les élus locaux trouvent ainsi des tribunes où ils peuvent exprimer leurs préoccupations, dénoncer certains abus, esquisser de nouvelles orientations à leur statut de colonisés, en un mot, un terrain où ils peuvent faire entendre, le cas échéant et timidement, si ce n'est le cri de leur indignation, du moins celui de leur révolte.

Mais il ne faut pas être dupe : si une certaine vie parlementaire s'organise au sein des Assemblées territoriales, les pouvoirs de ces dernières sont assez limités ; le Haut-commissaire reste le "Chef" et conserve des pouvoirs plus étendus, plus absolus ; n'est-il pas le représentant de la métropole ? Les indigènes s'entre-déchireront en lutte d'influence, entre partis et factions, on discutera, éventuellement, des problèmes (souvent mineurs) d'intérêt local, mais il ne sera pas facile - on comprend pourquoi - d'y poser, de façon conséquente, des actes non moins conséquents, tels que l'accès à l'indépendance.

---

[10] C'est la raison pour laquelle l'UDDIA devient UDDIA-RDA.

2- **Deuxième évènement** : la Constitution française du 4 octobre 1958.

L'élément nouveau, voire révolutionnaire, que cette constitution apporte, c'est la "Communauté française ". Comment en est-on arrivé là ?

Trois moments peuvent être pris en considération : la première étape correspond à celle de l'élaboration du projet ; "la Constitution doit permettre d'organiser les rapports de la République avec les peuples qui lui sont confiés", tel est, en effet, l'un des principes posés par la Loi constitutionnelle du 2 juin 1958 votée par le Parlement français et qui charge le gouvernement de la République, présidé par le Général de Gaulle, d'établir une nouvelle constitution. Un avant-projet, approuvé par le Conseil des ministres et rendu public le 29 juillet 1958, propose déjà aux territoires d'outre-mer, trois solutions : ou bien le maintien du statut de Territoire d'outre-mer, ou bien la Départementalisation, ou bien encore une Association de type fédéral avec la France. Et, en ce qui concerne cette troisième voie, à savoir, la Fédération, il est précisé que les États membres pourraient, dans ce cas, jouir de l'autonomie et gérer, à leur guise, leurs affaires ; le pouvoir fédéral aurait ainsi des compétences plus réduites et limitées seulement à la politique étrangère, à la Défense, aux Matières premières stratégiques, au contrôle de la Justice et à l'Enseignement supérieur.

Le texte, une fois rédigé, est soumis à l'examen du Comité consultatif constitutionnel ; et c'est alors que commence le moment des discours et des incertitudes, et qui constitue la deuxième étape. Monsieur Maurice Ligot affirme qu'"au moment où s'ouvrent les travaux du Comité consultatif constitutionnel, deux événements importants venaient de se produire" [11] : c'est d'abord cette Ordonnance du 26 juillet 1958 qui, en AEF, en AOF [12] et à Madagascar, transfère au Vice-président de l'Assemblée territoriale, la direction du Conseil de gouvernement[13]; c'est aussi,

---

[11] Maurice Ligot. Les Accords de Coopération entre la France et les Etats Africains et Malgache d'Expression Française, Paris, la Documentation Française, 1964 ; p. 10.
[12] AOF signifie Afrique Occidentale Française.
[13] Elle était auparavant confiée au Chef de territoire.

la tenue du congrès constitutif du Parti du Regroupement Africain[14] dont l'une des motions politiques adoptées est sur "l'indépendance immédiate"[15]. Ajoutons que c'est à cette période précise que le journaliste Raymond Cartier commence à soutenir dans son magazine *Paris-Match*, des idées qui, à la fois, troubleront et rassureront l'opinion publique française : il faut investir l'argent des Français en métropole et non le répandre, en pure perte, parmi les décombres de l'Empire ; telle est sa doctrine, vite baptisée, par la suite, de "Cartiérisme".

C'est donc, dans une telle atmosphère de tension et d'incertitude (on ne savait pas trop bien quoi choisir entre la Fédération et la Confédération) que le Comité consultatif constitutionnel donne son accord pour le principe de la reconnaissance du droit à l'indépendance. Et le Général de Gaulle de définir, le 8 août 1958, les conditions dans lesquelles les territoires d'outre-mer iraient vers l'indépendance immédiate ; il s'agira, déclare-t-il, de "... bâtir un ensemble nouveau sur la base de l'acceptation spontanée par les uns et par les autres. Le référendum qui a pour objet de vérifier si, en particulier en Afrique, l'idée de sécession l'emporte ou non, traduira l'acceptation ou le refus de tous les citoyens, appelés à se prononcer librement, de participer à l'ensemble commun ; si l'association proposée est refusée, cela signifiera l'indépendance avec tout ce qu'elle comporte de charges, de responsabilités et de dangers ; si la réponse est positive, la Fédération sera créée (…). Il serait inimaginable - et en tout cas, je ne l'imagine pas – que certains voulussent marcher de leur côté pendant que les autres leur fourniraient ce qui leur manquerait. Jamais, personnellement, je ne prendrais la responsabilité d'imposer les charges à la Fédération pour le profit d'un territoire qui aurait choisi la sécession".[16]

---

[14] Le Parti du Regroupement Africain (PRA) comprenait la totalité des partis politiques de l'AOF non affiliés au Rassemblement Démocratique Africain (RDA).

[15] Ce congrès propose, en outre, la négociation avec la France d'une conférence multinationale des peuples libres et égaux, sans pour autant renoncer à la volonté africaine de fédérer, en Etats-Unis d'Afrique, toutes les anciennes colonies.

[16] Cité par M. Ligot, in *op.cité ut supra*, p.11.

À la Confédération et à la Fédération, on préférera finalement le terme de "Communauté". Ce ne fut, tout compte fait, qu'une question de vocabulaire qui ne changera en rien, ou presque, à la conception que le Général de Gaulle se faisait de son "Association" et qu'il ira défendre, de capitale africaine en capitale, en AOF, en AEF et à Madagascar. C'est ainsi que, le 15 août 1958, à Brazzaville, devant une foule immense et multicolore, il reprendra l'essentiel de ses idées en déclarant : "…Cette Communauté aura des institutions ; le président de la Communauté, le Conseil Exécutif de la Communauté où se réuniront les Chefs de gouvernement avec les ministres chargés des affaires communes et le Sénat de la Communauté formé par les représentants de tous les territoires et de la métropole, et qui délibérera des affaires communes, enfin la Cour d'Arbitrage, pour régler sans heurt les litiges qui pourraient se produire entre les uns et les autres. Cette Communauté-là, je vais la proposer à tous et à toutes ensemble, où qu'ils soient. On dit : "Nous avons droit à l'indépendance", mais, certainement, oui. D'ailleurs l'indépendance, quiconque la voudra pourra la prendre aussitôt, la métropole ne s'y oppose pas. Un territoire déterminé pourra la prendre aussitôt qu'il vote "NON" au référendum du 28 septembre. La métropole en tirera les conséquences et je garantis qu'elle ne s'y opposera pas. Mais si le corps électoral dans les territoires africains vote "OUI" au référendum, cela signifiera que, par une libre détermination, les citoyens ont choisi de constituer la Communauté dont j'ai parlé. Alors, cette Communauté sera instituée, et je crois, je suis sûr, que ce sera pour le bien de tous. Mieux même, à l'intérieur de cette Communauté, si quelque territoire, au fur et à mesure des jours, se sent, au bout d'un temps que je ne précise pas, en mesure d'exercer toutes les charges, tous les devoirs de l'indépendance, eh bien, il lui appartiendra d'en décider par son Assemblée élue et, ensuite, par le référendum de ses habitants. Après quoi, la Communauté en prendra acte et un accord règlera les conditions de transfert des compétences entre le territoire qui prendra son indépendance et suivra sa route, et la Communauté elle-même. Je garantis d'avance que, dans ce cas non plus, la métropole ne s'y opposera pas, mais, bien entendu, la métropole, elle aussi, gardera à l'intérieur de la Communauté la libre disposition d'elle-même : elle pourra, si elle le juge nécessaire, rompre les liens de la Communauté avec tel ou tel territoire. Car il ne peut échapper à personne que la Communauté imposera à la métropole de lourdes charges et elle en a beaucoup à porter. Je souhaite de tout cœur qu'elle persévère dans cette Communauté, qu'elle continue à porter ses charges, qu'elle le puisse ou qu'elle le veuille ; mais elle se réservera, elle aussi, la liberté de ses décisions..."[17].

Après ce périple africain et malgache, le Conseil des ministres arrête, définitivement, le projet de Constitution dont le Titre XII, intitulé : "De la Communauté", reprend les dispositions ci-dessus mentionnées.

Reste, et c'est la troisième étape, à prendre la décision finale, c'est-à-dire, à adopter la Constitution pour les uns (métropole), et pour les autres (territoires) à opter pour ou contre la Communauté.

Les résultats de cette consultation sont les suivants en Afrique équatoriale française : le 28 novembre 1958, le Congo opte pour la Communauté par 44 voix sur 45, le Gabon à l'unanimité, le Tchad par 62 sur 65 ; quant à l'Oubangui-Chari, l'unanimité est acquise le 1er décembre 1958.

Le Congo, tout comme ses partenaires, adhère, donc, à la Communauté, sans trop de difficultés ; et on serait même tenté de dire qu'il ne pouvait en aller autrement, la plupart des territoires africains, à l'exception de la seule et courageuse Guinée, ayant massivement voté pour le "OUI".

Mais comment interpréter cette adhésion, apparemment paradoxale, puisque, brûlant d'impatience pour l'indépendance, l'occasion leur en était, ainsi, offerte ?

Les opinions sont, sur ce point, diverses et nuancées. Léopold Sedar Senghor, premier président du Sénégal, voyait dans cette adhésion une façon d'être déjà indépendant : "...En effet, soulignait-il, nous sommes indépendants au sens étymologique du mot. L'indépendance, nous l'avons dit, c'est, essentiellement, la non-dépendance de ses décisions, la liberté du choix. Nous avons été libres de choisir, le 28 septembre 1958..."[18]

---

[17] M. Ligot, *ibid*. p. 12
[18] Cité par M. Ligot, in *op. cité ut supra,* p. 13.

La liberté leur était, certes, donnée de choisir ; mais en réalité, celle-ci n'allait pas sans certaines contraintes, voire sans quelques menaces plus ou moins voilées : le Général de Gaulle, en brandissant le spectre de la sécession pour les "malheureux" qui se hasarderaient à dire "NON", avait fait peur ; c'était une bonne ruse de guerre et, aujourd'hui, l'on peut dire qu'il avait réussi ; voler de ses propres ailes aurait été pure aventure ; la peur de l'inconnu aidant, aucun territoire n'osait faire, "… à ses risques et périls…", les frais d'une telle expérience !

Pour ce qui est des pays de l'Afrique équatoriale, très handicapés en cadres, en capitaux et en biens, mais disposant encore de services publics centraux communs, il était né, entre eux une certaine solidarité ; "suivre son chemin isolément" aurait signifié rompre cette unité ; ce qui, à l'époque, n'était envisageable par aucun d'eux. C'est, donc, ensemble, que le Gabon, le Congo, l'Oubangui-Chari (qui deviendra République Centrafricaine, en abrégé RCA) et le Tchad vont vivre la courte et tumultueuse expérience de la Communauté.

C'est ainsi, que le 28 novembre et le 1er décembre 1958, les Assemblées territoriales de l'AEF, tout en votant pour la Communauté et tout en adoptant des délibérations créant les Républiques Centrafricaine, Congolaise, Gabonaise et Tchadienne, ne manqueront pas de faire mention, dans chacun des textes respectifs, de la nécessité de maintenir des liens très étroits entre les quatre États de l'ex AEF.

L'année suivante, ces liens se concrétisent par la signature, à Paris, le 17 janvier 1959, par les délégations gouvernementales et parlementaires des quatre Républiques, de deux protocoles lourds de conséquences ; dans ces textes, les nouvelles " Républiques " décident, en effet : 1) de créer une Union Douanière équatoriale ; 2) de confier la gestion des moyens de communication d'intérêt commun, ainsi que les postes et télécommunications, à des établissements publics communs ; 3) de réunir périodiquement, en conférence, leurs Premiers ministres et d'instituer un Secrétariat permanent de cette conférence.

L'objet de ces rencontres consiste, dans l'immédiat, d'étudier en commun les conditions de leur future accession à l'indépendance, et plus tard, d'harmoniser les politiques économiques, douanières et fiscales des nouveaux États, tout en contrôlant la gestion des organismes demeurés communs à tous, ou à certains d'entre eux.

Ainsi, comme on peut le voir, se dessinent, déjà et de manière claire, les grands axes du rôle que le Congo, investi des attributs d'État indépendant et souverain, va jouer au sein des autres États de la sous-région. On peut en dégager deux idées essentielles :

1- Premièrement, les liens entre la métropole et le Congo ne sont pas rompus ; au contraire, ils sont maintenus et ils se renforcent. Le passage du témoin se fera, donc, sans violence et le nouveau régime règnera innocemment vis-à-vis de la puissance tutrice, qui ne l'est plus... apparemment.

2- Deuxièmement, c'est la solidarité d'action qui va prédominer avec les voisins ; prélude à l'actuel sacro-saint "bon voisinage" ? En tout cas, c'est de concert avec ses partenaires d'Afrique équatoriale que le Congo signera les Accords de transfert des compétences le 12 juillet 1960, et qu'il entreprendra la négociation des Accords de coopération à partir du 2 juillet 1960.

Il apparaît nettement que le nouvel existentialisme de l'État congolais, s'il faut emprunter au langage des philosophes, est tout tracé, parce que moulu dans ce que la Loi-cadre et la Communauté française auront voulu et imposé aux jeunes États. Mais, en était-il de même des principes et des règles de la politique extérieure ?

CHAPITRE DEUXIÈME :

LES PRINCIPES DIRECTEURS DE LA POLITIQUE EXTÉRIEURE DU PRÉSIDENT FULBERT YOULOU

La période analysée ci-dessus (1956-1960) peut être considérée comme l'aboutissement d'une entreprise de grande envergure commencée depuis longtemps : il s'agissait de façonner, à l'image du maître d'hier, les États nouvellement indépendants : en d'autres termes, en faire des "copies certifiées conformes", pour reprendre une expression jadis, ironiquement, à la mode. Le caractère inextricable des liens de toute nature, qui vont se tisser entre l'ancienne métropole et les anciennes colonies, est révélateur du triomphe de cette philosophie.

Pour le Congo, le "OUI franc et massif" au référendum proposé par le Général de Gaulle était plus qu'une simple adhésion : c'est d'un alignement au nouveau *modus vivendi* qu'il s'est agi, avec la conviction qu'il fallait "être comme la métropole, faire comme en métropole, suivre la métropole, vivre comme la métropole".

Dans ce contexte, la politique étrangère pouvait-elle échapper à cette règle devenue comme une norme ? Pour y voir plus clair et avant de dégager les principes-clés de la nouvelle politique extérieure congolaise, examinons, tout d'abord, les textes juridiques qui en constituent les supports essentiels.

1- Deux textes fondamentaux méritent d'être analysés : La Constitution de la République du Congo [19] et l'Accord de coopération en matière de politique étrangère entre la République française et la République du Congo[20].

---

[19] Publication du Ministère de l'Information ; mars 1961, Brazzaville, Imprimerie Nationale.
[20] Accord signé le 15 août 1960 à Brazzaville (voir Annexe).

La première **Constitution de la République du Congo** dispose, notamment et entre autres, ce qui suit :

- Dans le <u>Préambule</u> : "... Le Peuple congolais condamne toute discrimination raciale et affirme sa volonté de coopérer dans la paix avec tous les peuples qui partagent son idéal de justice, de liberté..."
- Dans le <u>Titre V</u> : Des traités et accords internationaux, et selon l'<u>article 54</u>, c'est le président de la République qui "... négocie et ratifie les traités et accords internationaux..." ; ce n'est qu'à la suite d'une loi, <u>article 55</u>, que "... les Traités de paix, les traités ou accords relatifs à l'organisation internationale, ceux qui modifient les lois internes de l'État, peuvent être ratifiés..."
- L'autorisation de ratifier un engagement international qui comporte une clause contraire à la constitution et reconnue comme telle par la Cour Suprême ne peut intervenir qu'après révision de la constitution, précise l'<u>article 56</u>. Et l'<u>article 57</u> de compléter : "Les Traités ou Accords internationaux régulièrement ratifiés ont, dès leur publication, une autorité supérieure à celle des lois", mais, à condition que les mêmes traités ou accords soient appliqués par l'autre partie.
- Dans le <u>titre XI</u> : Des accords d'association et de coopération, l'<u>article 69</u> précise : "... La République du Congo peut conclure des accords de coopération ou d'association avec d'autres États. Elle accepte de créer avec eux des organisations internationales de gestion commune, de coordination et de libre coopération...".

Telles peuvent se résumer les dispositions essentielles de la Constitution de 1961 ; on y voit déjà se dégager quelques principes directeurs de la politique extérieure de la jeune république.

Quant à **l'Accord de coopération en matière de politique étrangère** entre la République française et la République du Congo, il compte sept articles et peut se diviser en deux séries de dispositions qui, selon le vœu même des protagonistes, doivent fonder, entre eux, des relations privilégiées et une politique extérieure concertée :

❖ Les articles 1, 2, 3, 5 et 6 traitent de la représentation diplomatique et de la formation des cadres diplomatiques et consulaires :

- L'article 1er stipule, en effet, que : "Le président de la République Française, président de la Communauté, accrédite auprès du président de la République du Congo un haut représentant spécial du président de la Communauté. Ce haut représentant est le doyen du Corps diplomatique au Congo". Quant au président de la République du Congo, il en fait autant : "…Il accrédite auprès du président de la République française un haut représentant qui a rang et prérogatives d'Ambassadeur et qualité de Représentant spécial auprès du président de la Communauté. Il est réservé à ce Haut représentant une place privilégiée parmi les Envoyés diplomatiques accrédités à Paris".

- L'article 2 vise les Postes consulaires : "…Ils seront établis sur le territoire de chacun des deux États. Leurs sièges sont fixés à l'annexe jointe au présent accord. D'autres postes consulaires pourront être ouverts ultérieurement d'un commun accord entre les deux gouvernements". L'annexe concernant les Postes consulaires prévoit, en effet, des Postes consulaires français à Brazzaville et à Pointe-Noire, et des Postes consulaires congolais à Bordeaux, Lille, Marseille, Paris et Strasbourg.

- Par l'article 3, la République française assure, à la demande du Congo, sa représentation auprès des États et organisations internationales où il n'a pas de représentant propre, ainsi que la protection de ses ressortissants et de ses intérêts. À cet effet, les agents diplomatiques et consulaires français et les délégués français agiront conformément aux directives reçues du gouvernement congolais, par l'intermédiaire du gouvernement français. Par ailleurs, des fonctionnaires congolais peuvent être accueillis dans les postes diplomatiques et consulaires de la France, afin de suivre les affaires intéressant leur pays.

- L'article 5 assure au Congo le concours que lui apporte la France dans l'organisation de ses services diplomatiques et la formation de ses cadres diplomatiques et consulaires.

- Quant à l'article 6, il dispose que la France appuiera la candidature de la République du Congo à l'ONU ainsi qu'aux Institutions spécialisées qui en dépendent.

❖ L'article 4 comporte la plus importante des dispositions de cet accord, puisqu'il vise la conduite des relations diplomatiques[21] entre les deux pays. Il convient, donc, de le citer en entier : "Le gouvernement de la République française et le gouvernement de la République du Congo se tiennent mutuellement informés et se consultent [22] au sujet des problèmes de politique étrangère ; afin de confronter leurs points de vue et de rechercher, avant toute décision importante, une harmonisation[23] de leurs positions et de leurs actions, ils se concertent de manière régulière notamment au sein de la Conférence des Chefs d'État et de gouvernement ou des ministres des Affaires étrangères. Dans le même esprit, les délégués des parties contractantes se concertent[24] avant toutes négociations ou conférences techniques internationales intéressant la République française et la République du Congo".

Deux idées fortes semblent émerger de cet article 4 : l'idée de consultation et celle de concertation[25] ; le principe de consultation apparaît plutôt souple : quoi de plus naturel, en effet, que deux ou plusieurs États s'informent de ce que pensent les uns et les autres et confrontent leurs points de vue avant toute décision ! C'est logique et c'est très courant en diplomatie, car cela n'engage à rien et chacun reste maître de ses choix ; la notion de concertation apparaît, par contre, plus contraignante : en effet, elle vise une harmonisation, un alignement des positions parfois, en tout cas, une limitation, en quelque sorte, de la souveraineté des États. Mais cela, nous le verrons plus loin[26].

---

[21] C'est nous qui soulignons.
[22] C'est encore nous qui soulignons.
[23] *Ibid.*
[24] *Ibid.*
[25] *Ibid.*
[26] Voir pages suivantes.

Pour l'instant, tentons de dégager de ces deux textes les principes directeurs de la politique extérieure du Congo de cette époque.

2- Cinq principes fondamentaux peuvent être retenus :

- <u>Adhésion aux idéaux de paix, de justice et de liberté :</u>

Ce principe est nettement affirmé dans la Constitution de 1961 ; il est intéressant de noter que ce sont-là les valeurs universelles contenues dans la Charte de l'Organisation des Nations Unies (ONU) à laquelle le Congo adhérera[27], et dans la Charte de l'Organisation de l'Unité Africaine (OUA) dont il sera plus tard, le 25 mai 1963, l'un des membres fondateurs.

Découle de l'idéal de liberté, mais non affirmée explicitement, la notion d'indépendance nationale. Il est évident que le Congo, à peine sorti des griffes de la colonisation, ne pouvait qu'y adhérer ; car l'indépendance est pour un État ce que la liberté est pour un individu ; de même qu'un homme privé de liberté n'est pas un homme, de même, un État encore sous domination étrangère n'est pas un État. Or, le Congo entend bien rester jaloux de son indépendance et des prérogatives qui en découlent.

- <u>Condamnation de toute discrimination raciale :</u>

Ce principe est clairement affirmé, également. Il faut signaler qu'au moment où le Congo fait ses premiers pas d'État indépendant et libre, une bonne partie du continent africain est encore sous le joug de l'apartheid et en subit les affres ; et cela, non loin du territoire congolais. Plus qu'une profession de foi, cette affirmation peut être considérée comme la manifestation du soutien sans faille du Congo - soutien moral, cela s'entend - à la lutte menée alors dans les territoires d'Afrique australe (Namibie, Rhodésie, Afrique du Sud...) par les populations noires qui y sont opprimées.

- <u>Libre Coopération :</u>

Il s'agit, ici, d'un principe qui définit l'orientation économique du Congo dont l'appartenance au système libéral apparaît sans ambiguïté.

---

[27] Le Congo est admis à l'ONU le 21 septembre 1960.

- <u>Solidarité régionale :</u>

Ce principe apparaît comme une évidence, compte tenu de la nature particulière des relations que les anciens territoires de l'ex-Afrique équatoriale française (Gabon, Moyen-Congo, Tchad et Oubangui-Chari) vont entretenir entre eux, relations laissant entrevoir une solidarité non moins évidente.

- <u>Coordination, Consultation, Harmonisation en matière de politique étrangère avec la France :</u>

Nous touchons, ici, à l'essentiel de ce qui a pu constituer la ligne directrice de la politique étrangère congolaise. C'est, sans doute, cette orientation qui a fait dire et écrire que la politique extérieure du président Fulbert Youlou était synonyme d'alignement pur et simple sur celle de la France.

C'est là un aspect souvent controversé ; mais à quel point cela a pu se vérifier, la réponse à cette question ne saurait se trouver que dans la manière dont ces principes ont été mis en œuvre dans les faits et dans le concret.

CHAPITRE TROISIÈME :

MISE EN ŒUVRE DES PRINCIPES DIRECTEURS DE LA POLITIQUE EXTÉRIEURE DU PRÉSIDENT FULBERT YOULOU

Ce serait, sans doute, fastidieux de retracer, en quelques lignes, toutes les activités diplomatiques qui ont pu être menées sous le régime de Monsieur l'Abbé Fulbert Youlou ; qu'on se rassure, notre démarche est moins ambitieuse ; nous nous limiterons à quelques exemples pris dans les principales directions vers lesquelles s'est déployée cette politique extérieure, à savoir : les Organisations internationales à vocation universelle, l'Afrique et les autres parties du monde.

1 – Dans le cadre des Organisations internationales à vocation universelle, l'admission du Congo à l'ONU constitue, à n'en point douter, un évènement de la plus haute importance pour ce jeune État. Certes, il s'est agi d'une simple formalité, la candidature du Congo ayant été parrainée par un membre permanent du Conseil de Sécurité [28] ; cependant, cela ne s'est pas fait sans quelques difficultés, dues essentiellement à l'appellation à donner à cette jeune République : en effet, le nom "Congo" était également revendiqué par le territoire du Congo ex-Belge (anciennement Zaïre), nouvellement indépendant et également présent à l'ONU. L'incident fut heureusement clos, grâce à l'habileté des délégués congolais de Brazzaville qui avaient fini par trouver un compromis avec leurs frères et voisins de l'autre rive du fleuve : les pays s'appelleront : l'un République du Congo-Brazzaville et l'autre République Démocratique du Congo-Léopoldville[29].

Le Congo venait ainsi de faire son entrée dans le concert des nations libres, posant par là un acte de souveraineté et de foi, ainsi qu'un engagement ferme et une forte adhésion aux idéaux des

---

[28] Il s'agit, évidemment, de la France, conformément à l'Accord de Coopération en matière de politique étrangère cité plus haut.
[29] Voir plus loin pour un développement plus exhaustif de ces péripéties.

Nations Unies ; c'était aussi la reconnaissance officielle, par la communauté internationale, du peuple congolais en tant que peuple libre et souverain ; la jeune nation adhérait ainsi et sans faille à la paix, à la justice, à l'égalité, à la liberté et au progrès, tout en manifestant sa volonté de respecter les droits fondamentaux de l'homme, de les promouvoir et de les développer..., bref, de réaliser ainsi de nobles desseins chers à la Charte des Nations Unies et à l'humanité tout entière. Avec le temps et un peu de recul, l'on peut affirmer, aujourd'hui, que le Congo de cette époque aura été fidèle à cette vocation pacifiste et à son attachement à la paix mondiale.

2 – **Avec le Continent africain**, la vocation africaniste du Congo se manifeste à deux niveaux essentiels :

2.1- Il y a d'abord les pays voisins ; c'est normal et c'est logique, puisqu'ils ont accédé, au même moment, à l'indépendance. En effet, un courant de solidarité intense parcourt les quatre **États issus de l'ex-AEF,** comme nous l'avons esquissé ci-dessus ; cela est manifeste dès 1958, au moment où se pose le problème de l'accès à l'autonomie interne : comment aller à l'indépendance ? Unitairement, en reconstituant une grande fédération centrafricaine, ou isolément, c'est-à-dire chacun de son côté ? Même si les réponses à cette question sont divergentes, l'unanimité se fait autour de la proposition tchadienne à savoir : mettre en place des "organismes de coordination et d'union".

La conséquence immédiate de tout ceci est que, le 17 janvier 1959, les délégations gouvernementales et parlementaires des quatre Républiques d'Afrique équatoriale signent deux Protocoles d'Accords.

- Dans le premier, il est décidé, d'une part, de créer une Union Douanière et des établissements publics communs chargés de gérer certains services communs (chemin de fer, voies navigables, postes et télécommunications) et d'autre part, de réunir périodiquement, en conférence, les Premiers ministres ;

- Le deuxième Protocole prévoit la liquidation du groupe de l'AEF.

Le 23 juin 1959, les quatre Premiers ministres et leurs ministres des finances et de l'économie adoptent, à Fort-Lamy[30], plusieurs conventions relatives à :

- La Conférence des Premiers ministres des États de l'Afrique équatoriale ;
- L'Agence Trans-Equatoriale de Communication (ATEC) ;
- L'Institut Equatorial de Recherche et d'Etudes Géologiques et Minières ;
- L'Office Equatorial des Postes et Télécommunications ;
- L'Union Douanière équatoriale (UDE).

Cependant, une fois adoptée, le 4 juin 1960, la Loi constitutionnelle permettant aux États Africains et Malgache, membres de la Communauté Française, d'accéder à l'indépendance, la question de l'unité des États de l'ex-AEF en vue de leur accession à la souveraineté internationale va de nouveau être posée. Lors des conférences de Bangui (22 février 1960) et de Paris (14 mars 1960), il n'est plus question *d'État unitaire* ; il faut plutôt rechercher une formule nouvelle devant préserver l'existence des jeunes Républiques et leur permettre de supporter, ensemble, les responsabilités et les charges qu'impose la souveraineté internationale. L'idée retenue est donc celle d'une mise en commun des compétences internationales dans des domaines spéciaux (Défense et politique étrangère), mais à condition, toutefois, de préserver l'autonomie interne des États.

Quelques difficultés vont alors apparaître, dues plutôt à l'attitude du Gabon qui va présenter un contre-projet mettant l'accent sur la souveraineté des États et ne retenant que la possibilité d'une coopération ; cette formule est vite écartée, et à la conférence de Bangui (16 et 17 mai 1960), les nouveaux États (Congo, RCA, Tchad, moins le Gabon) réitèrent leur désir de créer une Union dotée de la souveraineté internationale et adoptent une Charte créant une "Union des Républiques d'Afrique Centrale" (URAC). L'URAC apparaît ainsi comme une confédération d'États au sein de laquelle les membres sont souverains, mais qui demeure

---

[30] Actuellement N'Djamena, capitale de la République du Tchad.

compétente dans le domaine de la politique étrangère, de la Défense, des Postes et Télécommunications, et de la Monnaie. Cette union, on le sait, ne survivra pas aux querelles internes, et les quatre Républiques vont alors accéder à l'indépendance, séparément[31].

Cependant, cet échec ne va nullement altérer les relations interétatiques. Bien au contraire ! La multiplication des rencontres a permis, aux États d'Afrique équatoriale, de se rapprocher davantage, de mieux se connaître, de s'apprécier et de se découvrir des liens profonds de consanguinité ; de plus, cela les a enhardis à poursuivre le dialogue et la concertation dans l'esprit du bon voisinage.

Ce sont des sentiments analogues qui habitent les présidents Joseph Kasavubu du **Congo Léopoldville** et Fulbert Youlou, même si les relations diplomatiques ne seront établies, officiellement, entre les deux pays, que quelques années plus tard.

Plusieurs faits expliquent, par ailleurs, l'excellence des rapports entre les deux Congo : d'abord, les deux chefs d'État sont des amis et se vouent une estime réciproque ; ensuite, ils sont mus par un même idéal et une même volonté de sauvegarder les liens de tous genres qui unissent les populations des deux pays ; enfin, les deux régimes affichent une même identité politique et restent ouverts à l'Occident.

Toutefois, ces bonnes relations seront entachées, comme tous les rapports amoureux, de quelques conflits : le premier naît de la dénomination des deux pays, lors de leur admission à l'ONU ; la position des autorités de la République Démocratique du Congo - Léopoldville, fougueusement défendue par le Premier ministre Patrice Emery Lumumba est claire et se résume de la manière suivante : le Congo-Belge est connu, depuis 1885, des grandes puissances signataires de l'Acte de Berlin ; seules, par conséquent, les populations de l'ancienne colonie belge portent officiellement

---

[31] Il serait très intéressant d'étudier les causes de l'échec de l'URAC; Dreux-Brézé qui s'y est essayé dans son ouvrage intitulé <u>Les Problèmes de regroupement en Afrique Equatoriale</u> (Paris, LGDJ, 1968) relève des attitudes équivoques, inconstantes, contradictoires, pour ne pas dire irresponsables de certains Etats (pp. 134 et 159).

et légalement le nom de "Congolais", lequel ne saurait donc être cédé sous aucun prétexte. L'Assemblée nationale de la République du Congo qui ne se laisse pas intimider par ces propos réagit, lors de la séance du 17 septembre 1960, en donnant les pleins pouvoirs à son ministre des affaires étrangères, avec la mission de défendre en tout temps et en tous lieux, y compris dans les Organisations internationales, la dénomination : République du Congo, votée le 28 novembre 1958. Le conflit va trouver son dénouement avec l'ajout du qualificatif "démocratique" qui complétera l'appellation République du Congo-Léopoldville.

Le second conflit est lié à ce qu'on a appelé la première crise congolaise et à la sécession du Katanga dont l'instigateur principal est Monsieur Moïse Tshombé, un autre ami de Monsieur l'Abbé Fulbert Youlou. Ce dernier va, en effet, prendre fait et cause pour la tendance Kasavubu-Mobutu contre Lumumba et ses partenaires, et, à la 15e session de l'Assemblée générale des Nations Unies, à l'ordre du jour de laquelle ladite crise congolaise[32] est inscrite, le chef d'État du Congo-Brazzaville déclare : "... Je dis qu'il est grave pour l'humanité que le monde se laisse apitoyer aux tribunes internationales par quelques bateleurs africains en mal de subsides ; à l'heure même où les massacreurs poursuivent, implacablement, leur œuvre de mort, quelque chose de démentiel échappe à l'entendement du monde dans la lutte que nous a déclarée la révolution rouge ..."[33].

Il poursuit : "...Je m'adresse aux États indépendants de l'Afrique et je fais cette proposition : réunissons-nous tout de suite en une conférence des chefs d'État et dressons ensemble le programme de la restauration congolaise. Que tous ceux qui voient une autorité de droit ou de fait dans l'autorité désagrégée du Congo d'aujourd'hui acceptent notre conseil de famille et qu'ils nous aident à bâtir la résurrection de leur patrie. C'est alors que l'ONU pourra nous aider de tout son poids, matériel, financier et moral, à

---

[32] Il s'agit de la crise de 1960 qu'a connue le Congo- Léopoldville de l'époque et qui a vu les provinces de ce grand pays faire sécession, les unes après les autres, la plus connue étant celle du Katanga.
[33] Document des Nations Unies, A/PV, 917ème séance du 18 novembre 1960; pp.920 et *sq*.

appliquer le programme de salut congolais que nous saurons concevoir et mener à bien…"

Un mois après, se réunit, à Brazzaville, du 15 au 19 décembre 1960, la Conférence sur l'affaire de la sécession katangaise[34] ; pour beaucoup de chefs d'État francophones, Moïse Tshombé est un interlocuteur valable et non un "rebelle" ; le président Fulbert Youlou va renchérir en s'en prenant à Lumumba, qualifié "d'agent communiste" : "… Vous comprendrez avec moi que certaines personnes sont devenues, de par les derniers événements, un dénominateur commun de la crise. Elles sont coupables. Avons-nous, pour autant, le droit de les juger sans les entendre ?"[35]

Qu'est-ce qui s'est décidé à cette conférence ? Quelle solution a-t-on trouvée à la crise katangaise ? Il y a lieu de se référer au commentaire de Mirlande Hippolyte : "Certes, on ne saura jamais si, au cours des huis clos sans ordre du jour, sans papier, sans communiqué, les leaders congolais (Congo-Léopoldville) ont obtenu l'alliance ou du moins la neutralité des chefs d'État francophones. Mais il y a de fortes présomptions pour que la mort de Patrice Emery Lumumba ait été décidée en partie à Brazzaville, et que les États francophones, en cédant à la panique suscitée, à tort ou à raison, par ce qu'ils croyaient être la menace du communisme international - qui, du Congo, pouvait facilement se propager dans leurs propres pays - aient cautionné par avance toutes les initiatives que prendraient Joseph Kasavubu et Moïse Tshombé pour neutraliser les premières tentatives d'implantation communiste en Afrique"[36].

Une chose est sûre : c'est la mort de Lumumba qui est enregistrée, quelque temps après cette conférence. Le gouvernement de Brazzaville en est aussitôt rendu responsable. À New York, le Représentant permanent du Congo auprès des Nations Unies, l'Ambassadeur Emmanuel Dadet s'en défend : "…Vous nous accusez d'avoir tué Lumumba, prouvez-le, Mr Diallo Telli ; l'appareil de renseignements guinéen ne pourrait-il

---

[34] Voir plus loin, à propos de cette conférence qui a regroupé douze Chefs d'Etat et de Gouvernement Africains et Malgache: le "Groupe de Brazzaville" était né.
[35] Conférence de Brazzaville, Textes et Discours du Président Youlou ; pp.7 *et sq.*
[36] M. Hippolyte : Les Etats du Groupe de Brazzaville aux Nations Unies, Presses de Sciences Politiques, (Paris, 1970) ; pp. 198-199.

pas fournir des précisions irréfutables quand il s'agit de complot comme celui dont a fait partie, selon vous et vos amis, le président Youlou, complot qui a abouti à la liquidation de Patrice Lumumba ? Je sais que les communistes sont passés maîtres dans ce domaine et ils peuvent exhiber facilement des documents photocopiés qui règlent toutes les histoires. Je désirerais donc qu'on nous présente ici : premièrement, les photocopies du chèque délivré à Paris ou à Bruxelles et destiné à Brazzaville ; deuxièmement, les photographies des avions qui ont atterri à Brazzaville et qui ont transporté les armes pour Mobutu et Tshombé ; troisièmement, la photographie du camp où se tient l'État-major belge que le président Youlou a accueilli sur le territoire de son pays..."

Aucune preuve ne sera produite ; quoi qu'il en soit, la tension va monter entre Brazzaville et Léopoldville et toutes les relations entre les deux pays sont aussitôt suspendues. La situation ne redeviendra normale qu'à partir du 18 novembre 1962, date du rétablissement des liaisons téléphoniques et télégraphiques, et de la reprise de la circulation fluviale entre les deux capitales.

Pour matérialiser politiquement cette normalisation, le président Youlou se rend en visite officielle à Léopoldville, du 27 au 31 janvier 1963, et déclare à son arrivée dans cette ville capitale : "… Dieu n'a pas fait le fleuve qui sépare les deux pays pour diviser les hommes. Ce fleuve que la nature a placé entre les deux États doit être considéré, comme inexistant ; il doit servir de pont permanent…"[37].

Le communiqué final, publié à la fin de la visite, souligne la volonté des deux présidents de maintenir entre les deux pays un climat de paix, de concorde et de fraternité, par le renforcement des rapports de coopération. Ainsi sont signés plusieurs accords dans divers domaines, tels que la Culture, l'Information, les Douanes, les Transports, etc. Une Convention d'établissement est même envisagée.

Dès lors et jusqu'à la chute du président Fulbert Youlou, les relations entre les deux pays resteront au beau fixe.

---

[37] Bernard Makiza, Le Président Youlou à Léopoldville : les deux Congo réconciliés, in La Semaine Africaine, No.544 du 31 janvier 1963 ; pp.1 et 6.

Un autre voisin qui ne laisse pas le Congo de Monsieur l'Abbé Fulbert Youlou indifférent, **c'est l'Angola**, dont une partie du territoire, le Cabinda, fait frontière commune avec la République du Congo-Brazzaville. L'Angola est alors une colonie portugaise, et le Cabinda un protectorat portugais.

La diplomatie congolaise est très active, surtout en ce qui concerne l'avenir du Cabinda[38]. Comme suite au durcissement des luttes de libération nationale en Angola, le président Fulbert Youlou ira jusqu'à présenter ses "bons offices" au président Salazar du Portugal.

Fier de cette démarche, il va proposer aux mouvements de libération angolais (MPLA et FNLA, notamment) de former un front unique, le Front Démocratique de Libération de l'Angola, qui devait conduire le pays jusqu'à l'indépendance nationale ; cette indépendance, le président congolais l'envisage, d'ailleurs, pour fin 1963. Ce qu'espère ce dernier, c'est en fait l'intégration de l'enclave du Cabinda au sein de l'ensemble territorial congolais, une fois acquise l'indépendance de ce territoire.

L'on voit mal, en effet, à l'époque, le rattachement du Cabinda à la "lointaine" province du Portugal qu'est l'Angola ; ce sera ou bien avec le Congo-Brazzaville, ou bien avec le Congo-Léopoldville ; telle est l'alternative.

L'activité diplomatique congolaise a pour visée principale de regrouper les Mouvements de libération nationale d'Angola, de les aider, bref de les mettre dans une situation telle qu'ils ne sauraient refuser, le moment venu, la doléance congolaise sur le Cabinda, et ce, pour service rendu ! Quant au FLEC (Front pour la Libération de l'Enclave du Cabinda)[39], la démarche est identique ; aussi ce mouvement bénéficie-t-il de tous les soutiens des autorités de Brazzaville ; il est même autorisé à établir son siège à Pointe-Noire, deuxième ville du pays et très proche de l'enclave.

---

[38] Se référer, à ce sujet, à ce qu'écrit René Pélissier dans son ouvrage : la Colonie du Minotaure. Nationalismes et Révoltes en Angola1926-1961 : Montamets, Orgeval, 1976.
[39] Le FLEC est né en 1963 de l'union de trois mouvements ; le Mouvement de Libération de l'Enclave du Cabinda (MLEC), l'Alliance de Mayombe (ALLIAMA) et le Comité de l'Union Nationale de Cabinda (CAUNC).

Le président Youlou allait-il réussir dans son entreprise ? Sa destitution, en août 1963, mettra fin à ses ambitions.

2.2 – Il y a ensuite le reste de l'Afrique. Au niveau du continent noir, l'action diplomatique du président Youlou connaît ses heures de gloire avec la tenue à Brazzaville, du 15 au 19 décembre 1960 d'une conférence qui va réunir douze chefs d'État et de gouvernements africains[40] ; convoquée pour discuter des problèmes africains et surtout de la crise congolaise[41], cette conférence va donner naissance au "Groupe de Brazzaville", appelé aussi les "12 de Brazzaville"[42].

Notons qu'à partir de 1961, ce groupe se confondra avec le "Groupe de Monrovia"[43]. Le Congo y joue un rôle tellement actif que son prestige en Afrique demeure incontestable. Plusieurs questions d'importance y seront débattues ; par exemple la crise congolaise dont nous venons de parler, et la Question algérienne ; celle-ci, on le sait, divisa les deux groupes d'États africains à l'ONU. La position du Groupe de Brazzaville est exposée par le président Youlou dans sa lettre au Secrétaire général de

---

[40] Cette conférence réunit les représentants des pays suivants : Congo-Brazzaville, Côte d'Ivoire, Dahomey, Gabon, Haute-Volta, Madagascar, Mauritanie, Niger, RCA, Sénégal, Tchad, Togo.
[41] Voir ci-dessus, pages précédentes.
[42]. M. Hippolyte décrit ce groupe de la manière suivante : "... ce n'est pas un groupe régional dont la constitution obéirait à un déterminisme géographique, régional et historique bien que sa création exprime une certaine forme de solidarité régionale ; il ne s'agit pas non plus d'un "*voting bloc*", ni d'un ensemble présentant un degré de cohésion qui permette de le ranger dans la catégorie des groupes modèles. Il ne se définit ni par une attitude inconditionnelle pro-française, malgré des relations spéciales économiques, ni par un occidentalisme impénitent ou par un anticommunisme militant, en dépit de certaines attitudes tant à l'ONU (notamment à propos de l'admission de la Chine Communiste) qu'en Afrique même (hostilité ou réserve à l'égard des initiatives du Gouvernement de Pékin) qui pourraient rendre plausible une telle identification." *Op. cité ut supra*. P. 11).
[43] On note à cette époque l'existence de deux regroupements politiques en Afrique : le Groupe de Brazzaville et le Groupe de Casablanca. M. Hippolyte les décrit comme suit : "... Entre le Groupe de Brazzaville représentant l'Afrique "modérée" qui a choisi l'Occident et le Groupe de Casablanca représentant l'Afrique "révolutionnaire" qui a déclaré la guerre à l'Occident, il y avait, en 1960-1961, plus qu'un clivage idéologique, les éléments d'une lutte à venir..."(*ibid*. p.11).

l'Organisation des Nations Unies, datée du 05 décembre 1960 : "... J'ai l'honneur d'informer votre Excellence que les États africains d'expression française tiendront à Brazzaville une Conférence. En raison de l'importance que la Question algérienne revêt pour ces États qui ne manqueront pas de l'examiner au cours de cette réunion, je me permets de suggérer avec insistance que l'examen du problème algérien soit retardé jusqu'à l'achèvement des travaux de la Conférence africaine, afin de permettre, aux différents chefs d'État intéressés, à participer personnellement aux débats..."[44].

En réalité, la solution définitive qui est retenue à cette conférence est de s'en remettre à la sagesse du Général de Gaulle, comme l'explique le président Youlou : "... J'ai déclaré que les problèmes africains sont notre angoisse, doivent être notre affaire, une affaire africaine ; or, l'Algérie, après tout, est africaine ; sa solution, je crois, doit être en Afrique et non pas à l'ONU. Aussi, devons-nous faire confiance à la France et au Général de Gaulle pour trouver une solution au problème algérien..."[45].

Comme on le voit, le chef d'État congolais apparaît comme le leader de ce groupe et c'est fort de cet atout qu'il prend part à la conférence qui se tient à Tananarive (Madagascar), du 05 au 10 septembre 1961, conférence constitutive de l'Union Africaine et Malgache (UAM)[46].

Le président Youlou est également présent à Addis-Abeba, le 25 mai 1963, aux côtés d'une vingtaine de ses pairs africains, un moment hautement historique où l'Afrique se dote d'une organisation continentale, l'Organisation de l'Unité Africaine (OUA) ; l'Afrique venait ainsi de faire table rase de ses divergences intestines et paraissait décidée à marcher sur le chemin de l'unité, du dialogue, de la libération totale du continent et du développement économique[47]. Il importe de saluer à sa juste mesure la présence congolaise à ce haut lieu de l'histoire africaine ;

---

[44] Archives AFP/OM, 6 décembre 1960; p.6.
[45] Textes et Discours du Président Youlou, *Op. déjà cité,* p.7.
[46] L'Union Africaine et Malgache (UAM), créée le 09 septembre 1961, morte le 10 mars 1964.
[47] Cette première Conférence constitutive de l'OUA n'a pu avoir lieu qu'à la suite de compromis consentis à la fois par le Groupe Casablanca et le Groupe de Monrovia.

on le doit, à n'en point douter, à l'action diplomatique du président Fulbert Youlou.

3 - Le troisième volet de cette action diplomatique concerne ce qui a été qualifié de "Reste du monde". Quelle a été l'attitude congolaise face à ce "Reste du monde " ? Nous nous posons la question et pour y répondre il faut envisager sa position par rapport aux clivages et aux rivalités des deux blocs (l'Est et l'Ouest) qui font rage à cette époque [48] et son parti pris pour le monde occidental ; certes, le Congo est classé parmi les pays du Tiers-monde, confrontés aux mêmes exigences internationales qu'eux, mais, en réalité, sa position est partisane et se détermine en fonction de son penchant pour l'Ouest.

C'est clair, le Congo de Youlou est entièrement anticommuniste - l'URSS et la Chine sont présentées comme des épouvantails, à l'image de l'opinion qui est abondamment véhiculée en Occident - et prend, en conséquence, position contre le Monde communiste d'abord et, surtout, contre la République Populaire de Chine dont il refuse l'admission à l'ONU. Une fois de plus, le président Fulbert Youlou s'explique : "... Je suis anticommuniste et je le serai toute ma vie ; (...) ce qu'il faut souligner c'est que le communisme de Brazzaville est entre les mains de la Chine communiste, donc il s'agit bien d'un communisme dur et intolérable..."[49]

Mais auparavant il aura déclaré : "... L'Afrique réaliste est celle qui a le courage de reconnaître et de considérer l'acquis de la colonisation comme partie organique de l'Afrique indépendante et non d'avoir retardé son évolution. Ce qui ne veut pas dire que cette Afrique entend copier ou imiter les occidentaux, mais affirmer, en collaboration avec l'Occident chrétien sa vocation, sa culture, ses coutumes, sa fécondité d'inventions ; c'est cette Afrique qui sait que sa jungle et sa savane monstrueuses peuvent, si les Africains se laissent aller à l'indolence de l'indépendance, recouvrir ou annihiler ce qui a été réalisé. C'est l'Afrique consciente que les potentiels de son sol et de son sous-sol doivent lui permettre

---

[48] Les années 60 voient en effet l'apogée de la Guerre froide entre l'Est et l'Ouest (cf. entre autres, la crise de la Baie des cochons).
[49] Fulbert Youlou, J'accuse la Chine, Ed.de la Table Ronde, Paris 1966, pp.210 *et sq.*

d'assurer sa subsistance, d'améliorer les conditions de vie de chaque Africain ; non pas, comme le prétendent les "Missionnaires" du socialisme, par des révolutions intérieures, mais par la loi naturelle de l'effort, de la compétition dans la liberté d'entreprendre..."[50]

Comme on le voit, la preuve est, une fois de plus, faite : de manière ostentatoire, le Congo affiche ses préférences pour l'Occident chrétien. Mais peut-on aller jusqu'à affirmer qu'il s'agit là d'une allégeance pure et simple ?

De prime abord, la réponse paraît quelque peu évidente : le Général de Gaulle, en proposant son Référendum et sa Communauté française, décrivait déjà, dans son discours, des choix politiques clairs. Le "OUI" au Référendum de 1958, aura sans doute signifié alignement sur les points de vue français. C'est ainsi que le Congo va nouer des relations diplomatiques avec les "Alliés" de la France : la Grande-Bretagne, les USA, l'Italie, la Corée du Sud, etc., et entreprendre une coopération fructueuse avec ces pays[51].

Mais cet alignement est-il total ? Est-ce à dire que, ce faisant, la politique extérieure du président Fulbert Youlou n'était purement et simplement qu'un calque de la politique extérieure de la France, comme certains se plaisent, encore et prosaïquement, à le dire ? Pour un peu plus de certitude et de sécurité dans la réponse éventuelle à cette question fondamentale, tentons de résumer ce qu'a été cette politique extérieure française.

La politique extérieure de la France de cette époque, s'est quelque peu confondue avec l'action d'un homme hors de l'ordre

---

[50] F. Youlou, *ibid.* p. 43.

[51] Nuançons toutefois à propos de la coopération, en nous référant à l'idée que le Président Youlou se faisait du "marché commun à l'africaine" : "les Gouvernements des Etats pourraient procéder en commun à l'étude des solutions à apporter aux problèmes ; ainsi seraient facilitées les négociations avec tous les organismes financiers publics et privés, nationaux et internationaux (...). Il leur appartiendrait d'intervenir auprès de tous les organismes internationaux du financement (BIRD, AID, SFI, OCDE, FEDOM) pour démontrer aux pays industrialisés que là se trouve le seul moyen de réaliser, dans un esprit de coopération, les indispensables transferts financiers de solidarité...", <u>Textes et Discours du Président Youlou</u> : *op. cité* p. 28.

commun, à la très forte personnalité et nourrissant un grand dessein : la grandeur de la France.

Cet homme, c'est le Général de Gaulle ; sa haute ambition est de croire à la toute-puissance de la France ; lui redonner une place de choix dans le concert des grandes nations du monde, une place qu'elle avait perdue, selon lui, lors de la dernière guerre mondiale. Ce sera, donc, une politique d'indépendance et de grandeur que le Général de Gaulle ne cessera de proclamer et de réclamer pour la France ; il suffit de l'écouter : "... La France - c'est comme cela - est un pays qui de tout temps s'est trouvé devant les épreuves ; c'est sa nature ; c'est par ce qu'elle est un pays extrêmement vivant, un pays libre, un pays pilote qu'elle a une personnalité extrêmement accusée..."[52] ; "... depuis la fin de la domination romaine, depuis Clovis, jamais la France n'a cessé d'être une grande puissance, c'est-à-dire, une puissance dont le sort dépend d'elle-même et qui choisisse elle-même son destin (...). Si nous perdions cette notion et que, du même coup, nous renoncions à être une grande puissance, nous aurions tôt fait de disparaître en tant que France..."[53]

C'est, en effet, un rôle d'élite qu'il entend, ainsi, donner à la France : "... La France ne serait-elle pas en tête ? En effet, elle l'est..."[54] : l'élite de l'Europe d'abord, de cette Europe qui va de l'Atlantique jusqu'à l'Oural, comme il se plait à le répéter ; et ensuite - pourquoi pas ? - celle du monde entier, tant il est vrai que la France" ... est de plus en plus considérée d'un bout du monde à l'autre..."[55].

Bref, une France indépendante, forte, puissante, voilà ce qu'il souhaite : "...Rien n'est plus nécessaire à la France, placée comme elle est dans l'Europe, que d'être forte et dans des conditions

---

[52] Discours à Tournon, le 24 sept 1961 ; cité par Edmond Jouve, in : le Général de Gaulle et la Construction de l'Europe. Thèse pour le Doctorat de Science Politique ; Paris, 1966, p.202.
[53] Déclaration à Paris, le 14 novembre 1961 ; cité par Ed. Jouve, *ibid.*, p.230.
[54] Déclaration à Rethel, le 23 avril 1963 ; *ibid.* p.231.
[55] Déclaration à Sables-d'Olonne, le 19 mai 1965; ibid. 273.

modernes (…). Nous sommes en route pour une grandeur certaine…"[56].

Cependant, à travers l'ensemble des déclarations du Général, perce, finalement, ce que semble avoir été son vœu profond : "… Établir entre les peuples, quels qu'ils soient, et par-dessus leurs idéologies, leurs régimes, leurs divisions, les contacts qu'il faut pour que s'établisse dans le monde un équilibre qui ne soit plus celui de Yalta, c'est-à-dire, celui des deux hégémonies et qui (…) menacerait la paix internationale, mais un équilibre nouveau fondé sur l'indépendance et la responsabilité de chacune des nations de la terre…"[57]

En d'autres termes, les grandes orientations de la politique extérieure de la France devront, donc, être les suivantes :

En ce qui concerne l'Europe, c'est tout le problème de sa construction" qui est posé : comment faire l'Europe ? Pour la France, il s'agira de bâtir "… l'Europe économique d'abord, l'Europe politique ensuite, et puis l'Europe des Européens, l'Europe fraternelle, à la fin des fins"[58].

Toutefois, il ne saurait être question d'une Europe Supranationale : "… Nous ne voulons pas d'une Europe Supranationale, rectifiera le Général de Gaulle. Les nations, ça existe ; il y a une Italie, une Allemagne, c'est millénaire, c'est bimillénaire. Ce ne sont pas des entités qui peuvent disparaître comme ça. Faire une fusion n'est pas possible. Pour l'Europe, une confédération, oui, mais pas une fusion…"[59].

Mais si cette confédération doit aller de l'Atlantique jusqu'à l'Oural, un pays semble en être, provisoirement, exclu ; c'est l'Angleterre : "… Telle qu'elle vit, telle qu'elle produit, telle qu'elle échange… ", elle ne saurait être incorporée "… au Marché Commun tel qu'il a été conçu et tel qu'il fonctionne…"[60], précisera le Général de Gaulle ; sa nature, sa conjoncture différent de celles des continentaux ; elle fera partie et ne fera partie de la

---

[56] Déclaration du 23 Avril 1963, à Gevet ; cité par Ed. Jouve, in *op.cité ut supra*, p. 230.
[57] Déclaration à Sables d'Colonne, le 19 mai 1965 ; *ibid*. p. 273.
[58] Discours à Mézières, le 22 Avril 1963, *ibid*. p. 230.
[59] Conférence de Presse, Paris, 10 juin 1965, cité par Ed. Jouve, *op. cité*, p.277.
[60] Conférence de Presse, Paris, 14 janvier 1963, *ibid*. p.226.

Communauté européenne que si, un jour, elle arrive à se transformer.

Vis-à-vis des États-Unis, il s'agira d'affirmer, encore davantage, l'indépendance de la France ; "... La France ne voudrait pas que les États-Unis qui sont ses amis et ses alliés soient ses dirigeants et ses protecteurs..."[61].

La volonté de ne pas faire de la France un satellite du géant américain semble très manifeste ; tout en restant membre de l'Alliance Atlantique, la France se retirera de l'OTAN [62] et se constituera sa propre arme nucléaire, sa force de dissuasion, car, déclare le président français, "... La France doit être la France vis-à-vis de tous les pays, si grands qu'ils puissent être. À l'ONU, dans l'OTAN, en Europe - dont la base est l'accord entre la France et l'Allemagne, et ceci est un miracle - la France veut être la France ; elle veut être elle-même"[63].

À ces attaques plus ou moins directes, le Général de Gaulle en ajoutera d'autres. Chaque fois que l'occasion se présentera (pour le retour de l'étalon-or contre l'étalon dollar ; contre l'intervention américaine au Viêt-Nam), il ne manquera pas de porter de coups de boutoir contre la puissance hégémonique américaine.

À l'égard des pays de l'Est et de la Chine, l'attitude gaullienne - et donc française- sera moins "belliqueuse" ; elle sera toute de conciliation, de coexistence pacifique et de coopération.

C'est ainsi que la France se retrouvera parmi les tout premiers pays à reconnaître la République Populaire de Chine et à nouer avec elle des relations diplomatiques.

Quant aux rapports franco-soviétiques, difficiles au départ, à cause du climat de guerre froide, c'est encore le Général de Gaulle lui-même qui les évoquera au cours d'une réception : "... La politique de votre gouvernement et celle du gouvernement français comportent aujourd'hui une zone commune et grandissante d'entente et de coopération (...). L'important accord de coopération technique au sujet de la télévision que vous venez de signer avec nous vient, comme par hasard, fort à point pour

---

[61] Discours à Bourg-en-Bresse du 27 septembre 1963; ibid. p. 246
[62] Organisation du Traité de l'Atlantique Nord (OTAN).
[63] Discours à Dié, 26 septembre 1963. Ed. Jouve, *ibid*. p. 246.

illustrer l'heureux aboutissement du long effort et de travail qui furent les vôtres au milieu de nous…"[64].

La "Coopération", telle se voudra être, aussi, la position française vis-à-vis des pays du Tiers-monde. Pour le Général de Gaulle, en effet, "… le développement des pays du monde et, en particulier de ceux qui, jusqu'à présent, n'ont fait qu'entamer ce grand mouvement, c'est la question mondiale par excellence…"[65]. Il s'agira pour la France d'aller presque en croisade, de tirer de la misère et d'orienter vers le développement ceux qui souffrent de la famine, de la pénurie, du sous-développement sous toutes ses formes, aussi bien dans les contrées arides d'Afrique que dans les régions lointaines du Moyen-Orient, d'Asie ou d'Amérique latine.

Telles ont été les grandes orientations de l'action diplomatique française. À n'en point douter, elles ne sauraient se confondre, en aucune façon, avec celles du Congo que nous avons examinées plus haut ; en d'autres termes, la politique extérieure de la France, telle que décrite ci-dessus, n'a rien de commun avec celle du Congo, les différences étant par trop évidentes : le Congo n'est pas la France. Il ne saurait, d'ailleurs, en aller autrement ; trop jeune et trop fragile, le Congo de Youlou ne rêve ni de grandeur, ni d'hégémonie ; sa condition sociale le pousse simplement à exister ; il ne demande rien de plus qu'une reconnaissance de ce droit, ainsi qu'une politique extérieure à sa mesure ; ne dit-on pas que la conduite des relations diplomatiques fait partie du domaine réservé de chaque chef d'État ? En effet, au nom du principe bien connu de disposer de lui-même et par cela seul qu'il est souverain, il appartient à chaque État de décider, comme bon lui semble et conformément aux intérêts vitaux de son peuple, des orientations de son action diplomatique.

Il peut arriver, toutefois, que par le biais des accords ou autres traités, un État donné s'allie à un autre -sans doute parce que tous les deux se sont découvert une certaine unicité de vues, de principes et d'intérêts dans des domaines bien précis - pour mener

---

[64] Discours de réception en l'honneur de Serge Vinogradov, Ambassadeur d'URSS ; Paris, 24 mars 1965 ; cité par Ed. Jouve. *In op. cité ut supra*, p. 271.
[65] Conférence de Presse du 31 janvier 1964, Paris, *ibid.* p.251.

ensemble une action concertée ; c'est d'ailleurs souvent le cas, et ce, depuis toujours, et la coopération n'a d'autre sens que dans cet esprit-là. Dès lors, l'on ne saurait parler ni d'alignement, ni de subordination, chacun faisant prévaloir le respect de la souveraineté de l'un et de l'autre.

Tel nous semble avoir été le cas des relations entre le Congo et la France, du moins pour la période que nous venons d'examiner ; il serait, donc, plus convenable de parler, ici, de caractère privilégié des relations entre ces deux pays - elles l'ont été en effet - plutôt que de toute autre insinuation de nature subjectiviste, frisant le dénigrement facile. L'attachement du Général de Gaulle au Congo et son amour pour Brazzaville[66] (il y est venu plusieurs fois et en avait fait la capitale de sa chère et douce France) valaient bien qu'en retour, le président congolais reconnaisse en lui un mentor.

De tout ce qui précède, l'on peut conclure que l'action diplomatique des Autorités congolaises de l'époque, sous-tendues par les exigences de la guerre froide, à été plutôt courageuse ; avec peu de moyens, aussi bien matériels qu'humains, sans expérience aucune des relations internationales, l'équipe de Monsieur l'Abbé Fulbert Youlou s'est essayée de donner du Congo une image internationale qui s'est réellement imposée, malgré le poids de son grand voisin et les différentes crises qui ont, très tôt, secoué ce dernier. Tributaire d'un lourd héritage - Brazzaville fut bien la capitale de la France libre -, il s'est agi, semble-t-il, pour ce pays de s'en montrer digne et de rayonner en conséquence. Pari tenu ou… pas du tout ? Les historiens, avec un peu plus de recul, pourront répondre, avec plus d'à propos, à la question.

---

[66] L'imposante Basilique Sainte Anne du Congo, porte expressément, le prénom « *Anne* » de la fille du Général d Gaulle.

DEUXIEME PARTIE

LA POLITIQUE EXTÉRIEURE DU CONGO DE 1963 À 1968

Les 13, 14, 15 août 1963, un mouvement insurrectionnel renverse l'équipe du président Fulbert Youlou et amène au pouvoir Monsieur Alphonse Massambat-Débat.

L'heure est, alors, aux changements les plus radicaux ; l'on parle abondamment de "Révolution" et comme pour marquer qu'il s'agit effectivement d'une révolution, le nouveau régime va s'atteler à des tâches de restructuration et de réorganisation en profondeur de la vie politique, économique et sociale du pays. Ainsi, certaines institutions vont changer d'appellation : l'Armée nationale congolaise devient l'Armée Populaire Nationale (APN) ; l'Assemblée nationale, l'Assemblée Nationale Populaire (ANP). Des places publiques, des avenues, des rues et des édifices publics sont débaptisés pour porter les noms de ceux qu'on appelle, soudain, les "héros révolutionnaires". Le terme de "monsieur" s'efface au profit de "frère", puis de "camarade".

Ces opérations spectaculaires avaient-elles pour objectif de choquer les populations au sens fort du terme ? Sans doute, car pour réaliser son programme de société nouvelle, il importait, assurément, de frapper les esprits et, donc, les mentalités, en vue de les changer ; mais l'on veut surtout démontrer par là qu'il faut en finir, résolument, avec l'ordre ancien.

L'on va, ainsi, assister à une série de ruptures : ruptures politico-administratives, cela s'entend puisqu'il y a changement d'institutions et de personnes chargées de les animer ; ruptures idéologiques, surtout, puisque le "Socialisme Scientifique" devient l'idéologie dominante. C'est cette même idéologie qui orientera les choix politico-économiques du Congo au plan interne, et au plan externe, les grandes lignes de politique extérieure.

CHAPITRE PREMIER :

FONDEMENTS IDEOLOGIQUES

À partir d'août 1963, deux mots font leur apparition dans le vocabulaire politique des Congolais : **Socialisme scientifique** ; mots magiques s'il en est, mots révolutionnaires en tout cas qui, à eux seuls, contiennent tous les secrets et toutes les recettes de l'action gouvernementale nouvelle.

Qu'est-ce donc que le Socialisme scientifique au Congo en ces années de fièvre "révolutionnaire"?[67] Le Socialisme scientifique est, évidemment, un concept philosophique. Nous nous intéresserons, seulement, à l'usage qui en a été fait ; et cet usage qui est, comme nous venons de le dire, le lieu de référence et d'inspiration de toute action politique nouvelle, nous amène, ici, à considérer ce concept comme une idéologie, l'idéologie dominante, justement. Dès lors et pour répondre à la question ci-dessus, il nous faut tout d'abord clarifier ce que l'on entend par idéologie.

Plusieurs auteurs ont tenté de définir ce concept ; nous nous permettons d'en citer quelques-uns :

Pour Raymond Aron, c'est "… un système d'interprétation du monde social qui implique un ordre de valeurs et suggère des réformes à accomplir, un bouleversement à craindre ou à espérer…".

L'idéologie, écrit Adam Schaff, est "… un système d'opinions qui, se fondant sur un système de valeurs admises, détermine les attitudes et les comportements des hommes à l'égard des objectifs

---

[67] Il ne s'agit pas pour nous de bâtir, ici, une nouvelle théorie du Socialisme Scientifique ; nous voulons comprendre un concept pour mieux expliquer certains comportements étatiques ; c'est, effectivement, au nom du socialisme scientifique que se mèneront toutes les activités gouvernementales, y compris la politique extérieure ; ceci devrait expliquer cela.

souhaités du développement de la société, du groupe social ou de l'individu..."[68].

Selon Louis Althusser, elle est "... un système, possédant sa logique et sa rigueur propres, de représentations (images, mythes, idées ou concepts) et doté d'une existence et d'un rôle historique au sein d'une société donnée..."[69].

On pourrait continuer d'aligner les citations ; mais il ne s'agit pas, ici, de faire un bilan des différentes théories sur l'idéologie où seraient, par exemple, passés en revue Bacon, les philosophes des lumières, Feuerbach, Durkheim, Weber, Sorel, Mannheim, Lénine... et tant d'autres. L'important est de cerner, brièvement, ce que l'on entend, couramment, par idéologie.

De ces trois définitions retenues qui résument, du reste, des théories différentes (leurs auteurs se situant à des horizons politiques très divers), il ressort des points de convergence, à tel point que nous pouvons définir l'idéologie comme l'expression - sur le vaste registre des formes du langage, de la conscience et de la pensée - de la situation d'une classe. Tel ou tel groupe social aura, donc, l'idéologie de ses "idéologues", c'est-à-dire, de ceux qui se font les chantres de ses intérêts, de ses besoins, de ses aspirations, de ses idéaux, voire, de ses illusions.

À ce sujet, on a souvent cité l'exemple de la bourgeoise révolutionnaire du XVIIIe Siècle ; cet exemple est intéressant, car il confirme la justesse de la thèse que défendra, quelques années plus tard, Karl Marx : "...Les pensées de la classe dominante sont aussi, à toutes les époques, les pensées dominantes ; autrement dit, la classe qui est la puissance matérielle dominante de la société est aussi la puissance dominante spirituelle. La classe qui dispose des moyens de production matérielle dispose, du même coup, des moyens de production intellectuelle, si bien que, l'un dans l'autre, les pensées de ceux à qui sont refusés les moyens de production intellectuelle sont soumises, du même coup à cette classe dominante..."[70]

---

[68] <u>La définition fonctionnelle de l'idéologie</u>, in *l'Homme et la Société*, N°4, 1967 ; p. 50.
[69] <u>Pour Marx,</u> Maspéro, 1966; p. 238.
[70] Karl Marx, in: <u>L'Idéologie Allemande</u>, Edit. Sociales. 1966; p. 75.

Mais revenons à cette bourgeoisie révolutionnaire ; résumons ce dont il est question : le XVIIIe Siècle est le siècle qui voit la naissance et le développement du libéralisme, selon lequel le "laisser-faire" des individus et la libre concurrence sont les meilleurs moyens de développer la production, le mercantilisme, et, par là-même, de favoriser le bonheur de tous et l'intérêt de chacun, en fait, de ceux qui détiennent les moyens de production, à savoir, la bourgeoisie. Il faut, donc, abattre tous les obstacles politiques, religieux et économiques au développement de la libre entreprise.

Dans le domaine politique, il s'agit d'abolir un ordre politique fondé par la transcendance de la loi divine qui garantit, à la personne du monarque, une autorité sans limites ; mais aussi, un ordre social dans lequel l'action des individus est prisonnière des limites d'une hiérarchie héritée du moyen-âge féodal ; dans ces limites, les profits économiques et moraux de l'effort individuel sont, en quelque sorte, détournés vers les entreprises de guerre et de luxe de la classe aristocratique.

La bourgeoisie veut, donc, en finir avec la transcendance d'un ordre qui constitue un frein à la libre expansion des individus ; aux philosophes des "Lumières" d'en être les idéologues, de garantir et de légitimer cette liberté du "sujet", c'est-à-dire, celle du bourgeois, de la classe dominante. L'on sait que c'est aux cris de cette liberté que se fera, en France, la prise de la Bastille.

La bourgeoisie avait, donc réussi à faire apparaître ses intérêts de classe comme ceux de l'ensemble de la société. "…Chaque nouvelle classe qui prend la place de celle qui dominait avant elle, écrira, en effet, Louis Althusser, est obligée, ne fut-ce que pour parvenir à ses fins, de présenter son intérêt comme l'intérêt commun de tous les membres de la société…»[71].

Faire partager par l'ensemble du corps social le contenu de l'idéologie proclamée (ici, l'idéologie bourgeoise), le professeur François Gonidec estime que cet objectif est rarement atteint et introduit l'idée de la pluralité des idéologies : "… À côté des idéologies qu'on pourrait appeler dominantes parce qu'elles ont pu s'imposer de façon plus ou moins radicale, écrit-il, il y a des

---

[71] Pour Marx, *op.cit. ut supra*, p.77.

idéologies qu'on pourrait appeler des contre-idéologies, une contre-violence qui est la réponse à la violence exercée par le système établi…"[72].

On peut, en effet, distinguer plusieurs idéologies et cela d'autant plus qu'il existe plusieurs groupes sociaux, plusieurs classes sociales véhiculant, chacun, comme nous l'avons dit, une idéologie déterminée. Mais nous n'allons retenir que les "idéologies dominantes" et, plus précisément, celles qui opposent les pays du "Centre" à ceux de la "Périphérie", pour reprendre une expression chère à Samir Amin.

Les idéologies des pays de la "Périphérie" peuvent être considérées comme les "contre-idéologies" des pays du "Centre", comme leur contraire, leur négation ; rappelons qu'il faut entendre par pays du "Centre", les détenteurs des biens et moyens de production, c'est-à-dire, les pays capitalistes ; et par pays de la "Périphérie", les pays sous-développés, exploités, dominés, en l'occurrence les pays dits du Tiers-monde.

Les idéologies des pays du "Centre" se ramènent presque toutes à ce qu'il est plus communément convenu d'appeler "l'idéologie bourgeoise". Sans trop s'y attarder, relevons que cette idéologie - qui est, disons-le, le capitalisme - est une idéologie, comme nous l'avons souligné plus haut, à base de domination, d'expansion et dont le "stade suprême", pour paraphraser le titre d'un ouvrage bien connu, est l'impérialisme. L'on sait les idéologies-secondaires qui en ont découlé ; pour justifier les entreprises de colonisation, les systèmes de gouvernement appliqués aux pays colonisés, bref, pour justifier la dictature coloniale, une doctrine est apparue : le colonialisme et sa forme larvée le néo-colonialisme ; l'on a ainsi vu des hommes politiques, des explorateurs, des missionnaires, des journalistes, des aventuriers de toute espèce et de toute profession, voler au secours de la matraque coloniale, lui apporter, en quelque sorte, un supplément de prestige en chantant les louanges et les bienfaits de la colonisation.

Le professeur François Gonidec cite, en outre, d'autres idéologies telles que l'anticommunisme, le fascisme[73]. Pour nous, elles participent, toutes, du capitalisme et obéissent à ses lois.

---

[72] <u>Relations Internationales</u>, Edition Montchrestien, Paris, 1974.

A l'opposé, nous trouvons les idéologies-contraires. Les pays dominés opposeront, à l'impérialisme : l'anti-impérialisme, au colonialisme : l'anticolonialisme et l'antinéocolonialisme.

L'idéologie anti-impérialiste peut prendre des formes diverses comme le nationalisme et le socialisme : le nationalisme qui anime, par exemple, les Mouvements de libération, signifiera l'affirmation de la primauté des intérêts nationaux que sont l'indépendance, le plein exercice de la souveraineté de l'État. Ce nationalisme-là ne saurait se confondre à une sorte de racisme qui proclamerait, par exemple, la supériorité d'une race sur une autre race, d'une culture sur une autre culture ou d'une civilisation sur une autre civilisation ; pour les pays de la "Périphérie", cela voudrait, tout simplement, dire reconnaissance des peuples par des peuples, fin de l'asservissement, droit à un traitement meilleur ; rien de préjudiciable, donc, à une coopération internationale éventuelle.

Quant au socialisme, il est souvent considéré comme l'objectif à atteindre, par réaction à un type de développement économique et social qui a toujours opprimé, exploité et asservi ; le socialisme, par contre et pense-t-on, libère et répond davantage aux préoccupations des pays exploités.

Comme on le voit, l'opposition idéologique est manifeste entre ces deux groupes de pays ; c'est à juste titre, d'ailleurs, qu'on puisse, ici, parler "d'idéologies dysfonctionnelles"[74], puisqu'elles favorisent les conflits, la violence. En effet, le propre de l'idéologie bourgeoise est de maintenir sa domination et, donc, de combattre l'idéologie des classes exploitées et opprimées qui se développe.

Cela étant, il faut retenir ceci : le "Socialisme scientifique " que vont prôner les vainqueurs du Mouvement insurrectionnel d'août 1963 est - et c'est clair - l'idéologie qui se veut anti-impérialiste ; entendons avec tout ce que cela sous-entend de revendication des droits à l'indépendance nationale, au plein exercice de la souveraineté, et à la nécessité d'adopter un modèle de développement non capitaliste.

"...La mission est la poursuite des objectifs de la Révolution des 13, 14, 15 août 1963 et la construction d'une société socialiste

---

[73] *Op.cité ut supra.*
[74] L'expression est du professeur Gonidec, in *op. cité ut supra.*

s'appuyant sur le Socialisme scientifique..." précise l'article 18 des Statuts du Mouvement National de la Révolution (MNR)[75].

Voilà donc qui est, une fois de plus, sans ambigüité : le fondement théorique et idéologique des nouvelles institutions politiques, c'est le Socialisme scientifique ; le Socialisme scientifique est la référence par excellence du peuple et du gouvernement congolais ; c'est lui qui doit fournir la seule et véritable explication des options politiques nouvelles et partant, des orientations de la politique extérieure congolaise ; il est ce trésor admirable et inépuisable de préceptes sur l'art de gérer la chose publique et de bâtir une société nouvelle. Bref, tout, à cette époque, est dans le Socialisme scientifique ; le Socialisme scientifique est, sans blasphémer, ce qui EST, pourrait-on dire.

---

[75] Le Mouvement National de la Révolution (MNR) est l'instance dirigeante de l'Etat; s'il n'a pas été déclaré parti unique comme tel - il se dit mouvement de masses- il n'en possède pas moins les prérogatives et les caractéristiques.

CHAPITRE DEUXIÈME :

BASES JURIDIQUES ET PRINCIPES DIRECTEURS DE LA POLITIQUE EXTÉRIEURE DU PRÉSIDENT MASSAMBAT DEBAT

Les textes devant constituer les fondements juridiques de la politique extérieure du Congo de 1963 à 1968 apparaissent comme les compléments indispensables de l'idéologie dominante ; en effet, l'idéologie dominante n'est rien en soi, si ce n'est une forme sans matière, quelque chose d'abstrait, c'est-à-dire, un contenant envisagé indépendamment de son contenu, sans aucune référence à ceux qui s'en prévalent, sans que l'on sache comment elle va s'imposer réellement à des citoyens.

Les textes juridiques sont là pour donner un contenu à l'idéologie dominante, un contenu qui lui confère une certaine légitimité et une certaine efficacité, et, par là-même, définit la nature du consentement que les citoyens lui accorderont.

Dans ce contexte, deux textes fondamentaux sont à retenir :
- La Constitution du 08 décembre 1963[76]
- La Charte du MNR

La Constitution de 1963 reprend, en matière de politique étrangère, à peu près, les mêmes dispositions que celles contenues dans la Constitution de 1961 :

- Dans le Préambule, il est, en effet, affirmé que "… le peuple congolais exprime sa volonté de coopérer avec les autres peuples du monde, dans la paix, la justice, la liberté et l'égalité…".

---

[76] Constitution de la République du Congo, Publication du Ministère de l'Intérieur et de l'Information ; Brazzaville, 08 décembre 1963.

- Le <u>Titre IV</u>, intitulé : <u>Du président de la République</u>, dispose dans son <u>article 23</u> que "… le président de la République veille au respect (…) des traités et accords internationaux…".
- Le <u>Titre VIII</u> : <u>Des Relations internationales</u> précise, à l'<u>article 60,</u> que "… la République du Congo se conforme aux règles du Droit international…" et, à l'<u>article 61,</u> que "… le président de la République négocie et ratifie les traités…" à l'exception des traités relatifs à l'organisation internationale, des traités de paix, de ceux qui modifient l'organisation interne de l'État, de ceux qui touchent au domaine de la loi, lesquels ne peuvent être ratifiés qu'à la suite d'une loi.
- L'<u>article 62</u> reprend l'<u>article 67</u> de la Constitution de 1961 et l'<u>article 63</u>, quant à lui, dispose : "… Nulle cession, nul échange, nulle adjonction de territoire ne sont valables sans le consentement des populations intéressées…".

Comme on le voit, l'idéologie ne marque pas de façon brutale et explicite la Constitution de 1963 ; ce n'est, cependant, pas le cas de la **Charte du MNR**[77] qui se présente sous forme de Thèses :
- Le <u>Préambule</u> de la <u>Thèse II</u> de cette Charte, intitulé : Pourquoi l'option socialiste ? affirme, en effet, que le "peuple congolais s'est proclamé solennellement, lors du Congrès constitutif du MNR, pour le Socialisme scientifique, c'est-à-dire pour le développement non capitaliste…"[78]. Plus loin et en guise de conclusion, la <u>Thèse II</u> précise : "… Le Congo a posé définitivement la finalité de son action en faisant du Socialisme scientifique le but ultime de son développement. Le peuple congolais sait que seul le Socialisme scientifique assurera au Congo le véritable progrès de son développement et résoudra, au fur et à mesure de son épanouissement, les contradictions sociales actuelles…"[79].

---

[77] <u>Charte du MNR,</u> Edition du Comité Central du Parti Congolais du Travail (P.C.T.) ; Brazzaville, 1982.
[78] *Op. cit. ut supra.* p.9.
[79] *Op. cit. ut supra.* p.26.

- La Thèse IV, intitulée : De l'indépendance économique, va dans le même sens : "... l'objectif de la Révolution est de bâtir une société socialiste..."[80].
- Il en va de même de l'article 18 de la Charte qui explique la mission du MNR : "... Sa mission est la poursuite des objectifs de la Révolution des 13, 14 et 15 août 1963, et la construction d'une société socialiste s'appuyant sur le socialisme scientifique...".
- Enfin, c'est la Thèse VII qui traite de la politique internationale : "La politique nationale du Congo Brazzaville est, essentiellement, anti-impérialiste, anticolonialiste et antinéocolonialiste. Quelles doivent être les grandes lignes de notre politique internationale ?

    1) Élargir nos relations, dans la conscience claire de la connaissance des ennemis, des alliés et des amis de la Révolution ;

    2) Le non-alignement ne doit pas signifier neutralité, mais participation active à la lutte révolutionnaire mondiale ;

    3) S'appuyer sur les pays amis dont les régimes garantissent les bases d'une amitié solide ;

    4) Présenter, partout, un front commun avec les révolutionnaires d'Afrique, d'Asie et d'Amérique latine ;

    5) Dégager clairement la forme d'aide..."[81].

S'agissant du volet coopération et surtout de l'assistance technique, la Charte précise : "... La pénurie des cadres, corollaire du sous-développement, nous impose de compter pour un temps sur l'assistance technique étrangère ; c'est-à-dire, par définition, que cette assistance technique est appelée, nécessairement, à disparaître et il faut planifier cette extinction progressive. L'indépendance véritable sera remise sans cesse en cause tant que subsiste dans notre pays une importante assistance étrangère. Le Congo se doit : a) de diversifier cette assistance ; b) de former

---

[80] *Ibid.* p.39.
[81] *Op. cité ut supra*; pp. 57-58.

rapidement les cadres de relève ; en résumé, la qualité de l'assistance et sa relève progressive par des cadres congolais et techniquement qualifiés doivent être la base de notre politique…"[82].

Ces deux textes, comme on le voit, retracent clairement les grandes lignes de la politique extérieure du président Alphonse Massambat-Débat. Les Accords, les différents Traités et autres Conventions qui seront signés, par la suite, se conformeront à cette sorte "d'esprit des lois".

En d'autres termes, voici comment se résument les principes directeurs de cette politique extérieure ; ils sont au nombre de trois :

- politique d'indépendance nationale :
Ce principe qui découle de l'idéologie dominante implique d'autres principes tels que : la lutte contre l'impérialisme, le colonialisme et le néocolonialisme ; le soutien aux Mouvements de libération.

- politique d'ouverture :
La République du Congo adhère, certes, aux idéaux de paix, de justice et d'équité, contenus dans la Charte de l'Organisation des Nations Unies et dans celle de l'Organisation de l'Unité Africaine, mais donne une autre orientation à cet engagement ; il en va de même du Mouvement des Non-alignés auquel elle adhère, mais dans le sens d'un engagement révolutionnaire.

- Solidarité révolutionnaire :
C'est, ici, qu'apparaît le caractère résolument révolutionnaire de cette politique extérieure ; en effet, le Congo s'engage à constituer partout un front commun avec d'autres jeunes pays révolutionnaires d'Asie, d'Amérique du Sud et d'Afrique. Il en va de même des pays amis - entendons, ici, les pays de l'Europe de l'Est - ; on n'est pas très loin de "l'Internationalisme prolétarien", principe qui sera érigé en maxime à partir de 1969 avec la naissance du Parti Congolais du Travail (PCT) [83]. Notons,

---

[82] *Ibid.* p.58.
[83] Voir plus loin, Troisième Partie : la Politique Extérieure du Congo de 1968 à 1991.

cependant, que cette politique n'exclura pas les pays non révolutionnaires, notamment en Afrique et, ailleurs, dans le monde.

Voilà donc posés les principes ; il reste à vérifier comment on a tenté de les mettre en œuvre.

CHAPITRE TROISIÈME :

MISE EN ŒUVRE DES PRINCIPES DIRECTEURS DE LA POLITIQUE EXTÉRIEURE DU PRÉSIDENT ALPHONSE MASSAMBAT-DEBAT

Nous avons parlé de ruptures tout au début de cette Deuxième Partie, c'est, en effet, à des ruptures - disons exactement des changements profonds - que l'on va assister dans la diplomatie congolaise.

La pratique diplomatique et consulaire congolaise d'alors est révélatrice, à bien des égards, de ces changements spectaculaires, notamment au niveau des Organisations internationales ; à l'OUA, par exemple, bien que les clivages entre le Groupe de Casablanca et le Groupe de Monrovia aient été, semble-t-il, aplanis avec la création de l'organisation continentale, l'esprit y est demeuré, tels ces vieux démons endormis qui se réveillent au premier coup de pioche ; il y a toujours, donc, des "modérés" d'un côté, et des "progressistes" ou "révolutionnaires" de l'autre. Le Congo du président Massambat-Débat va passer du camp des "modérés" à celui des "révolutionnaires"…, idéologie oblige ! Cette même attitude se remarque à l'ONU, lors des votes et dans certaines prises de position[84].

Au niveau bilatéral, les rapports avec certains pays seront totalement révisés ; avec **la France,** tout d'abord, que l'on soupçonne d'être de mèche avec les "contre-révolutionnaires" qui ne sont autres que les Congolais restés fidèles à l'ancien président, les relations seront tendues (car, pense-t-on à Brazzaville, Youlou était le suppôt des intérêts français au Congo) ; elles ne s'apaiseront que vers la fin de 1965 lorsque le président Massambat-Débat se rend en visite officielle en France, consacrant, ainsi, une certaine normalisation.

---

[84] On peut se référer, ici par exemple, au revirement spectaculaire du Congo dans sa position en faveur de l'admission de la Chine, comme nous le verrons plus loin.

Avec d'autres pays occidentaux, c'est plutôt la rupture totale : les relations diplomatiques sont rompues avec la Chine de Formose (ou Taïwan) en avril 1964, la Corée du Sud en mai 1965, la Grande-Bretagne en août 1965, ainsi qu'avec le Portugal à la même date. Elles sont suspendues avec les États-Unis d'Amérique en 1965.

La politique d'ouverture va être favorable **aux pays de l'Europe de l'Est et aux pays dits de démocratie socialiste** ; en effet, les relations diplomatiques sont établies avec la République Populaire de Chine le 22 février 1964, avec l'Union des Républiques Socialistes Soviétiques (URSS) le 16 mars 1964, la Tchécoslovaquie le 23 mars 1964, le Viêt-Nam du Nord le 31 août 1964.

Ce virage à 180 degrés, à gauche, fit couler beaucoup d'encre à l'époque, surtout le rapprochement avec la Chine. C'est, en effet, au mois de février 1964 que le président Massambat-Débat se rend en visite officielle à Pékin ; pendant ce temps, le Congo fait volte-face à l'ONU et vote pour l'admission de la République Populaire de Chine, le 22 février 1964, date (curieuse coïncidence ?) de l'établissement des relations diplomatiques.

Le journal *Le Monde*, par son spécialiste des questions africaines de l'époque, dresse ainsi le bilan de cette visite : "… Le chef de l'État congolais aurait mis à profit son séjour à Pékin pour négocier un accord portant, cette fois, sur un prêt de 5 milliards de francs CFA ; simultanément les Autorités de Brazzaville auraient invité les Chinois à prendre en main de vastes concessions agricoles dans le nord du Congo…"[85].

Si, aux yeux des Chinois et des Congolais, les questions économiques sont au cœur de leurs préoccupations, l'Occident juge plutôt dangereuse cette "liaison". Comme pour dissiper les inquiétudes, le Premier ministre congolais, Monsieur Pascal Lissouba, se sent obligé d'expliquer : selon lui, le rapprochement sino-congolais s'inscrit dans la logique de l'évolution de la

---

[85] Philippe Decraene, in *Le Monde* du 23 décembre 1964.

situation internationale et cadre parfaitement avec l'option idéologique choisie par le peuple congolais[86].

Cette explication n'aura, semble-t-il, convaincu personne, puisque le président de la République lui-même est contraint d'intervenir à son tour : "... Le peuple congolais, quant à lui, ne nourrit aucune hostilité contre personne. Fidèle à son génie et à sa philosophie bantoue, il offre l'hospitalité à tous les hommes, sans s'occuper de leur foi, de leur idéologie ou de la couleur de la peau. Le peuple congolais agit à la manière d'un bon juge, qui ne perd jamais de vue que tout inculpé doit être présumé innocent et qu'on ne le condamne que lorsque les preuves de sa culpabilité sont bien établies. C'est pourquoi le gouvernement congolais se doit de pratiquer une politique de non-alignement qui ne nous engage nullement et nous permet de rester nous-mêmes. D'aucuns prétendent qu'ayant choisi pour développer son économie l'option socialiste, le Congo était devenu rouge, mieux, un satellite du bloc de l'Est, un pion de la Chine, l'épouvantail du siècle : c'est faire preuve de légèreté que de juger les peuples africains et plus particulièrement le peuple congolais d'après les règles extra-africaines ! Ce que je sais, c'est que le peuple congolais n'appartient à personne, il n'appartient qu'à lui-même ; et tous les efforts qu'il déploie aujourd'hui ne trouvent leur justification que dans le souci constant qu'il a d'être indépendant, c'est-à-dire fidèle à lui-même..."[87].

L'intervention du chef de l'État congolais a-t-elle suffi pour apaiser les consciences et dissiper toute inquiétude ? On peut se poser la question en effet ; quoi qu'il en soit, le ton sera, par la suite, plutôt conciliant, même si l'on aborde la question avec une pointe d'ironie, comme le fait Philippe Decraene : "... la présence chinoise n'est guère perceptible à Brazzaville. L'Ambassade de la République Populaire de Chine abrite une vingtaine de personnes aussi discrètes qu'actives et en contact étroit avec les ministres et les principaux responsables du pays. Une demi-douzaine de missions sont déjà venues de Pékin. Elles ont laissé une bonne

---

[86] M. Hippolyte, <u>Les Etats du Groupe de Brazzaville aux Nations Unies</u>: *op. déjà cité* ; p.238.
[87] Interview du Président Massambat-Débat, recueillie par Sita-Bella, in *: l'Observateur de Moyen-Orient et de l'Afrique* du 29 octobre 1965.

impression aux Congolais qui soulignent, comme font les Maliens, que les Chinois s'adaptent mieux que leurs collègues soviétiques..."[88].

Le Congo va, définitivement, sceller son ancrage à l'Est avec la visite en URSS, du 17 au 25 août 1965, du président Alphonse Massambat-Débat. Cette visite officielle se solde par la signature d'un Communiqué conjoint soviéto-congolais que la PRAVDA se fera un malin plaisir de publier, comme s'il s'agissait d'exhiber un trophée !

Les choses sont, donc, claires ; entre le Congo et les Pays socialistes, c'est la lune de miel permanente, semble-t-il.

En Afrique Centrale, la diplomatie congolaise connaît un triomphe avec la tenue à Brazzaville du sommet constitutif de l'Union Douanière et Economique de l'Afrique Centrale (UDEAC), en décembre 1964.

Mais, avant de parler de l'événement proprement dit, il y a lieu de rappeler que les rapports du Congo avec ses voisins ne sont pas des meilleurs. Ici et là, on redoute la contagion "communiste". C'est surtout avec le Congo-Kinshasa que la situation est la plus tendue ; en effet, le 25 mars 1965, le président Fulbert Youlou, déchu, s'évade de prison et se réfugie à Kinshasa[89]. Du coup, elle est comme une épée de Damoclès suspendue sur la "Révolution congolaise". La même tension se remarque également avec le Gabon, la République Centrafricaine, le Tchad, de mêmes sensibilités politiques que le Congo-Kinshasa, c'est-à-dire, tournés vers l'Occident en général et vers la France en particulier. C'est qu'à Brazzaville, on craint que ces régimes, amis du régime déchu de Monsieur Fulbert Youlou, ne favorisent ou n'encouragent la subversion "youliste", c'est-à-dire, ce qu'on appelle alors la "contre-révolution".

Mais voilà que, dans un tel climat de suspicion et de méfiance, les présidents Amadou Ahidjo du Cameroun, David Dacko de la République Centrafricaine, François Tombalbaye du Tchad, Alphonse Massambat-Débat du Congo et le ministre André

---

[88] Ph. Decraene, in *Le Monde* du 22 décembre 1964.
[89] Plusieurs années plus tard, on apprendra qu'il s'était agi d'une ex-filtartation opérée par le pouvoir lui-même !

Gustave Anguilé, représentant le président Léon Mba du Gabon, se retrouvent à Brazzaville, justement, et créent, le 8 décembre 1964, l'Union Douanière et Economique de l'Afrique Centrale (UDEAC).

Que s'est-il donc passé ? Volonté politique de dépassement de soi, pragmatisme politique ou realpolitik ? Coexistence pacifique, réciprocité ou besoin d'unité et de solidarité régionales... ? Le président Alphonse Massambat-Débat répond à ces interrogations : "... L'hospitalité est la première règle de vie qu'un Congolais doit apprendre, selon la philosophie bantoue, et ce n'est sûrement pas par hasard qu'ont pu se tenir à Brazzaville tant de conférences devenues célèbres, justement à cause des changements que les travaux de leurs assises ont apportés dans les structures politiques et sociales des nations. En tout cas, dans le contexte français ou francophone d'Afrique, l'évocation de Brazzaville rappelle plus d'un précieux souvenir..."[90].

Nous voulons bien croire le président congolais et bravo pour l'hospitalité légendaire de son peuple ; mais cette hospitalité n'explique pas l'essentiel. Après tout, les dirigeants de Brazzaville auraient pu renoncer à tenir sur leur territoire ce sommet, comme le feront, plus tard, les militaires guinéens[91] ; mais l'on peut comprendre qu'ils n'avaient vraisemblablement pas le choix : l'histoire suivant irrésistiblement son cours, la longue évolution de l'Union ne pouvait que culminer sur la négociation d'un Traité visant à créer une véritable Union douanière et économique entre les cinq partenaires. Le choix de Brazzaville répondait, ainsi, à une sorte de tradition - qui demeure jusqu'à ce jour - et qui voulait que les réunions se tiennent, alternativement, dans chacune des capitales des États membres, et c'était-là le tour de Brazzaville. De plus, la nature essentiellement économique de l'Union a permis la conclusion d'un tel traité, tout en laissant de côté, semble-t-il, les préoccupations politiques[92].

---

[90] Interview du Président Massambat-Débat, in *op. déjà cité, ut supra*.
[91] Les Militaires qui prendront le pouvoir en Guinée en 1984, après la mort du président Ahmed Sekou Touré, renonceront, en effet, à abriter, à Conakry, le 20ème Sommet des Chefs d'Etats et de Gouvernement de l'OUA.
[92] Le Préambule dudit Traité est clair, en insistant sur les aspects économiques ; il dispose, en effet, et entres autres, que les chefs d'Etat sont : "...soucieux de

En effet, l'UDEAC, n'est pas une union politique ; ce n'est pas que les Autorités de l'Afrique centrale n'avaient pas à cœur de réaliser cette union ; mais elles avaient encore à l'esprit l'échec retentissant de l'Union des Républiques d'Afrique Centrale (URAC).

Nous avons vu dans les pages précédentes comment est mort-née cette union [93] ; il y a lieu de se pencher, ici, sur les causes essentielles de cet échec. Les principales raisons furent, dans l'ensemble, le fait des États membres eux-mêmes ; en effet, les attitudes souvent équivoques, inconstantes, incertaines, voire contradictoires de certains d'entre eux, devaient ruiner les derniers espoirs d'une volonté politique réelle.

Essayons donc d'analyser les différentes prises de position :
- Pour la République centrafricaine, les choses étaient claires : il fallait accéder à la souveraineté internationale au sein d'un regroupement de Républiques respectant, cependant, l'autonomie interne des États. Cette attitude était plutôt commandée par des considérations d'ordre économique : en effet, l'éloignement de la RCA fait que, pour ses approvisionnements comme pour l'évacuation de sa production, le contrôle des voies de communication et des débouchés vers la mer était essentiel ; et cela d'autant plus que le pays vivait et vit encore, en partie, du transit des importations et des exportations de la République du Tchad. Le grand souhait était, donc, que des rapports de droit interne lui garantissent une association directe à la gestion du Chemin de fer Congo-Océan[94] et du port de Pointe-Noire, se trouvant, tous les deux, au Congo. Un autre facteur à mettre sur la balance, c'est l'espoir que nourrissaient les dirigeants centrafricains de réaliser, par l'union interposée, la construction du chemin de

---

renforcer l'unité de leurs économies et d'en assurer le développement harmonieux par l'adoption des dispositions tenant compte des intérêts de tous et de chacun et compensant, de manière adéquate et par des mesures appropriées, la situation spéciale des pays de moindre développement économique…"

[93] Voir la Première Partie de cet ouvrage ;
[94] Chemin de Fer reliant Brazzaville à Pointe-Noire, ville donnant sur l'Océan Atlantique, et long de 500 kms.

fer Bangui-Fort-Lamy (actuellement N'Djamena, capitale du Tchad). Enfin, il faut ajouter des motivations de prestige : le président David Dacko, en défendant la thèse de l'URAC, se plaçait dans la lignée de son prédécesseur, le panafricaniste président Barthélemy Boganda ; il pouvait se présenter ainsi, non seulement comme son successeur sur le plan doctrinal, mais aussi comme le réalisateur d'un projet ambitieux, jusque-là voué à l'échec.

- L'attitude des dirigeants de la République du Tchad fut analogue à celle des Centrafricains ; ils étaient pour l'association. Ici encore, ce sont les préoccupations économiques qui dictèrent ce choix. Dans le but de lutter contre l'isolément et l'enclavement de leur pays au cœur du continent africain, il leur paraissait nécessaire de maintenir, sous une forme nouvelle, l'ancien cadre fédéral, surtout au moment où il était question de prolonger la voie Pointe-Noire-Brazzaville-Bangui, par le chemin de fer Bangui-Fort-Lamy.

- La position des Congolais fut très tatillonne, et pourtant, le Congo aurait dû se montrer plus intéressé à la réalisation d'une telle union, puisque son économie était basée, pour l'essentiel, sur le transit[95]. De plus, ses quelques entreprises industrielles avaient pour clientèle principale les populations plus nombreuses du Tchad et de la RCA. La délégation congolaise fit tellement preuve d'incertitude et d'inconstance que l'engagement pris en faveur de l'union fut beaucoup moins sûr que celui du Tchad ou de la RCA ; si bien que, lors de la ratification de la Charte de l'URAC, par l'Assemblée nationale, celle-ci remit, tout simplement, en cause l'adhésion du Congo.

- La position du Gabon fut beaucoup plus tranchée : pas question d'union politique immédiate ! La raison de ce refus tournait autour de l'argument suivant : pour les Gabonais, les problèmes qui se posaient aux jeunes États africains étaient d'abord d'ordre économique avant d'être politique. Mais, en réalité, ce que voulait le Gabon, c'était l'épanouissement de sa

---

[95] Le Congo a toujours été considéré comme une voie de transit.

personnalité ; ne plus être - parce que se disant plus riche - la vache laitière de cet ensemble nouveau au destin incertain ; beaucoup de Gabonais pensent, encore aujourd'hui, que les réalisations urbaines de Brazzaville avaient été financées, avant les indépendances, par l'économie gabonaise !

C'est, donc, clair : tirant les leçons de l'URAC, l'UDEAC ne pouvait pas être une Union politique ; ce qu'elle devait être et c'est ce qu'elle est devenue, effectivement, est défini, principalement, à :

> L'article 27 du Traité, qui dispose, en effet : "...L'Union constitue un seul territoire douanier à l'intérieur duquel la circulation des personnes, marchandises, biens, services et capitaux est libre..." ;

> et l'article 47 qui lui emboîte le pas en ces termes : "... Les Hautes Parties contractantes conviennent d'harmoniser leurs politiques d'industrialisation, leurs plans de développement et leurs politiques de transports en vue de favoriser le développement équilibré et la diversification des économies des États membres de l'Union dans le cadre propre à permettre la multiplication des échanges inter-états et l'amélioration des conditions de vie des populations... ".

Ainsi conçue, l'UDEAC est, donc, à la fois, une union de coopération douanière et une union de coopération économique, comme l'indique, d'ailleurs, son intitulé. Mais si la vocation première de l'Union est d'être, avant tout, économique, cela n'a pu se faire sans volonté politique des États membres, sans cette détermination à renforcer, dans la sous-région, les multiples relations tissées depuis longtemps et raffermies durant la période coloniale.

Le 8 décembre 1964 constitue, donc, à n'en point douter, une date capitale dans le long processus de rapprochement des peuples de l'Afrique centrale. Les mérites sont à mettre, en partie, à l'actif de la diplomatie du président Alphonse Massambat-Débat.

Pour conclure cette deuxième partie, il importe de souligner que l'année 1963 aura marqué un tournant décisif de la diplomatie congolaise. Les cinq années qu'a duré cette période (1963-1968) auront été, en quelque sorte, comme des années d'apprentissage de cette nouvelle façon de voir le monde extérieur ; il s'est agi d'amener le peuple congolais à changer de mentalité, à rompre avec les schémas classiques auxquels il était habitué. En cela et en matière de politique extérieure, l'équipe de Monsieur Alphonse Massambat-Débat aura fait preuve de pionnière.

TROISIEME PARTIE

LA POLITIQUE EXTÉRIEURE DU CONGO DE 1969 à 1991

Quelques dates importantes jalonnent cette période ; ce sont, principalement, les suivantes :

- <u>31 juillet 1968</u> : un mouvement militaire amène au pouvoir le Capitaine Marien Ngouabi. Le président du Comité militaire du parti (CMP), le Général Joachim Yhomby-Opango commentera plus tard cet événement : "… Le 31 juillet 1968 est une date à double signification ; il y a d'abord l'unité des forces de gauche représentées essentiellement à l'époque par les intellectuels révolutionnaires, les combattants de l'armée populaire nationale et les éléments de la Défense civile. La conjonction des forces représentées par ce triptyque fut réalisée par un jeune officier, le Capitaine Marien Ngouabi et ceci devant le climat d'insécurité nationale, devant la politique de démission et de trahison de Massambat-Débat. Il y avait une déviation évidente du mouvement révolutionnaire congolais déclenché en août 1963. Ainsi donc, la nécessité s'imposa d'organiser, efficacement, le prolétariat congolais et ses alliés. Le militant Marien Ngouabi affirma rapidement cette nécessité et dès le 31 juillet 1968, il songeait déjà à un parti du prolétariat qui devait être la véritable avant-garde des forces révolutionnaires…"[96]

---

[96] Message à la Nation du Colonel Joachim Yhomby-Opango, président du CMP, 30 juillet 1977, pp 11-12, Imprimerie Nationale, 1977, Brazzaville.

- <u>31 décembre 1969</u> : création du Parti Congolais du Travail (PCT) par le président Marien Ngouabi et proclamation de la République populaire du Congo. "... Le Mouvement du 31 juillet 1968 ne peut pas être valablement évoqué sans faire appel en même temps au 31 décembre 1969 date de la fondation du Parti Congolais du Travail, précisément par l'Homme du 31 juillet 1968..." renchérit Joachim Yhomby-Opango[97].

- <u>18 mars 1977</u> : Assassinat du président-fondateur du PCT et création, le lendemain, d'un Comité Militaire du Parti (CMP) qui place au pouvoir le président Joachim Yhomby-Opango. "...L'impérialisme aux abois, dans un dernier sursaut, vient, par l'entremise d'un commando-suicide, d'attenter lâchement à la vie du dynamique chef de la Révolution congolaise, le Camarade Marien Ngouabi, qui a trouvé la mort au combat l'arme à la main, le vendredi 18 mars 1977 à 14 h 30. Aussi, compte tenu de la situation qui prévaut, le Comité Central du Parti Congolais du Travail a-t-il décidé au cours de sa réunion de ce jour, de déléguer pleins pouvoirs à un Comité Militaire du Parti, composé de 11 membres qui aura pour tâches de préparer les obsèques nationales, de gérer les affaires d'État et d'assurer la défense du peuple et de la Révolution, et ce, jusqu'à nouvel ordre..."[98].

- <u>5 février 1979</u> : déclenchement du Mouvement, dit du "5 février 1979", qui évince le président du Comité Militaire du Parti[99] au profit de Monsieur Denis Sassou-Nguesso, deuxième personnalité du CMP.

---

[97] *Ibid.* p.12.
[98] Déclaration du CMP, 19 mars 1977, in <u>Acte Fondamental de la République Populaire du Congo</u> (5 avril 1977), Editions du PCT, B/ville p.10.
[99] Ce qui est reproché au président du CMP est résumé dans la Motion contre le Général Joachim Yhomby-Opango, adoptée par le 3ᵉ Congrès Extraordinaire du PCT ; citons, entre autres, les considérants 4, 5 et 6 :
"- Considérant que par son style de vie ostentatoire, son mépris du peuple, son appétit immodéré pour les biens matériels et sa propension irrépressible à la prodigalité et à la gabegie, le Général Joachim Yhomby-Opango a hautement trahi les engagements envers le peuple, la Révolution et la Glorieuse Mémoire de l'illustre Président Fondateur du PCT ;
- Considérant que le Général Joachim Yhomby-Opango a, par ailleurs, délibérément étouffé toute vie démocratique par le non respect des normes

- <u>25 février 1991</u> : Ouverture de la conférence nationale souveraine qui durera un peu plus de trois mois et dont les travaux consacreront le multipartisme et la fin de règne sans partage du Parti unique, le PCT.

Voilà donc cinq dates-clés, cinq points de repères historiques, auxquels il importe de se référer quand on veut analyser cette longue période ; elles révèlent, en effet et entre autres, que pendant plus d'une vingtaine d'années, trois chefs d'État se sont succédé au pouvoir, en des règnes d'inégale durée ; elles révèlent, également, que ces hommes d'État, bien qu'imprégnant, chacun en ce qui le concerne, à l'appareil d'État une note tout à fait personnelle, ont été et demeurent l'un l'initiateur, les autres les continuateurs d'une seule et même politique : la politique d'un parti, un parti unique qui se dit marxiste-léniniste, le Parti Congolais du Travail (PCT).

Dès lors, la politique extérieure mise en œuvre durant cette période ne saurait être que celle conçue et édictée par le PCT[100]. Ses principes se confondront avec ceux du parti et ses fondements - idéologiques notamment - liés à la nature idéologique du Parti Congolais du Travail.

---

marxistes léninistes de direction et par l'instauration de l'autoritarisme et du pouvoir personnel ;
- Considérant que le Général Joachim Yhomby-Opango s'est ainsi rendu coupable de la manière la plus flagrante du crime de haute trahison, ...» ; in <u>3ᵉ Congrès Extraordinaire du PCT</u> ; Edit. du PCT, pp 237-238.
[100] Ici le Parti dirige l'Etat, tel est le principe sacro-saint des régimes à Parti Unique.

CHAPITRE PREMIER :

MARXISME-LENINISME
ET
POLITIQUE EXTERIEURE

"...Le fondement théorique sur lequel le Parti Congolais du Travail guide sa pensée et son action est le marxisme-léninisme. Pour le Parti Congolais du Travail, le marxisme-léninisme n'est pas un dogme, mais un guide pour l'action (...). Dans toutes ses activités, le Pari Congolais du Travail s'attache fermement au principe d'unir étroitement la vérité universelle du marxisme-léninisme à la pratique de la Révolution congolaise..."[101]

Ainsi se définit ce que l'on pourrait appeler "l'arme idéologique" du PCT, un parti qui se démarque nettement - on le voit - des autres partis que le Congo a connus jusqu'alors. Par conséquent, le titre de ce chapitre ne devrait pas prêter à confusion. Le marxisme-léninisme est, nous dit-on, "le guide de la pensée et de l'action" du PCT. Aussi, pour mieux comprendre sa politique extérieure, devons-nous nous interroger, d'une part sur la nature théorique et idéologique du Parti Congolais du Travail, et d'autre part sur la vision marxiste-léniniste du monde extérieur et donc des relations internationales.

Qu'est-ce, donc, que le Parti congolais du travail ?

Dans son discours d'ouverture du 3e congrès extraordinaire du PCT, en 1979, le président du Comité préparatoire du congrès, le commandant Denis Sassou-Nguesso explique : "... Pour souligner l'impérieuse nécessité pour notre peuple de se doter d'une avant-garde révolutionnaire, le Camarade Marien Ngouabi disait : "pour faire la révolution, il faut qu'il y ait un parti révolutionnaire. Sans

---
[101] *Statuts du Pari Congolais du Travail*, Article 3. p.7 Edition du CC du PCT, Brazzaville, 1982.

un parti révolutionnaire fondé sur la théorie révolutionnaire marxiste-léniniste et le style révolutionnaire marxiste-léniniste, il est impossible de conduire la classe ouvrière et les grandes masses populaires à la victoire dans la lutte contre l'impérialisme et ses valets pour l'édification d'une société socialiste". Le 31 décembre 1969, ce parti vit le jour sous la dénomination "Parti Congolais du Travail…"[102].

Cela étant, l'<u>article 2</u> des Statuts du PCT précise : "… Le PCT est l'organisation d'avant-garde de la classe ouvrière congolaise. Il a pour but l'édification d'une société d'où sera bannie toute forme d'exploitation de l'homme par l'homme, une société démocratique et socialiste…"[103].

Par ailleurs, ce parti qui est un "Parti prolétarien"[104], est appelé à résoudre, pour parvenir au socialisme, un certain nombre de contradictions dont la principale, selon le <u>Programme du Parti Congolais du Travail</u>, est celle qui "… oppose les forces révolutionnaires d'une part, aux forces réactionnaires d'autre part, comprenant l'impérialisme international et français en particulier, ainsi que ses alliés locaux…" ou encore, celle qui "… oppose le peuple congolais tout entier au capitalisme monopoleur étranger et principalement à l'impérialisme français, qui est l'impérialisme dominant dans notre pays…"[105].

Se définissant ainsi, le Parti Congolais du Travail se place, naturellement, en bonne place parmi les partis marxistes frères des pays de l'Europe de l'Est et dont il épouse, évidemment, la façon de voir le monde extérieur ; ce qui nous amène, logiquement, à examiner la conception marxiste des relations internationales. Et pour ce faire et pour un meilleur éclairage, résumons, tout d'abord quelques thèses bien connues du marxisme.

Selon Marx, l'histoire des sociétés est commandée par les rapports de production et par les antagonismes de classes qui en découlent ; c'est au niveau de ces affrontements pour le contrôle

---

[102] In : 3ᵉ Congrès Extraordinaire du PCT. Tome I, p.22 ; Edition du CC du PCT.
[103] *Op. déjà cité.*
[104] *Ibid.* Article 3.
[105] <u>Programme du Parti Congolais du Travail</u>, p.6 Editions du CC du PCT, B/ville, 1980.

des instruments de production que se situe la réalité sociale. Les institutions, y compris l'État, et les joutes politiques qui se déroulent à leur sujet ou entre elles, ne sont que les éléments d'une "superstructure" ; celle-ci n'a aucune existence propre et se contente de reproduire les conflits des classes. Les phénomènes politiques et institutionnels ne peuvent donc être compris qu'à la lumière de la lutte pour le contrôle des moyens de production. Dans cette perspective, les institutions ne peuvent être considérées comme le siège d'un pouvoir neutre, chargé d'arbitrer entre des intérêts contradictoires ou de maintenir l'ordre pour la sauvegarde du bien commun ; ce sont des instruments au service de la classe dominante qui, par leur intermédiaire, renforce son pouvoir et opprime ses adversaires. L'État bourgeois (Monarchie, Empire, République, peu importe !) est ainsi constitué par l'ensemble des moyens dont la bourgeoisie se sert pour contenir la poussée du prolétariat. Lorsque ce dernier aura renversé la situation à son profit, il établira, provisoirement, sa dictature pour anéantir les tenants de la société bourgeoise en retournant contre eux l'appareil oppressif de l'État. Et, c'est seulement lorsque tous les antagonismes de classes, qui sont le véritable support des institutions et du combat politique, auront disparu, qu'on pourra envisager le "dépérissement de l'État", c'est-à-dire la suppression de toute institution oppressive, et l'instauration de rapports sociaux libres et harmonieux.

Ceci étant au plan intérieur, sous quel angle Marx envisage-t-il les problèmes internationaux ?

Il refuse, d'abord de considérer la société internationale comme la simple juxtaposition d'États souverains. L'État n'étant, pour lui, qu'une superstructure, ne peut donc constituer la cellule de base des rapports internationaux. Ceux-ci ne peuvent être fondés que sur des antagonismes de classes à l'échelle mondiale. Tout au plus, peut-on admettre que la compétition entre États constitue l'une des formes de la rivalité entre les bourgeoisies nationales qui se disputent le contrôle des marchés de matières premières et leurs débouchés. Mais cette lutte est, en partie, fictive, car ce sont les acteurs économiques c'est-à-dire les détenteurs du capital qui interviennent, derrière le paravent des gouvernements, pour dicter, en fonction de leurs seuls intérêts, la paix ou la guerre.

Quiconque veut comprendre les phénomènes internationaux doit donc analyser, plutôt que les initiatives ou les motivations des gouvernements, les calculs des détenteurs du pouvoir économique, c'est-à-dire des capitalistes.

C'est là le point capital de la théorie, du moins celui qui a attiré l'attention de bien des auteurs, spécialistes des problèmes du Tiers-monde[106]. Tout est donc dans la dynamique propre au capitalisme. Or celle-ci repose sur des phénomènes de domination. La logique du capitalisme, aiguillonnée par la lutte contre la baisse tendancielle des taux de profit, veut en effet que de nouvelles ressources en matières premières et en main-d'œuvre soient constamment domestiquées en vue d'assurer le maintien de la plus-value.

Cette opération a été, dans une première phase, réalisée par l'impérialisme colonial ; voici comment : les sociétés coloniales prolongeant en de multiples ramifications les groupes financiers de chacune des métropoles, avaient - et ont encore - pour fonction, de permettre aux pays capitalistes industrialisés de s'approvisionner en matières premières et en produits "coloniaux" et parallèlement d'assurer l'écoulement, sur les marchés des pays colonisés, des produits manufacturés en métropole. Mais - c'est en ce sens que l'on peut parler d'un "système colonial" - à côté de ces sociétés, l'État métropolitain, avec tout son appareil administratif, militaire et policier, veillait : les attributs de la souveraineté étaient intégralement exercés par des étrangers au pays. La pénétration idéologique était assurée par l'appareil d'État et les missions religieuses ; l'objectif étant la destruction des traits nationaux des peuples colonisés.

La deuxième phase est celle que nous avons connue et connaissons, encore aujourd'hui, sous l'appellation de "néocolonialisme". La domination coloniale se prolonge en effet, malgré la soi-disant décolonisation politique, par l'aménagement de rapports asymétriques entre "le centre" (ou noyau du système

---

[106] Nous pensons en particulier aux économistes Arghiri Emmanuel, P. Jalée, Ch. Bettelheim, Samir Amin, N. Poulantzas, etc.

capitaliste) et la "périphérie" constituée par les pays sous-développés[107]. Ceux-ci ne sont donc pas des pays économiquement retardés, mais des pays exploités par le capitalisme. Dans ces conditions, les choix économiques, voire les choix politiques auxquels ils peuvent être amenés, ne sont pas effectués en fonction des nécessités, des besoins réels des populations, d'une construction nationale cohérente et viable ; ils répondent, bien au contraire, en tout et pour tout, aux impératifs, c'est-à-dire, aux intérêts, d'une part, des centres nerveux du système capitaliste, qui sont les grands groupes financiers, nationaux ou transnationaux - leurs monopoles ou oligopoles, installés la plupart du temps dans les pays industrialisés - , et d'autre part, des centres de décisions secondaires ou tertiaires, représentés par les bureaucraties politiques ou les bourgeoisies d'affaires locales.

Deux observations s'imposent ici :

- Tout d'abord il faut préciser que le Parti Congolais du Travail fait absolument sienne cette analyse lorsqu'il déclare mobiliser "… toutes les couches sociales congolaises sur la base de la lutte de libération nationale contre l'impérialisme français…"[108], ou encore lorsque les "idéologues" congolais résument la politique extérieure du Congo de façon dogmatique et en une tournure lapidaire : "…Appui à tous les États et Partis marxistes-léninistes et hostilité à tous ceux qui, d'une manière ou d'une autre, perpétuent le système capitaliste, colonial ou néocolonial…"[109].

- La deuxième observation est que, tout au long de la période sous examen, cette analyse est constante, permanente, du moins au plan de la pure théorie. En effet, que ce soit Joachim Yhomby-Opango ou Dénis Sassou-Nguesso, l'un et l'autre se sont déclaré être les fidèles continuateurs de l'œuvre du président Marien Ngouabi ; voici comment :

---

[107] La terminologie "Centre", "Périphérie", nous l'empruntons à Samir Amin ; cf. son ouvrage : Le Développement Inégal", Ed. de Minuit, Paris, 1973.
[108] Programme du PCT, op. déjà cité.
[109] Pour une Politique Extérieure correspondant à notre étape de Démocratie Nationale et Populaire, p.1. Document inédit, élaboré par la Commission des Relations extérieures du PCT, Brazzaville, 1972.

Dans sa Déclaration de politique générale, le Comité Militaire du Parti, après avoir justifié que c'est le Comité central du Parti Congolais du Travail qui a décidé de lui "confier les pleins pouvoirs" parce qu'il "... l'a, lui-même, mis en place, réglementairement, en vue d'assurer la sauvegarde des acquis de la révolution" [110], affirme solennellement qu'il est le "... fidèle continuateur de l'œuvre du Camarade président Marien Ngouabi et déclare, au nom du peuple congolais et du Parti Congolais du Travail, son attachement constant aux enseignements du président Marien Ngouabi, aux statuts et à la ligne politique du Parti Congolais du Travail..." [111]. Par ailleurs, il "... réaffirme son engagement à œuvrer en vue de la construction d'une Société Socialiste au Congo et sa fidélité indéfectible au Socialisme scientifique comme guide de son action..."[112].

Quant au président Dénis Sassou-Nguesso, son discours de clôture du 3e Congrès extraordinaire du Parti Congolais du Travail (31 mars 1979) est, on ne peut plus, claire : "...Tout au long de nos débats, nous sommes restés fidèles au testament politique du fondateur du Parti Congolais du Travail, nous sommes demeurés fidèles à la glorieuse mémoire de notre Grand Dirigeant..." déclare-t-il, avant de poursuivre : "...Soyez persuadés que la Direction politique n'épargnera rien pour poursuivre l'œuvre grandiose du fondateur du Parti Congolais du Travail..."

Ainsi, l'orientation idéologique ne souffre ici d'aucune ambiguïté ; il y a, répétons-le, continuité, pour ne pas dire permanence, voire constance dans le choix idéologique opéré par le Parti Congolais du Travail, aussi bien sous le règne de Marien Ngouabi, de Joachim Yhomby-Opango que sous celui de Dénis Sassou-Nguesso.

---

[110] Déclaration de Politique Générale du Comité Militaire du Parti, rendue publique le 6 avril 1977 ; Editions du PCT, p. 4, Brazzaville, 1977.
[111] *Ibid.*
[112] *Ibid.*

CHAPITRE DEUXIÈME :

BASES JURIDIQUES ET PRINCIPES DIRECTEURS DE LA POLITIQUE EXTÉRIEURE DU PARTI CONGOLAIS DU TRAVAIL (PCT)

Comme dans la partie précédente, nous allons d'abord interroger les textes ; trois séries de textes constituent, en effet, les fondements juridiques de la politique extérieure du Parti Congolais du Travail :

- Dans le premier groupe, nous plaçons les Lois fondamentales ; il s'agit, précisément, de la Constitution de 1973, de la Constitution de 1979 amendée en 1984, 1989 et 1990 et de l'acte fondamental pris par le Comité Militaire du Parti en 1977.

- La deuxième série est constituée de textes pris au niveau du parti et qui sont, pour l'essentiel, les statuts du parti, la déclaration de politique générale du CMP et le programme du Parti Congolais du Travail.

- Enfin, en dernier lieu, nous avons retenu le Traité d'Amitié et de Coopération soviéto-congolais, et les accords de coopération Franco-Congolais de 1974, la France et l'URSS constituant les deux axes principaux de la politique extérieure du Congo en matière de relations bilatérales.

I – **LES LOIS FONDAMENTALES** :

1.1 : La Constitution de 1973 :

Celle-ci fut d'abord adoptée en décembre 1972 par le deuxième Congrès extraordinaire du PCT, avant d'être soumise par la suite, au référendum en juin 1973 ; deux titres retiennent, plus particulièrement, notre attention :

Le Titre X : Des Traités et Accords internationaux, allant de l'article 86 à l'article 89 :

- L'article 86 dispose que c'est le président de la République qui a la haute direction des négociations internationales. Il signe et ratifie les traités et accords internationaux.
- L'article 87 affirme: "... Les Traités de paix, les Traités de commerce, les Traités relatifs aux organisations internationales, les Traités qui engagent les finances de l'État, ceux qui comportent cession, échange ou adjonction de territoire, ne peuvent être ratifiés qu'en vertu d'une loi (...). Nul échange, nulle adjonction, nulle cession de territoire ne sont valables sans le consentement du peuple congolais appelé à se prononcer par référendum...".
- L'article 88, quant à lui, précise que l'autorisation de ratifier un engagement qui comporte une clause contraire à la constitution et reconnue comme telle par la Cour Suprême ne peut intervenir qu'après révision de la Constitution.
- L'article 89, enfin, complète : "...Les Traités ou Accords internationaux régulièrement ratifiés ont, dès leur publication, une autorité supérieure à celle des lois...", mais à condition que ces mêmes traités ou accords soient appliqués par l'autre partie.

Le Titre XI : Des accords de coopération et d'association :

Celui-ci ne comporte qu'un seul article, l'article 90, qui dispose notamment : "...La République populaire du Congo peut conclure des Accords de coopération ou d'association avec d'autres États. Elle accepte de créer avec eux des organisations internationales de gestion commune, de coordination et de libre coopération..."

1.2 – La Constitution du 8 juillet 1979 :

Adoptée après le scrutin du 8 juillet 1979, elle consacre deux Titres entiers à l'action extérieure du Congo[113] : le Titre IV et le Titre VII :

Le Titre IV : De la politique extérieure, est d'importance et comprend trois articles :
- Article 37 : "…La politique extérieure de la République populaire du Congo repose sur les principes de l'indépendance nationale, de paix, de non-alignement, de solidarité, d'amitié et de coopération avec tous les peuples et gouvernements épris de paix et de justice…".
- Article 38 : "…La République populaire du Congo entretient des relations de coopération privilégiées avec les pays progressistes et socialistes pour le triomphe du système socialiste dans le monde".
- Article 39 : "…La République populaire du Congo souscrit aux principes et objectifs fondamentaux contenus dans les Chartes des Nations Unies et de l'Organisation de l'Unité Africaine (OUA)".

Le Titre VII : Des Traités internationaux, dispose, quant à lui :
- Article 101 : "… La République populaire du Congo a la pleine capacité de conclure des Traités Internationaux".
- Article 102 : "… Le président de la République a la haute direction des négociations internationales. Il signe et ratifie les traités. La ratification ne peut intervenir qu'après autorisation de l'Assemblée nationale populaire.
- Article 103 : "… La loi détermine les accords dispensés de la procédure de ratification".
- Article 104 : "…À l'exception du président de la République et du chef du gouvernement, tout représentant de l'État congolais

---

[113] La Constitution de la République Populaire du Congo, Editions du Département de la Propagande, Presse et Information du PCT ; Brazzaville, 1979.

pour l'adoption, l'authentification d'un engagement international doit produire des pleins pouvoirs appropriés".
- Article 105 : "… Si la Cour Suprême, saisie par un des organes supérieurs d'État visés à l'article 48, a déclaré qu'un engagement conventionnel comporte une clause violant une norme constitutionnelle, elle émet un avis de non ratification ou, s'il est déjà en vigueur, constate son inconstitutionnalité".
- Article 106 : "… La République populaire du Congo peut conclure des Accords de coopération ou d'association avec d'autres États. Elle accepte de créer avec eux des organisations internationales de gestion commune, de coordination et de libre coopération".
- Article 107 : "… Les Traités régulièrement ratifiés ont force de loi sous réserve pour chaque Traité de son application par l'autre partie".

1.3 L'Acte fondamental :

Promulgué par le Comité Militaire du Parti, le 5 avril 1977, il ressemble, à quelques différences près, à la Constitution du 24 juin 1973 dont certaines dispositions resteront par ailleurs applicables et donc inchangées comme le **Titre XI** : Des Accords de Coopération et d'Association[114].

En dehors de ce Titre, existe le **Titre VI** : Des Traités et Accords internationaux qui, en quatre articles, reprennent, pour l'essentiel, le Titre X de la Constitution de 1973 :

- Article 24 : "…Le président du Comité Militaire du Parti, Chef de l'État à la haute direction des négociations internationales, il signe et ratifie les Traités et Accords internationaux".
- Article 25 : "… Les Traités de Paix, les Traités de Commerce, les Traités relatifs aux organisations internationales, les Traités qui engagent les finances de l'État, ceux qui modifient les dispositions de nature législative, qui sont relatifs à l'état des

---

[114] Ce Titre dispose dans son Article 90 : "La République Populaire du Congo peut conclure des Accords de coopération ou d'association avec d'autres Etats. Elle accepte de créer avec eux des organisations internationales de gestion commune, de coordination et de libre coopération".

personnes ou qui comportent cession, échange ou adjonction du Territoire ne peuvent être ratifiés qu'en vertu d'une ordonnance. Ils ne prennent effet qu'après avoir été régulièrement ratifiés et sous réserve de leur application par l'autre partie. Nulle cession, nul échange, nulle adjonction du territoire ne sont valables sans l'assentiment du peuple congolais appelé à se prononcer par référendum après consultation des populations intéressées".

- Article 26 : "… Si la Cour suprême, saisie par le président du comité militaire du parti, Chef de l'État, a déclaré qu'un engagement comporte une clause contraire à l'acte fondamental, la ratification ne peut intervenir qu'après révision de l'acte fondamental ".
- Article 27 : "… Les Traités et Accords régulièrement ratifiés ont, dès leur publication, une autorité supérieure à celle des lois sous réserve pour chaque accord ou traité, de son application par l'autre partie".

II. LES TEXTES du PARTI CONGOLAIS DU TRAVAIL

2.1-Les Statuts du Parti :

Ils fixent, comme tous les statuts d'association, les règles de fonctionnement du Parti. De ce fait, ils ne sauraient comprendre, explicitement et à priori, de clauses particulières à la politique extérieure. Cependant des orientations y relatives peuvent être décelées notamment au Chapitre 1er consacré aux principes généraux ; c'est ainsi que l'on peut lire aux pages 7 et 8 ce qui suit :
"… Fermement attaché à l'internationalisme prolétarien, le Parti Congolais du Travail s'unit résolument à tous les Partis qui poursuivent les mêmes objectifs que lui et soutient les mouvements et les peuples engagés comme lui dans la lutte de libération nationale contre le colonialisme, le néocolonialisme. À l'étape actuelle de la Révolution nationale démocratique et populaire, le Parti Congolais du Travail prête attention au développement des luttes populaires dans le monde, notamment le mouvement de

libération nationale des peuples sous domination impérialiste. Le Parti Congolais du Travail apprécie à leur juste valeur ces luttes patriotiques, en les situant dans leur contexte historique. Ces luttes qui visent le renversement de la domination impérialiste et néocolonialiste sont une contribution effective à la lutte des peuples contre l'oppression impérialiste. Elles s'inscrivent dans le cadre de la lutte générale des peuples dirigée contre l'impérialisme international et ses valets locaux"[115].

2.2 – Le Programme du Parti :

Si les Statuts du Parti ne semblent pas très précis, comme on vient de le voir, le <u>Programme</u> du Parti Congolais du Travail, adopté au 2e Congrès extraordinaire de décembre 1972 est, par contre, sans ambigüité en matière de politique extérieure. Ainsi, le <u>Chapitre VII</u>, intitulé : "<u>De la politique extérieure</u> ", dispose[116] :

"… La politique extérieure du Parti Congolais du Travail repose sur les principes d'indépendance nationale, de paix, de non-alignement, de solidarité et d'amitié avec tous les peuples et gouvernements épris de paix et de justice. Le Parti Congolais du Travail préconise, au niveau de l'État, les principes de la coexistence pacifique, l'esprit de la Charte des Nations Unies et celle de l'OUA, sans aucune discrimination d'ordre politique ou idéologique…

"…Le Parti Congolais du Travail s'abstient de participer à toute alliance militaire, n'autorise aucun pays étranger à établir des bases militaires, des troupes et du personnel militaires sur le territoire national de la République populaire du Congo, aux fins d'agression contre d'autres pays.

"… Il œuvre à la dénonciation et à l'annulation de tous les accords inégaux imposés à notre peuple par le colonialisme et l'impérialisme.

"… Dans la lutte contre le racisme et le colonialisme, le Parti Congolais du Travail pratique, dans le cadre de l'OUA d'une part, sur le plan bilatéral d'autre part, une politique d'amitié, de

---

[115] Parti Congolais du Travail : <u>Statuts</u>, Editions CC du PCT ; Brazzaville, 1980.
[116] <u>Programme du Parti Congolais du Travail,</u> Edition du Comité Central du PCT ; Brazzaville, 1980, pp 19-20.

solidarité militante et de coopération à l'égard de tous mouvements de libération contre les régimes colonialistes, racistes et minoritaires d'Afrique.

"... Le Parti Congolais du Travail exprime son plein soutien à la lutte des peuples du monde pour la paix, l'indépendance, la démocratie et le progrès social, contre le racisme, contre les actes agressifs et bellicistes de l'impérialisme, contre toutes les formes de colonialisme ancien et nouveau, et quelle qu'en soit l'origine.

"... Aussi est-il solidaire de la lutte des peuples d'Asie, d'Amérique latine et du Proche-Orient pour l'indépendance et la liberté.

"... Pour faire réellement de l'Afrique en général et de l'Afrique centrale en particulier, une zone d'indépendance, de paix et de progrès, le Parti Congolais du Travail, dans le respect de ses options fondamentales, œuvrera à une politique visant à consolider les rapports de bon voisinage et les liens séculaires qui nous unissent aux peuples frères des pays limitrophes et à développer les liens et la coopération avec tous les pays africains sur la base des principes de la Charte de l'OUA.

"... Pour la réalisation d'une unité africaine véritable, le Parti Congolais du Travail attache un soin particulier à abattre les barrières qui opposent l'Afrique francophone et l'Afrique anglophone, l'Afrique dite "blanche" à l'Afrique dite "noire".

"... Dans l'édification du socialisme, nous devons compter avant tout sur nos propres forces, l'aide extérieure ne constituant qu'un appoint.

"... Dans la coopération avec les démocraties populaires, il s'agit d'abord d'une alliance pour une unité des forces anti-impérialistes, garantie intérieure et extérieure de toute révolution.

"... Le parti établit des relations avec tous les Partis communistes et ouvriers du monde sur la base des principes de l'Internationalisme prolétarien, de l'égalité, de l'indépendance et du respect mutuel.

"... Il contribue activement à la consolidation et au développement du front des Partis communistes dans le monde.

"... Avec les Démocraties bourgeoises, la coopération ne devra en aucun cas être posée en termes idéologiques, mais en termes d'intérêts sans compromission et sans marchandage de nos objectifs et de nos principes idéologiques…".

2.3 - La Déclaration de politique générale :

La Déclaration de politique générale du Comité Militaire du Parti[117] se place dans le même contexte que le Programme du Parti, comme le déclare le président du Comité Militaire du Parti lui-même[118] :

"…Le Comité Militaire du Parti proclame sa fidélité à la juste ligne tracée par le Camarade président Marien Ngouabi en ce qui est de la politique extérieure et en matière de coopération internationale…".

Et il poursuit :

"…Le Comité Militaire du Parti réaffirme, entre autres, l'attachement de la République populaire du Congo aux Accords internationaux qu'elle a conclus et aux principes définis dans la Charte de l'ONU et dans celle de l'OUA. La République populaire du Congo demeure un membre actif du mouvement des Pays Non-alignés…

"… Le Comité Militaire du Parti poursuivra la politique d'amitié et de solidarité agissante avec les Pays socialistes. Il soutiendra tous les Mouvements de libération nationale en Afrique et dans le reste du monde…

"…Le Comité Militaire du Parti s'engage à poursuivre également la coopération avec les différents pays, sur la base des avantages réciproques. Les organismes internationaux trouveront toujours la même sollicitude dans notre pays…

"… La politique du bon voisinage et de paix régionale sera poursuivie et approfondie, conformément à l'héritage politique et spirituel du Camarade président Marien Ngouabi, fondateur du Parti Congolais du Travail".

"… Le Comité Militaire du Parti continuera la politique extérieure du Parti Congolais du Travail, fondée sur les principes de l'internationalisme prolétarien, la non-ingérence dans les

---

[117] Déclaration faite le 6 avril 1977, voir *op. cité ut supra*, notamment les pages 13 et 14.
[118] *Ibid.* p.13.

affaires intérieures d'autres pays, les principes d'amitié, de respect de la souveraineté de chaque pays, les principes de paix dans le monde…[119].

III. ACCORDS SPÉCIAUX :

Il s'agit, ici, des textes signés particulièrement avec la France d'une part, et l'Union Soviétique d'autre part ; pourquoi se limiter à ces deux pays seulement ? Ce choix s'explique, tout simplement, par le fait qu'il s'agit là, comme indiqué plus haut, des deux principaux partenaires du Congo à cette époque.

3.1- Accords signés avec la France :

La France, ancienne puissance coloniale, a toujours été le partenaire privilégié du Congo ; et c'est pour mieux comprendre la nature particulière de ce partenariat, qu'il faut se référer aux textes qui règlent les rapports entre ces deux pays et qui, donc, en constituent la plateforme juridique ; ce sont, particulièrement, les accords de coopération signés en 1974[120].

Découlant des négociations ouvertes à Paris en novembre 1973, comme nous le verrons plus loin, les nouveaux accords seront signés à Brazzaville, le 1er janvier 1974.

Au nombre de vingt-cinq, ces accords visent la plupart des domaines couverts par la coopération franco-congolaise ; en tête, figure un traité de coopération qui institue une grande commission mixte permanente franco-congolaise.

Ce traité comporte un échange de lettres concernant les relations consulaires entre les deux pays, puis suivent les accords ci-après :

- Accord sur les droits fondamentaux des nationaux ;
- Accord de coopération scientifique et technique ;
- Accord de coopération sanitaire ;

---

[119] *Op.cité ut supra,* pp. 13-14.
[120]Cf. Alphonse Nkouka in "La coopération franco-congolaise", Thèse de doctorat de 3e cycle en droit et économie des pays en développement, dactylographiée ; Paris-Panthéon-Sorbonne, 1976; 406 pages.

- Accord de coopération économique et technique ;
- Accord de coopération concernant l'assistance technique des militaires ;
- Accord de coopération en matière de marine marchande et de Pêche (avec échange de lettres) ;
- Accord de coopération en matière d'aéronautique civile (avec échange de lettres) ;
- Convention de coopération judiciaire ;
- Convention sur la circulation des personnes ;
- Convention relative au concours en personnel (assistance technique, personnel enseignant, régime fiscal des personnels, statut des magistrats, admission en franchise des biens personnels) ;
- Échange de lettres concernant les conventions fiscales ;
- Échange de lettres au sujet des personnels des centres culturels.

Ne sont plus couverts par ces accords les domaines suivants :
- La participation de la République du Congo à la Communauté ;
- La politique étrangère ;
- La défense et les produits et matières premières stratégiques ;
- Les affaires domaniales.

Continueront d'être en vigueur, par contre :
- La convention monétaire de 1973 ;
- La convention sanitaire ;
- La convention sur le centre d'enseignement supérieur et l'assistance technique à l'université de Brazzaville.

Par la suite, plusieurs lois d'application seront promulguées aussi bien du côté français que du côté congolais, ratifiant ainsi les différents accords signés. Depuis lors, plusieurs conventions ont été signées, et continuent d'être signées, sur la base des accords de 1974.

3.2 –Traité d'Amitié avec l'URSS :

Le 13 mai 1961 était signé à Moscou, par le Secrétaire général du Parti Communiste de l'Union Soviétique (PCUS) et le président de la République populaire du Congo, le Traité d'Amitié et de Coopération Soviéto-Congolais.

C'est un texte de 15 articles que l'on peut résumer de la manière qui suit[121] :

Le <u>Préambule</u> dégage, dans les "Considérants", les grandes orientations :

"... Considérant que le développement et le renforcement continus des rapports d'amitié et de coopération harmonieuse entre les Parties contractantes sont conformes aux intérêts nationaux fondamentaux des peuples des deux pays et servent la cause de la paix dans le monde ;

"... Animés par les idéaux de la lutte contre l'impérialisme, le colonialisme et le racisme sous toutes leurs formes et dans toutes leurs manifestations, ainsi que par la volonté constante d'apporter l'appui maximum aux peuples en lutte pour la liberté, l'indépendance et le progrès social ;

"... Résolus à contribuer au renforcement de la paix et de la sécurité internationale dans l'intérêt des peuples de tous les pays" ;

"... Se prononçant pour l'unité de toutes les forces progressistes dans la lutte pour la paix, la liberté, l'indépendance et le progrès social, et estimant que le développement des relations d'amitié et de coopération entre les pays en voie de développement correspond à leurs intérêts communs" ;

" ... Animés par la volonté de consacrer et de consolider les rapports d'amitié et de coopération mutuellement avantageuse qui se sont établis entre les deux États et leurs peuples et de créer une base pour le développement continu de ces rapports" ;

"... Réaffirmant leur attachement aux buts et principes de la Charte des Nations Unies..."

Les <u>articles</u>, quant à eux, engagent les Parties contractantes à :

- l'Amitié indéfectible, la coopération harmonieuse, et au respect de la souveraineté de chacune des parties (Art. 1, 2, 3, 9, 10) ;
- la Protection de la paix et de la détente internationale, au maintien de la sécurité des peuples, et au règlement pacifique des litiges internationaux (Art. 4) ;

---

[121] Traité d'Amitié et de Coopération Soviéto-Congolais ; Les Editions du Comité Central du PCT, Brazzaville, 1981, 15 pages.

- la lutte conjointe anti-impérialiste, anticolonialiste, contre le racisme et l'apartheid (Art. 5) ;
- la nécessité de consultation sur les grandes questions internationales (Art. 6,7) ;
- la coopération multiforme sur la base du traitement de la nation le plus favorisée (Art. 8)[122].

Des textes ci-dessus analysés, découlent les principes sur lesquels reposera la politique extérieure de la République populaire du Congo et qui sont les suivants :

- Indépendance nationale ;
- Lutte contre le colonialisme, le néocolonialisme et l'impérialisme ;
- Condamnation de l'Apartheid et de toutes formes de discrimination ;
- Soutien indéfectible aux Mouvements de libération nationale et aux peuples en lutte ;
- Attachement aux principes et idéaux chers à l'ONU et à l'OUA (paix, liberté, justice, égalité, solidarité, règlement pacifique des différends…) ;
- Non-alignement et non-ingérence dans les affaires intérieures des autres États ;
- Coopération avec tous les peuples et gouvernements sur la base des avantages réciproques et dans le respect des souverainetés ;
- Coopération privilégiée avec les pays progressistes et socialistes pour le triomphe du socialisme dans le monde et sur la base de l'internationalisme prolétarien ;
- Bon voisinage et solidarité régionale.

---

[122] Il est à noter que la validité de ce traité couvrait une période de 20 ans, renouvelable tous les cinq ans.

Tels sont les principes, plusieurs fois repris, tels un credo, dans les propos et autres allocutions des autorités congolaises. Tel est donc le discours qu'il importe, par conséquent et dans les pages qui suivent, de confronter à la réalité des faits.

CHAPITRE TROISIÈME :

MISE EN ŒUVRE DES PRINCIPES DIRECTEURS DE LA POLITIQUE EXTÉRIEURE DU PARTI CONGOLAIS DU TRAVAIL (PCT)

De 1968 à 1990, en vingt et un ans de règne sans partage du Parti Congolais du Travail, nombreux sont les faits qui ont jalonné l'histoire diplomatique congolaise. Dès lors, il serait - pour des raisons évidentes - par trop fastidieux de les inventorier tous ici ; notre choix s'est plutôt porté sur les plus marquants d'entre eux, et qui apparaissent comme les manifestations les plus significatives des principes répertoriés ci-dessus. L'Afrique centrale, l'Afrique d'une manière générale, l'Europe occidentale et les USA, les pays de l'Europe orientale et la Chine, constitueront les centres géographiques de notre analyse.

1. AFRIQUE CENTRALE

Le bon voisinage, la non-ingérence dans les affaires intérieures des autres États, la recherche de règlements pacifiques des différends, le renforcement des liens de tous genres unissant les peuples de la sous-région... tels sont les principes qui semblent avoir prévalu dans les rapports du Congo avec ses voisins de l'Afrique centrale.

Il faut dire et en convenir qu'en dépit de quelques incartades mineures, l'Afrique centrale est parcourue par un réel courant de solidarité et d'union qui culminera, le 18 octobre 1983, sur la création, à Libreville (Gabon), de la Communauté Economique des États de l'Afrique Centrale (CEEAC)[123]. La CEEAC doit son

---

[123] Du 17 au 18 octobre 1983 s'est tenu à Libreville (Gabon) le Sommet des Chefs d'Etat et de Gouvernement de l'Afrique centrale dont l'objet était la signature du Traité instituant la Communauté Economique des Etats de l'Afrique Centrale (CEEAC). Ces assises ont regroupé les onze pays que compte la sous-région (Angola, Burundi, Cameroun, Congo, Gabon, Guinée Equatoriale, Zaïre, Rwanda, RCA, Sao Tomé et Principe, Tchad). Seule la République Populaire d'Angola n'a

existence, certes, à la volonté politique de chacun de ses membres, mais aussi à l'action déterminante du Congo dont la volonté forte de solidarité et d'union a toujours été manifeste, comme on peut le voir dans les cas ci-après.

1.1 -Relations Zaïro-Congolaises :
De l'affaire Mulélé au jumelage de Brazzaville et Kinshasa, en passant par le Manifeste du Pool

Le président Marien Ngouabi inaugure son avènement au pouvoir par un incident diplomatique grave entre le Congo-Kinshasa et le Congo-Brazzaville : il s'agit de l'affaire Mulélé. Rappelons, brièvement, les faits : ministre de l'Éducation nationale dans le gouvernement de Patrice Emery Lumumba, Pierre Mulélé est révoqué de ses fonctions à la chute de ce dernier, par le président Kasavubu en 1963. Dès lors, il rentre en rébellion et dirige la sécession de la province du Kwilu jusqu'à 1964. La cause étant perdue, il s'exile à l'étranger et demande l'asile politique aux Autorités de Brazzaville ; ce qu'il obtient. Lorsque, le 29 août 1968, le gouvernement du président Mobutu décrète l'amnistie générale pour tous les exilés, Pierre Mulélé manifeste le désir de rentrer chez lui. Les Autorités de Brazzaville hésitent à le laisser partir et exigent des garanties. Monsieur Justin Bomboko, ministre des Affaires étrangères du Congo-Kinshasa, dépêché à Brazzaville pour discuter des conditions du retour de l'ancien ministre de l'Éducation nationale, déclare que sa mission de bonne volonté est faite au nom du président Mobutu et engage sa parole d'honneur. Pierre Mulélé rentre alors à Kinshasa par le bateau présidentiel et des honneurs exceptionnels lui sont rendus à son arrivée dans la capitale congolaise.

---

pas paraphé le document présenté, pour des raisons internes et qui ont été comprises par les autres Etats membres. Le communiqué final sanctionnant les travaux s'est tout d'abord félicité de voir se matérialiser, ainsi, la coopération Sud-Sud, telle que recommandée par le Plan d'Action de Lagos, avant de préciser les mesures à prendre préalablement à l'entrée en vigueur du traité. Celui-ci ne devait, en effet, entrer en vigueur qu'une fois ratifié au moins par sept Etats membres.

Quelques jours après, les Autorités kinoises font volte-face et remettent en cause la parole donnée par le Ministre Bomboko. Mulélé est traité de criminel de guerre et doit être jugé en conséquence. Les dernières tentatives brazzavilloises visant à fléchir les positions kinoises échouent [124] et Pierre Mulélé est exécuté le 9 octobre 1968.

Comme conséquence immédiate de cette exécution, le Commandant Marien Ngouabi annonce, le 11 octobre 1968, la rupture des relations diplomatiques entre les deux pays et rappelle, de Kinshasa, son Chargé d'affaires[125]. Cette rupture est aussitôt suivie de la fermeture des frontières et de l'interruption du trafic sur le fleuve Congo entre les deux capitales.

Ce n'est pas encore la guerre ouverte, mais la tension entre les deux pays est si forte qu'elle persistera tout au long de l'année 1969. Il faut attendre le début de 1970 pour que ce que l'on pourrait appeler "la diplomatie du bon voisinage" se mette en branle afin de normaliser les relations entre les deux pays.

C'est le président Jean Bedel Bokassa de Centrafrique qui va prendre l'initiative de réconcilier les présidents Mobutu et Ngouabi, ses "frères et amis", comme il se plaisait à le dire. Soucieux de voir régner, en Afrique centrale, la paix et la concorde, il propose à Fort-Rousset [126], avec l'approbation du président Omar Bongo du Gabon, une sorte de "Traité de Réconciliation"[127] ; mais le 21 janvier 1970, le président Mobutu refuse de signer ce document, pour des raisons propres au Congo-Kinshasa.

Ce demi-échec est loin de désarmer le Général Bokassa qui va, inlassablement, continuer à poursuivre ses efforts de médiation ; c'est ainsi que des contacts sont pris avec tous les autres chefs

---

[124] Dès l'annonce de l'arrestation de Monsieur Pierre Mulélé, le ministre des Affaires étrangères du Congo-Brazzaville se rend à Kinshasa pour trouver une issue heureuse à cette affaire.
[125] "…Hôte du peuple et du gouvernement congolais, Mulélé a été arraché à leur hospitalité, à la vie et à la révolution africaine par fraude, perfidie, traîtrise et en violation des règles consacrées par les droits de tous les pays…" Extrait de la Déclaration du Gouvernement Congolais à propos de la fin tragique de Mulélé ; in *Etumba,* n°66 d'octobre 1968.
[126] Actuellement Owando, ville dont le Président Marien Ngouabi est originaire.
[127] Ce texte sera baptisé par certains politologues de "1er Manifeste".

d'État de la région, à savoir : le président Omar Bongo bien sûr, le président François Tombalbaye du Tchad, et le président Amadou Ahidjo du Cameroun. Le document de Fort-Rousset est revu et corrigé ; et quand toutes les conditions sont enfin réunies, il est finalement signé le 16 juin 1970 sur le fleuve Congo, sous le nom de Manifeste du 16 juin 1970.

Il est signé par les présidents Joseph Désiré Mobutu et Marien Ngouabi, en présence de leurs frères Jean Bedel Bokassa, Omar Bongo, François Tombalbaye et Charles Assalé, représentant le président Amadou Ahidjo empêché.

Ce document, qui constitue un véritable tournant dans les rapports entre les deux pays, se présente sous la forme d'une charte où sont réaffirmés un certain nombre de principes : paix, sécurité, coopération fructueuse et mutuellement avantageuse, unité africaine, unité régionale, solidarité, non-ingérence, etc. Les signataires s'engagent notamment à procéder à la réouverture des liaisons téléphoniques et télégraphiques, à autoriser le survol, par les aéronefs, des deux territoires, à rétablir le trafic fluvial entre Brazzaville et Kinshasa, à harmoniser les relations diplomatiques, à régler tout différend par des voies pacifiques, à mettre fin à toutes formes d'attaques contre les chefs d'État par la voie des ondes (radio et télévision), à mettre en place, enfin, un cadre de discussion et de concertation à savoir : une "Commission ad hoc permanente ".

L'on réalise, aisément, l'importance de ce document qui est aussi un pacte de non-agression et de bon voisinage ; en effet, les deux protagonistes s'engagent à se communiquer les noms des opposants respectifs installés dans l'un ou l'autre territoire et à les en éloigner afin de les mettre hors d'état de nuire.

Dès lors, et en application des dispositions du Manifeste, les deux chefs d'État vont multiplier les contacts aux fins de normaliser définitivement la situation ; c'est ainsi que le président Marien Ngouabi se rend à Kinshasa le 4 novembre 1970 et le président Joseph Désiré Mobutu à Brazzaville le 7 janvier 1971. Mais cette sorte de "paix des braves" sera de courte durée, puisque comme suite au soutien de l'UJSC[128] aux étudiants de l'Université de Lovanium, considéré comme une immixtion dans les affaires intérieures du Zaïre [129], les relations diplomatiques sont, de nouveau, rompues et des ressortissants du Congo-Brazzaville, résidant de l'autre côté du fleuve, sont massivement expulsés de Kinshasa, le 5 septembre 1971.

Les deux chefs d'État se retrouvent, néanmoins, le 8 juin 1972 à Brazzaville, puis le 30 juin 1972 à Kinshasa, pour mettre fin, une fois de plus, à la brouille. C'est, finalement, à Franceville où ils assistent au 12e anniversaire de l'indépendance du Gabon (août 1972), que les présidents Ngouabi et Mobutu vont sceller définitivement la paix dans un autre document, appelé Le "Communiqué du 18 août 1972". Dans ce communiqué, il est décidé, entre autres : la normalisation des relations diplomatiques avec échange d'Ambassadeurs, la reprise du trafic sur le fleuve, le début des négociations en vue d'aboutir à une large coopération économique, commerciale et culturelle. C'est donc un pas de plus qui est franchi dans le cadre de la consolidation des rapports bilatéraux entre le Zaïre et le Congo.

Les choses vont se précipiter par la suite ; ainsi le 14 mai 1974 est signé, à Brazzaville, l'accord constituant la grande Commission mixte de coopération entre les deux pays. Cette Commission se réunira de façon plus ou moins régulière et reste en vigueur jusqu'aujourd'hui. Comme résultats importants des sessions de ladite commission, citons entre autres : la signature d'un accord commercial, d'un accord de coopération médio-sanitaire et d'une convention en matière de justice le 12 avril 1978, la signature d'une convention d'établissement le 14 février 1981, le jumelage de la ville de Brazzaville à la ville de Kinshasa le 7 mai 1988.

De 1972 à 1990, aucun incident majeur n'est venu perturber les relations de bon voisinage, de sérénité politique et d'amitié permanente entretenues entre les deux pays. Les visites des chefs d'État et les échanges de délégations se sont effectués,

---

[128] Union de la Jeunesse Socialiste Congolaise, organisation de la jeunesse du Congo - Brazzaville.
[129] Le Congo-Kinshasa vient en effet d'être baptisé Zaïre, ainsi que le fleuve qui porte le nom Congo.

normalement, sans perturbation, malgré les changements de chefs d'État au Congo-Brazzaville. L'on peut, dès lors et à juste titre, parler du triomphe de l'esprit du Manifeste du 16 juin 1970.

1.2- De la Guerre de Libération de l'Angola aux Accords de Brazzaville et de New York sur la Paix en Angola et l'Indépendance de la Namibie (Nov.-déc. 1988)

Lorsque, en ce début du mois de mai 1988, la rumeur court que la capitale du Congo-Brazzaville abriterait, prochainement, des pourparlers quadripartites [130] pour la paix en Angola et l'indépendance de la Namibie, beaucoup d'observateurs s'interrogent sur le choix de Brazzaville.

Est-ce pour sacrifier à une réputation, la capitale congolaise étant déjà célèbre pour avoir été le lieu de tant de hauts faits devenus historiques depuis lors [131] ? Peut être, mais il y a, et surtout, le fait que Brazzaville est la capitale d'un pays qui, de tout temps, et ce, depuis les indépendances, a toujours manifesté un intérêt constant et particulier sur ce voisin pas comme les autres qu'est l'Angola. On a vu les convoitises du président Youlou sur le Cabinda ; ces mêmes intentions animeront le président Massambat-Débat qui dotera le MPLA de moyens financiers importants et se battra farouchement pour faire reconnaître internationalement ce mouvement de libération. Avec l'avènement du PCT, le soutien des Autorités congolaises à l'Angola ira se renforçant de jour en jour.

Quand le Commandant Marien Ngouabi prend le pouvoir, son action est d'abord d'unir le MPLA et le FNLA[132]. Une tentative de réconciliation a lieu à Brazzaville, en 1972, sous les auspices de

---

[130] Les pourparlers quadripartites ont regroupé les représentants des pays suivants : Angola, Cuba, Afrique du Sud et USA (voir pages suivantes).
[131] Citons, entre autres faits : Brazzaville a été la capitale de la France Libre ; en 1944, il s'y est tenu ce qu'on a appelé la Conférence de Brazzaville ; Brazzaville a vu la naissance du Groupe de Brazzaville en 1960, ainsi que celle de l'UDEAC en 1964.
[132] Rappelons : MPLA = Mouvement Populaire pour la Libération de l'Angola dont le leader est Agostino Neto et le FNLA = Front National pour la Libération de l'Angola dont le chef est M. Holden Roberto.

l'OUA ; mais elle échoue. Une seconde rencontre a lieu, toujours à Brazzaville, du 31 août au 2 septembre 1974, un accord est même conclu entre les deux mouvements de libération.

Les Accords d'Alvor en vue de l'indépendance de l'Angola et la situation confuse qui en résulte dans le pays font que, deux semaines après l'installation à Luanda du gouvernement provisoire, une guerre civile éclate en Angola en 1975.

La République populaire du Congo porte alors son choix sur le MPLA qui a pris le pouvoir, et à qui les pays socialistes d'Europe et Cuba apportent un appui matériel et logistique important. Cette assistance "socialiste" va ainsi transiter par le Congo dont la ville congolaise la plus proche de l'Angola, Pointe-Noire, servira de base et de relais pour le stockage du matériel militaire.

Mais le soutien du Congo ne se limite pas à la "cession" de son espace aérien et de son aéroport de Pointe-Noire ; celui-ci s'accompagne aussi d'un apport diplomatique déterminant : c'est ainsi que, lorsque, le 11 novembre 1975, en pleine guerre civile, le MPLA proclame, à Luanda, la "République Populaire d'Angola", le Congo est le premier pays à reconnaître le gouvernement angolais composé uniquement des membres du MPLA, et à accréditer auprès du président Agostino Neto un Ambassadeur extraordinaire et plénipotentiaire.

L'offensive diplomatique congolaise en faveur du MPLA et de la nouvelle République populaire d'Angola se manifestera jusqu'au niveau de l'OUA où la "Question angolaise" sera inscrite à l'ordre du jour du Conseil des ministres et du Sommet des chefs d'État et de gouvernement de 1976. La délégation congolaise s'y battra farouchement pour l'obtention de la reconnaissance, par l'Afrique et la communauté internationale, de l'État angolais.

Cette reconnaissance étant acquise, une fois pour toutes, les rapports congolo-angolais de coopération seront désormais placés sous les auspices de la complémentarité, de soutien mutuel et de défense des intérêts communs. C'est dans ce contexte qu'il faut situer les efforts du président Marien Ngouabi en vue de la réconciliation des présidents Mobutu du Zaïre et Neto de l'Angola qui s'étaient brouillés, entre temps. Soucieux de voir régner en Afrique centrale un climat de paix, de concorde et de fraternité, le président Marien Ngouabi va parvenir à ses fins, le 28 février

1976, quand il réunit à Brazzaville les deux chefs d'État ; ceux-ci s'engagent à mettre fin aux actes de belligérance et à permettre, aux réfugiés des deux camps, de retourner dans leurs pays respectifs.

Ce succès diplomatique inaugure ainsi une ère de paix et de concorde entre le Congo, le Zaïre et l'Angola [133]. Testament diplomatique ? En tout cas, les successeurs du président Marien Ngouabi (Joachim Yhomby-Opango et Dénis Sassou-Nguesso), de même que le président Edouardo Dos Santos, qui prend la relève en Angola du président Agostino Neto, œuvreront dans la même voie auprès de leur doyen et frère, comme ils se plaisaient à le dire, le président Mobutu Sesse Seko.

Il faut dire que le président Agostino Neto avait, de son vivant, comme un vœu caché : la libération de la Namibie. On le soupçonnera d'avoir passé un accord secret, en 1979, avec l'Administration américaine et le Secrétaire général des Nations Unies en vue de la mise en œuvre de la Résolution 435 (78) du Conseil de Sécurité des Nations Unies. Sa mort brutale ne permettra pas de voir se vérifier la rumeur.

Son successeur est vite confronté à la notion de "linkage" : les États-Unis d'Amérique lient, en effet, l'indépendance de la Namibie au retrait d'Angola des troupes cubaines. Ce bras de fer va durer pendant les deux mandats du président Ronald Reagan. Il faut attendre les changements survenus à l'Est avec le président Gorbatchev et sa Perestroïka, et l'élection de Monsieur Georges Bush à la Maison Blanche pour que les choses bougent sérieusement.

On parle alors de pourparlers quadripartites sur l'indépendance de la Namibie et la paix en Angola, avec l'implication de Brazzaville. Quatre rencontres auront d'abord lieu en dehors du Congo : à Londres (Grande-Bretagne) du 3 au 4 mai 1988, au Caire (Égypte) du 24 au 25 juin 1988, à New York (USA) du 11 au 13 juillet 1988 et du 2 au 5 août 1988 à Genève (Suisse). Ensuite vient

---

[133] Nous minimisons les différents incidents qui ont marqué l'histoire de la coexistence pacifique entre l'Angola et le Zaïre, notamment les différentes accusations relatives au soutien du Zaïre à l'UNITA et de l'Angola au FNLC de Nathanaël Boumba ; il ne faut pas oublier que nous sommes en pleine guerre froide qui trouve ainsi des répercussions dans les rivalités angolo-zaïroises.

le tour de Brazzaville : du 24 au 25 août 1988, du 7 au 9 septembre 1988 et du 1ᵉʳ au 3 décembre 1988. Entre-temps, des réunions informelles ont eu lieu à New York du 6 au 9 octobre 1988, puis à Genève du 11 au 15 novembre 1988.

Enfin, le 13 décembre 1988, est signé, par les Représentants de la République populaire d'Angola, de la République de Cuba et de la République Sud-africaine, le <u>Protocole de Brazzaville</u>.

Par ce protocole, les parties signataires conviennent de quatre dispositions importantes :

- Le 1ᵉʳ avril 1989 est désigné comme la date du début de la mise en œuvre de la Résolution 435 (78) du Conseil de Sécurité ;
- Signature de l'Accord tripartite et de l'Accord entre l'Angola et Cuba sur le retrait des troupes cubaines, proposée pour le 22 décembre 1988 ;
- Échange de prisonniers après la signature de l'Accord tripartite ;
- Création, dans les 30 jours, d'une Commission conjointe de discussion et de résolution des questions relatives à l'interprétation et à la mise en œuvre de l'Accord tripartite.

La signature de ce protocole aura été, à coup sûr, un succès pour la diplomatie congolaise. L'événement étant de taille, Brazzaville sera, pendant une journée, la capitale du monde.

C'est un succès que ne viendra pas ternir la signature de l'Accord tripartite proprement dit le 22 décembre 1988.

C'est à New York, en effet, que Monsieur Afonso Van Dunen Mbinda, de la République populaire d'Angola, Monsieur Isidoro Malmierca Peoli pour la République du Cuba et Monsieur Roelof F. Botha de la République Sud-africaine vont apposer leurs signatures au bas d'un parchemin qui prie le Secrétaire général des Nations Unies de "...demander au Conseil de Sécurité l'autorisation de commencer à appliquer la Résolution 435 (78), le 1ᵉʳ avril 1989...".

Le même jour et toujours au siège de l'Organisation des Nations Unies, est signé entre le gouvernement de la République de Cuba et le gouvernement de la République populaire d'Angola, un accord mettant fin, sur le territoire angolais, à la mission du contingent militaire internationaliste cubain.

Le 1ᵉʳ avril 1989, l'indépendance de la Namibie est proclamée ; une page de l'histoire de cette région est ainsi tournée. Le Congo peut être fier d'y avoir inscrit son nom, et de la manière la plus positive et glorieuse qui soit.

1.3- Le Congo dans l'Imbroglio Tchadien

Un autre pays dans lequel le Congo va être impliqué pendant près d'une décennie, c'est le Tchad, un voisin, mais sans frontière commune cependant.

Le Congo et le Tchad, nous le savons et nous l'avons souligné dans les pages précédentes, ont été depuis la colonisation, liés par une histoire commune. Ce n'est, donc, pas un simple fait de hasard si ces deux pays se retrouvent au moment où l'un d'entre eux connaît l'une des crises les plus pathétiques de son histoire.

C'est en août 1979 que tout commence, lorsque, après les échecs des conférences de Kano I, Kano II et Lagos I[134], le gouvernement militaire fédéral du Nigeria décide de convoquer, du 13 au 20, pour une quatrième tentative qui se veut décisive, une conférence destinée à trouver une solution définitive et durable à la crise tchadienne.

Cette fois-ci l'Afrique entière est prise à témoin, puisque l'OUA est présente et que c'est sous son parrainage que se tient la réunion qui, pour la première fois, regroupe toutes les tendances tchadiennes[135]. Le Congo, invité par le Nigeria, y participe en qualité d'observateur.

Après une semaine de laborieuses tractations, on aboutit à une série d'accords[136] qui prévoient, entre autres, la formation d'un gouvernement d'Union Nationale[137] et surtout l'intervention au Tchad de forces tampons.

---

[134] Kano est une ville du Nord du Nigeria ; deux conférences sur le problème tchadien s'y tiendront, mais n'aboutiront pas.

[135] Elles sont au nombre de onze et c'est à juste titre que cette réunion est appelée conférence de réconciliation nationale.

[136] Ce sont les fameux Accords de Lagos de 1979 sur la Réconciliation Nationale au Tchad.

[137] GUNT : Gouvernement d'Union Nationale et de Transition.

À l'unanimité, le Bénin, le Congo et la Guinée sont désignés pour fournir ces troupes neutres dont la mission essentielle sera d'assurer la sécurité des autorités, la protection des populations civiles et de garantir la démilitarisation de la ville de N'Djamena, capitale du pays.

Dans le cadre des préparatifs à l'envoi au Tchad de ces forces d'interposition, le Congo prend plusieurs initiatives : une délégation politico-militaire se rend, début septembre 1979, à N'Djamena et à Moundou[138], pour discuter avec le président Goukouni Weddeye et son Vice-président Wadal Abdel Kader Kamoungue les conditions politiques et matérielles de l'installation des troupes neutres et de la démilitarisation de N'Djamena.

Le président du Congo, Dénis Sassou-Nguesso et le Secrétaire général de l'OUA, Monsieur Edem Kodjo, rencontrent le 23 septembre 1979, à N'Djamena, toutes les tendances tchadiennes, pour préciser que la mission des forces neutres doit se faire sous l'égide et aux frais de l'OUA, que la désignation du Bénin, du Congo et de la Guinée ne désengage pas les autres pays d'Afrique et qu'enfin, le Secrétaire général de l'OUA doit prendre part à toutes les phases d'exécution de cette mission.

Enfin, le 26 novembre 1979, les chefs d'État des pays fournisseurs des forces neutres, Mathieu Kérékou du Bénin, Sassou-Nguesso du Congo et Sékou Touré de Guinée foulent le sol tchadien et y arrêtent avec leurs homologues du GUNT les mesures concrètes destinées à accélérer la mise en place des troupes d'interposition.

C'est ainsi que le 21 janvier 1980 les éléments congolais de cette force interafricaine de maintien de la paix au Tchad arrivent à N'Djamena.

Ils y resteront jusqu'au 31 mars 1980, date à laquelle ils devront, précipitamment, battre en retraite. Plusieurs raisons expliquent ce départ prématuré. D'abord, les contingents béninois et guinéens n'ont pu effectuer le déplacement de N'Djamena, laissant ainsi les Congolais seuls face à la menace persistante de la reprise de la guerre civile. Ensuite la dégradation progressive de la

---

[138] Kamoungue, nommé vice-président du GUNT, a élu domicile à Moundou, une ville du Sud de Pays.

situation intérieure ne faisait que compliquer, voire rendre impossible, la mission de la force interafricaine, amputée des éléments béninois et guinéens.

En effet, la démilitarisation de N'Djamena prévue par les Accords de Lagos n'avait jamais commencé ; l'Armée française continuait à s'y déployer librement et sans gêne ; de nouvelles tendances politiques naissaient presque au jour le jour ; le GUNT se réunissait rarement ; l'une des tendances signataires des Accords de Lagos, les Forces Armées du Nord (FAN) d'Hissène Habré, refusaient délibérément de les appliquer.

C'est ainsi que, lorsque Monsieur Hissène Habré et ses FAN, provoquent un incident et entrent ouvertement en rébellion contre le GUNT, et face aux manœuvres d'intimidation et de provocation des Forces Armées Populaires (FAP) de Monsieur Goukouni Weddeye contre les troupes neutres[139], il sera impossible, voire inutile, pour les troupes congolaises de rester plus longtemps à N'Djamena.

Les autorités congolaises qui ont, auparavant, fait voter, à l'OUA, une résolution par laquelle l'organisation continentale prenait à son compte les frais occasionnés par l'opération "Forces neutre au Tchad"[140], expliqueront dans un communiqué officiel que, premièrement, les troupes neutres ont accompli de bout en bout la mission qui leur avait été confiée par l'OUA et qu'elles ne se sont retirées qu'à la demande expresse du GUNT et surtout de son président, et que deuxièmement, le Congo s'engageait à poursuivre sa mission de réconciliation des "Frères Tchadiens" par d'autres voies[141].

---

[139] Il est reproché au contingent congolais de ne pas prendre position pour les FAP contre les FAN, c'est-à-dire, pour une tendance tchadienne contre une autre tendance tchadienne ; ce qui n'était pas sa mission.

[140] L'opération avait été évaluée par les congolais à une somme de 858.116.409 FCFA.

[141] On peut lire dans la déclaration du gouvernement congolais ce qui suit : "...Le Congo a rempli de bout en bout et en dépit de ses propres difficultés la mission confiée par l'OUA et les tendances tchadiennes signataires de l'Accord de Lagos. Mais les conditions pour le succès de cette mission n'étaient pas totalement remplies. Nous étions malheureusement seuls à N'Djamena et ne pouvions, de ce fait, constituer la force neutre interafricaine ; il y a lieu d'ajouter le non respect de l'Accord de Lagos par les diverses tendances tchadiennes et, par-dessus tout, le

Le Congo sera, en effet, fidèle à la parole ainsi donnée et son action revêtira plusieurs formes :

Au plan humanitaire, le gouvernement accueillera massivement des milliers de Tchadiens venus demander l'asile politique, ou ayant fui les atrocités de la guerre civile.

Au plan international, il continuera de se battre auprès des organisations internationales et notamment au sein de l'OUA, pour exiger la réhabilitation du GUNT, seul gouvernement légal reconnu par l'OUA et, donc, par toute l'Afrique.

Au plan politique et de manière bilatérale, une série de rencontres en faveur du Tchad seront initiées : c'est ainsi que le Congo sera l'un des pays africains à œuvrer, à l'OUA, pour la mise en place d'un Comité Ad Hoc sur le Tchad ; celui-ci tiendra, d'ailleurs, sa première réunion à Nairobi, du 10 au 11 février 1982, et y adoptera un Plan de Paix prévoyant : le cessez-le-feu, le 28 février 1982, l'amorce de négociations entre le GUNT et Hissène Habré, le 15 mars 1982, et la tenue des élections législatives et présidentielles, entre le 1er mai et le 30 juin 1982. Ce plan ne sera jamais appliqué, puisque Hissène Habré et ses FAN investiront N'Djamena, dès juin 1982, et forceront le GUNT à l'exil.

La 19e Conférence au Sommet des Chefs d'État et de gouvernement de l'OUA, prévue à Tripoli en juillet 1982, se propose, dans son ordre du jour, d'examiner la nouvelle situation ainsi créée ; mais la présence dans la capitale libyenne de deux délégations officielles tchadiennes fait capoter, à deux reprises, cette réunion[142].

Le Congo continuera, néanmoins, ses bons offices et en marge des festivités des 20 ans de la "Révolution congolaise", en août 1983, une concertation sur la question tchadienne a lieu, à l'initiative du pays hôte, entre les chefs d'État d'Afrique centrale invités et en présence du président Éthiopien Mengistu Haïlé Mariam, président en exercice de l'OUA. Un appel à la paix et à la réconciliation nationale au Tchad y est lancé et une rencontre

---

retour à la guerre civile. En conséquence, le gouvernement en décidant le retrait de ses troupes, a conscience d'avoir fait tout ce qui était en son pouvoir pour accomplir son devoir envers l'Afrique, envers l'OUA et envers le peuple frère du Tchad... "
[142] Voir plus loin.

Hissène Habré - Goukouni Weddeye est projetée pour janvier 1984 à Addis-Abeba ; une erreur du protocole éthiopien fera, hélas, échouer la rencontre.

Le Congo qui se verra confier, de nouveau, le dossier tchadien par l'OUA, ne cessera de s'activer, malgré les antagonismes de plus en plus forts du côté des frères ennemis tchadiens. C'est ainsi que, du 20 au 27 octobre 1984, se tiendra à Brazzaville une conférence sur la réconciliation nationale du Tchad. Près de deux cents délégués, représentant quinze organisations politiques tchadiennes, y seront présents ; le contact semble noué entre factions qui se retrouvent enfin. Mais en l'absence d'Hissène Habré et de Goukouni Weddeye, la rencontre de Brazzaville se transformera en une simple réunion d'experts devant identifier le mal tchadien et faire des propositions concrètes de paix. L'on en restera là.

La rencontre Goukouni-Habré devant se tenir à Loubomo (Dolisie), troisième ville du Congo, quelques mois plus tard, échouera, une fois de plus.

Lassées, semble-t-il, par ces échecs successifs, mais toujours mues par la volonté de réussir, les autorités congolaises vont changer de stratégie ; ce sera l'heure de la diplomatie secrète. Et c'est dans ce contexte qu'il faut placer la tentative de rencontre entre Hissène Habré et Goukouni Weddeye, le 28 mars 1985, à Brazzaville.

Lorsque le président Dénis Sassou-Nguesso est élu président en exercice de l'OUA en juillet 1986, il a toujours en charge le dossier tchadien. Mais la situation à N'Djamena a évolué depuis lors : le président Hissène Habré a consolidé ses positions ; les troupes françaises sont revenues ; la Libye occupe toujours la Bande d'Aozou tout en hébergeant Goukouni Weddeye.

Peu à peu, ce dossier échappera au Congo, au profit d'autres interlocuteurs et deviendra, en quelque sorte, la "chasse gardée" des Français et des Libyens avec leurs alliés. On est presque revenu à la case départ.

2. L'O.U.A. ET LE RESTE DE L'AFRIQUE

L'action du Parti Congolais du Travail, en direction du continent africain en général et plus particulièrement de l'Organisation de l'Unité Africaine, peut se définir à travers les manifestations de sa vocation dite africaniste.

Trois cas nous serviront d'illustration :
- L'Admission à l'OUA de la République Arabe Sahraouie Démocratique (RASD);
- Les Sommets manqués de Tripoli I et Tripoli II ;
- La Présidence en exercice de l'OUA assurée par le Congo en 1986.

2.1- Le Dilemme de la RASD

En 1976, au 26e Conseil des ministres de l'OUA, préparatoire à la 13e Conférence des chefs d'État et de gouvernement de l'OUA qui se tient à Port-Louis (Île Maurice), le chef de la délégation congolaise déclare que le peuple Sahraoui a droit à l'autodétermination et à l'indépendance nationale et que toutes les forces étrangères d'occupation doivent se retirer.

Très tôt donc, le Congo prend position. Mais la question est, dès le départ, mal engagée.

En effet, pendant que le Comité des 21 pour la Libération de l'Afrique[143], réuni à Luanda en mai 1977 et saisi du dossier du Sahara Occidental, s'apprête à faire des recommandations aux chefs d'État et de gouvernement de l'OUA pour la reconnaissance du Front Polisario comme mouvement de libération nationale, celui-ci proclame, unilatéralement, l'indépendance du pays qui devient République Arabe Sahraouie Démocratique (RASD).

À la 14e Conférence au sommet des chefs d'État et de gouvernement de l'OUA qui se tient à Libreville (Gabon), en juillet 1977, les chefs d'État, mis devant le fait accompli, reportent l'examen du dossier. La conséquence en est que ni le Front

---

[143] C'était l'une des Commissions Spécialisées de l'OUA conformément à l'Article 20 de la Charte. Au départ, 21 pays seulement dont le Congo en faisaient partie. Depuis lors elle fut étendue à tous les pays membres. Son siège était en Tanzanie.

Polisario n'est reconnu par l'OUA comme Mouvement de libération, ni l'indépendance de la RASD confirmée.

C'est alors que commence la "guerre" diplomatique entre la RASD, soutenue par l'Algérie, et le Maroc, farouche partisan du "Statu Quo".

Le Congo reconnaît la RASD le 3 juin 1978 et, par voie de conséquence, établit des relations diplomatiques avec ce pays.

Le problème du Sahara occidental devenant de plus en plus préoccupant, une Commission ad hoc est mise en place par les chefs d'État pour se pencher sur la question.

Au moment où cette commission s'apprête à rendre compte de ses activités, au 17e Sommet de l'OUA qui se tient à Freetown (Sierra Leone) en juillet 1980, le Secrétaire général de l'OUA, Monsieur Edem Kodjo, se fondant sur l'article 28 de la Charte[144], annonce que 26 États sur 50, donc la majorité requise, ont déjà reconnu la RASD, et que conformément à la Charte, cette République doit être désormais considérée comme membre de l'Organisation. Le Congo, qui est dans la majorité, applaudit et soutient la décision du Secrétaire général.

Cette annonce soulève un tel tollé que la décision est différée et l'on continue à s'abriter derrière la Commission ad hoc dont, aux dires de certains chefs d'État, on devait, d'abord et logiquement, examiner le rapport.

C'est, alors, le point de départ de ce que l'on pourrait appeler la longue croisade pour l'admission de la RASD. Le Congo, l'Algérie, la Libye, le Bénin et les autres membres du "Groupe des 26", celui des "Progressistes", appuient l'initiative du Secrétaire général qui n'a fait que son devoir ; en face, le Maroc et le Zaïre, en tête des pays dits "Modérés", contestent la légalité de l'acte posé

---

[144] L'Article 28 de la Charte de l'OUA dispose en effet :
"1.Tout Etat Africain indépendant et souverain peut, en tout temps, notifier au Secrétaire Général Administratif, son intention d'adhérer à la présente Charte. 2- Le Secrétaire Général Administratif, saisi de cette notification en communique copie à tous les membres. L'admission est décidée à la majorité simple des Etats membres. La décision de chaque Etat membre est transmise au Secrétaire Général Administratif qui communique la décision à l'Etat intéressé, après avoir reçu le nombre de voix requis".

par le Secrétaire général. C'est la guerre des tranchées : l'organisation continentale est scindée en deux.

La rupture est consommée le 22 février 1982 lorsque, à l'ouverture du Conseil des ministres de l'OUA qui se tient à Addis-Abeba (Éthiopie), la délégation de la RASD prend place aux côtés de ses pairs africains, dans la même salle vénérable et historique du Palais de la CEA qui, 19 ans plus tôt, a vu naître l'Organisation continentale.

C'est un véritable branle-bas de combat qui s'ensuit ; 19 délégations - celle du Maroc en tête - quittent la salle. Le Conseil se tiendra tout de même, malgré l'absence de quorum dans les derniers jours, mais dans une confusion indescriptible.

L'admission de la RASD, comme 51e État membre de l'OUA, inaugure l'une des crises institutionnelles jamais connues par les Africains. Pendant près d'une année, l'OUA et ses institutions spécialisées sont paralysées. Les amis du Maroc appelant au boycott, aucune réunion n'aura lieu, faute de quorum. Dans certains cas, les délégations de la RASD se verront refuser le visa d'entrée dans les pays. De guerre lasse, le Maroc et le Zaïre finiront par quitter provisoirement l'Organisation. Monsieur Edem Kodjo, l'homme par qui tout ce "scandale" est arrivé et qui veut solliciter un nouveau mandat, est désavoué par son propre pays (le Togo) et quitte le Secrétariat général par la petite porte.

Au 19e Sommet de Tripoli (juillet 1982) qui voit le conflit se généraliser, l'OUA est au bord de l'éclatement puisqu'à deux reprises les chefs d'État et de gouvernement ne peuvent se réunir.

Le Congo restera fidèle à ses engagements vis-à-vis de la RASD, jusqu'au moment où l'ONU et l'OUA vont, enfin, s'engager à organiser un référendum au Sahara Occidental.

Entre temps, le président de la RASD, Monsieur Mohamed Abdelaziz, effectuera une visite officielle au Congo, en juin 1986, au cours de laquelle un Accord général de coopération sera signé.

2.2 - Le Congo au 19e Sommet de l'OUA

Prévue pour se dérouler du 25 juillet au 8 août 1982 à Tripoli, capitale de la Jamahiriya arabe libyenne populaire et socialiste, la 19e Conférence au Sommet des chefs d'État et de gouvernement de l'OUA, précédée, comme de coutume, par le Conseil des ministres, ne s'ouvre que le 28 juillet. La raison de ce retard est la présence, contestée, de la délégation de la RASD à Tripoli.

Aussi, ne constate-t-on que trente-trois délégations présentes, représentant les pays suivants : Algérie, Angola, Bénin, Botswana, Burundi, Cap-Vert, RCA, Congo, Tchad, Éthiopie, Ghana, Guinée-Bissau, Kenya, Lesotho, Rwanda, RASD, São Tomé et Principe, Seychelles, Swaziland, Tanzanie, Togo, Haute-Volta, Zambie, Zimbabwe.

Le quorum de 34 pays membres n'étant pas atteint, un compromis dit dynamique est alors annoncé le même jour : la République arabe sahraouie démocratique assistera aux travaux du Conseil des ministres, mais se retirera volontairement et provisoirement du Sommet.

Les ministres présents à Tripoli lancent, alors, un appel afin que, sur la base de ce compromis et en n'ayant à l'esprit que les seuls intérêts supérieurs de l'Afrique, leurs collègues absents les rejoignent.

Cet appel ne sera point entendu. Le 6 août, on enregistre la présence de 23 chefs d'État et de gouvernement ; 8 pays sont représentés par leurs ministres des affaires étrangères, soit 31 pays venus participer au Sommet. Le quorum n'étant toujours pas atteint, les chefs d'État et de gouvernement lancent un nouvel appel, le soir du 6 août 1982, rappelant les principes de la Charte, et prenant à témoin la sagesse africaine afin que leurs homologues les rejoignent à Tripoli. Cet appel ne sera pas entendu non plus. Alors, les chefs d'État et de gouvernement prennent la décision de se retrouver en une réunion informelle, juste pour un échange de points de vue. Conscients de la gravité de la situation, ils mettent sur pied, avant de se séparer, le 8 août 1982, un groupe de contact composé des chefs d'État de la Libye, du Congo, du Mali, de la Tanzanie, du Mozambique et de la Zambie, aux fins d'engager des consultations avec leurs collègues absents et de tenir le 19e Sommet, coûte que coûte, avant la fin de l'année. Une déclaration dite de Tripoli, résumant l'ensemble de ces dispositions, est alors publiée le 9 août 1982.

Dans le cadre de ce groupe, le Congo accepte de consulter les chefs d'État du Niger, du Gabon, du Cameroun et de la Guinée équatoriale. Ce qui est fait avant la fin du mois d'août 1982.

Réunis du 23 septembre au 1er octobre 1982 à Addis-Abeba (Éthiopie) pour faire le point des consultations respectives, les six chefs d'État du Groupe de contact décident de la convocation du 19e Sommet pour le mois de novembre 1982, toujours à Tripoli.

Après avoir, donc, trouvé un compromis (retrait provisoire et volontaire de la RASD), la 39e session ordinaire du Conseil des ministres de l'OUA s'ouvre, normalement, le 15 novembre 1982, en présence de 45 délégations[145].

Après les formalités d'usage (discours d'ouverture), un bureau est mis en place et le Congo est élu à la 2ème vice-présidence.

Mais au moment de passer à l'adoption de l'ordre du jour, certaines délégations posent un préalable à la poursuite des travaux : la présence dans la salle de la délégation du Tchad. Ayant constaté la présence à Tripoli de deux délégations tchadiennes, l'une mandatée par Hissène Habré et l'autre par le GUNT, le Secrétariat estime, alors, que le Conseil doit décider. Le bureau élu propose la mise en place d'un Comité de Vérification des mandats devant statuer sur la représentativité du Tchad ; mais il s'avère impossible de mettre sur pied ledit comité, tous les pays proposés ayant désisté l'un après l'autre. Un débat s'instaure dès lors. Pendant quatre jours de discussions, les positions restent figées : pour les partisans d'Hissène Habré, il faut admettre la délégation venue de N'Djamena, car elle a reçu une invitation du Secrétariat ; l'on ne saurait parler d'une délégation du GUNT, puisque celui-ci n'existe plus ; l'autre tendance, soutenue par le Congo, estime que l'OUA a été impliquée dans les affaires intérieures du Tchad depuis la signature, en 1979, des Accords de Lagos ; par ailleurs l'OUA a envoyé des troupes au Tchad et a reconnu le GUNT ; si changements il y a eu entre-temps, un compte-rendu devrait être fait afin de délier l'OUA d'un quelconque engagement pris par elle ; mais en attendant, le siège du Tchad doit rester vide jusqu'au Sommet.

---

[145] Le Quorum est largement dépassé.

Après d'âpres discussions, une petite commission composée du Congo, de l'Éthiopie, du Mali, du Nigeria, du Libéria, de la Zambie, de la Tunisie et de la Tanzanie, chargée, avec le président du Conseil, de proposer une solution qui arrange tout le monde est mise sur pied le 19 novembre 1982.

Cette commission recommande alors que la délégation du Tchad fasse une déclaration dans le sens qu'elle se retire volontairement et provisoirement du Conseil des ministres.

Avant même qu'une discussion ne s'engage sur cette proposition, les pays suivants : Sénégal, Côte d'Ivoire, Gambie, Niger, Zaïre, Togo, RCA, Cameroun, Guinée-Conakry, Guinée-équatoriale, Djibouti, Comores, Maroc, Gabon, déclarent suspendre aussitôt leur participation et se retirent du Conseil prétextant qu'ils ne peuvent pas continuer les travaux sans la délégation d'Hissène Habré.

Les quatorze (14) pays étant sortis, il ne reste plus que trente-et-un (31) ; le quorum des deux tiers (soit 34 pays) n'étant donc plus atteint, il s'avère, alors, impossible de poursuivre les travaux. Il en sera ainsi jusqu'à l'arrivée, les 21 et 22 novembre 1982, des chefs d'État et de gouvernement.

Ils sont au nombre de trente-et-un, dont le président du Congo. Le manque de quorum est aussitôt constaté, ici encore. Un appel est, une fois de plus, lancé à Hissène Habré pour lui demander de retirer, volontairement et provisoirement, sa participation au 19e Sommet et ce, malgré la reconnaissance de sa représentativité à l'OUA. Cet appel ne sera pas entendu, de même que celui lancé aux autres chefs d'État absents.

Avant de se séparer, ce 26 novembre 1982, les 31 chefs d'État et de gouvernement publient une déclaration dans laquelle ils conviennent de ce qui suit :

- Poursuite des efforts en vue de convoquer le 19e Sommet ;
- Constitution à cet effet d'un Comité de contact composé du Kenya (président), de l'Éthiopie, du Lesotho, de la Tanzanie, du Congo, de la Libye, du Nigeria, de l'Ouganda, de l'Angola, de la Zambie, du Mozambique et du Mali[146] ;

---

[146] Ce Comité de contact s'appellera aussi Comité des Douze de l'OUA.

- Prolongation du mandat du président en exercice jusqu'à la tenue du 19e Sommet ;
- Prolongation du mandat du Secrétaire général et de ses Adjoints jusqu'aux prochaines élections ;
- Célébration du 20ème Anniversaire de l'organisation au siège de l'OUA.

Le Comité de contact recevait la mission de poursuivre ses efforts de mobilisation et de rassemblement des chefs d'État africains autour de l'idée de tenir, absolument et dans un bref délai, le 19e Sommet de l'OUA.

Réunis à Nairobi, les 18 et 19 février 1983, les Douze de l'OUA prennent la décision suivante : tenir le 19e Sommet de l'OUA à Addis-Abeba, en mai ou juin 1983, en même temps que la célébration du 20e anniversaire de l'organisation ; la tenue de ce sommet doit se faire sans condition préalable aucune.

Après tant de péripéties, ces assises sont finalement convoquées à Addis-Abeba du 6 au 19 juin 1983.

Ce qu'il faut en retenir, c'est que : d'abord, le seul fait d'avoir tenu ce sommet fut une victoire de l'Afrique contre ses diviseurs de l'extérieur comme de l'intérieur ; ensuite, cette victoire fut, principalement, l'œuvre des pays dits "progressistes" : Tanzanie, Zambie, Congo, Bénin, etc., qui avaient tenu bon, malgré une forte tentation de mettre sur pied une OUA bis, la leur.

Ce succès fut aussi redevable à l'attitude de compromis de la RASD qui, par deux fois, accepta de se retirer des travaux du 19e Sommet.

De plus, les "progressistes" se disaient l'avoir emporté sur leurs homologues, les "modérés", parce qu'ils avaient :

- Fait adopter une résolution claire et sans équivoque en faveur de la RASD, réaffirmant, ainsi, la reconnaissance de ce pays et du Polisario par l'OUA ;

- Fait élire un président en exercice issu de leur camp ;

- Exigé, à l'aile modérée, de faire pression sur le Maroc, afin d'éviter la même mésaventure au prochain sommet de l'OUA ; celle-ci devait, en effet, se tenir dans un pays soutenant le Royaume chérifien : la Guinée-Conakry;

Ce que ces "progressistes" regrettaient de n'avoir pas, cependant, réussi c'est, essentiellement, de :
- Relancer le dossier tchadien et réaffirmer la légalité du GUNT comme ils le souhaitaient ; mais cela, se consolaient-ils, devait être mis sur le compte des concessions permissives de la tenue du sommet ;
- Débattre du rôle de la Force interafricaine au Tchad ;
- Faire élire un Secrétaire général de l'OUA issu de leur camp ; cet échec était cependant minimisé, car, avouaient-ils, ils n'avaient pas voulu, d'une part, accentuer davantage les clivages entre eux et les "modérés"[147], et d'autre part, faire ressurgir les rivalités linguistiques entre francophones et anglophones.

2.3 - Le Congo et la Présidence en exercice de L'OUA

Le 19e Sommet avait, certes, sauvé l'organisation continentale, mais la crise couvait toujours, prenant, d'ailleurs, les allures d'un désenchantement généralisé.

Les vieux schémas des Pères fondateurs avaient vécu, car ils n'accrochaient plus ; la libération du continent, objectif numéro un, était, plus ou moins, achevée politiquement dans les années 80 avec l'indépendance du Zimbabwe ; quant à l'intégration politique (la fameuse unité africaine), très peu d'Africains y croyaient encore ; ce n'était, ni plus ni moins, qu'un mythe, une simple référence historique, mais lointaine.

En proie à une crise économique généralisée, les pays africains ne se fiaient plus aux rêves, les peuples ne se nourrissaient plus de symboles.

Dans ce ras-le-bol général, présider aux destinées de l'OUA était perçu plutôt comme une corvée, une charge sans gloire et sans auréole. Faire supporter par un seul pays toutes les lourdes charges de représentation, ainsi que les voyages multiples à travers le monde pour y être le chantre d'une OUA éclatée, sans âme et

---

[147] Les "progressistes" soutenaient la candidature d'Alioune Blondin Beye (du Mali), et les "modérés" avaient pour candidat Mr Okoumba d'Okouatsengue (du Gabon).

réduite au rôle de "machin" à la de Gaulle, nombreux furent les chefs d'État qui s'y refusèrent.

C'est ainsi qu'en 1983 et en 1984, l'OUA est dirigée par des présidents en exercice plus ou moins effacés, à l'époque : Mengistu Haïlé Mariam, l'Ethiopien et Kenneth Kaunda, le Zambien.

Et pourtant, il fallait trouver à l'OUA des raisons d'exister et de survivre.

En 1985, dans son style particulier, le président sénégalais, Mr Abdou Diouf, élu président en exercice au 21e Sommet, entame une véritable croisade pour redorer le blason de l'OUA.

C'est la dimension économique qui est mise en exergue : l'Afrique doit gagner la bataille de son développement ; c'est l'Africain d'abord qui est interpellé par Abdou Diouf ; c'est à lui de renoncer au gaspillage, aux dépenses de prestige, à la mauvaise gestion ; c'est à lui de se donner un nouveau code de conduite économique et de le mettre, sérieusement, en application, avant de se tourner vers l'assistance extérieure. Prenant le relais du Plan d'Action de Lagos, un Programme Prioritaire pour le Redressement Economique de l'Afrique (PPREA) est adopté.

Ce nouveau discours plait aux Occidentaux et l'année suivante, l'ONU, s'inspirant du PPREA, adopte le Programme d'Action des Nations Unies pour le Redressement Economique et le Développement de l'Afrique (PANUREDA), 1986-1990.

Quand le président Denis Sassou-Nguesso succède au président Abdou Diouf, le 30 juillet 1986, les choses sont donc claires : continuer l'œuvre amorcée par son prédécesseur. Mais le président congolais en a-t-il le charisme et son pays dispose-t-il d'une santé financière appropriée ?

Le Congo est, certes, en crise pétrolière depuis 1984 et un Programme d'Ajustement Structurel est en négociation avec le Fonds Monétaire International (FMI) et la Banque Mondiale, mais qu'à cela ne tienne ; les Autorités du pays, craignant l'échec inévitable, vont tout sacrifier pour permettre à Sassou-Nguesso de sillonner le monde avec force et fracas et de prendre quelques initiatives.

C'est, d'abord, le traditionnel discours à la tribune des Nations Unies, le 30 septembre 1986 ; le séjour aux USA est, cependant, terni par une bavure maladroite de son ministre des affaires étrangères[148], à tel point que le président américain refuse de le recevoir.

Après l'Amérique, ce sera le tour de l'Afrique, puis de l'Europe (France, Suède, Belgique, Portugal, etc.).

Partout le président en exercice de l'OUA plaide la cause de l'Afrique, déjà engagée dans le PANUREDA. La dette africaine est au centre de tout. Il n'oublie pas, cependant, l'Apartheid sud-africain et propose la constitution d'un "*Fonds Africa*" pour venir an aide aux pays de la Ligne de Front[149].

Les problèmes internes à l'Afrique ne sont pas, non plus, oubliés : le Tchad, le Sahara Occidental... Une attention particulière est portée sur les hommes de science africains ; Denis Sassou-Nguesso les réunira en congrès à Brazzaville, le premier de ce genre en Afrique.

D'une manière générale, le chef de l'État congolais a voulu se mettre à la hauteur des engagements pris devant ses pairs. Il a dit le discours qu'il fallait ; bref, il a abattu un travail de "militant africain", à un moment où le militantisme verbeux ne payait plus.

3. L'OCCIDENT ENTRE L'IMPÉRIALISME ENNEMI ET LE PARTENARIAT OBLIGE

Pour le PCT, c'est clair : l'Occident judéo-chrétien est le berceau de l'impérialisme, donc l'ennemi contre lequel le régime doit lutter. Seulement, la réalité des liens économiques et même culturels va, dans la pratique, dicter d'autres comportements.

C'est cet insurmontable dilemme, pour ne pas parler de contradiction idéologique flagrante, que le PCT traînera tout au long de son règne.

---

[148] M. Antoine Dinga-Oba, Ministre des affaires étrangères depuis deux ans va donner une interview à New York au cours de laquelle il a la mauvaise idée d'assimiler le sionisme à l'apartheid sud-africain, ce qui va émouvoir et choquer le lobby juif américain.

[149] L'idée d'un fonds pour l'Afrique n'est pas nouvelle. Le Président Sassou-Nguesso n'a fait que reprendre une initiative du Président Marien Ngouabi et qui n'avait jamais vu le jour.

Deux exemples vont nous servir d'illustration : les relations avec la France, haïe, mais adulée, et avec les États-Unis d'Amérique, qu'on semble découvrir pour la première fois.

3.1-De la remise en cause de la Coopération franco-congolaise au partenariat inévitable, fondé sur le pétrole

Lorsque, en juillet 1968, éclate le coup d'État militaire qui chasse le président Alphonse Massambat-Débat et installe au pouvoir le Commandant Marien Ngouabi, lorsque ce coup d'État se justifie comme étant une simple opération de "réajustement et de redressement de la Révolution congolaise", quand le Congo devient une "République populaire", que le "Marxisme Léninisme" devient l'idéologie dominante, quand, enfin, un drapeau de couleur rouge est adopté, au sein duquel trônent la houe et le marteau, à l'image ou presque de ce qui se fait à l'est de l'Europe, c'est naturellement contre la France que le nouveau régime dit "révolutionnaire" s'en va-t-en-guerre.

L'idéologie expliquerait-elle tout ? Certes, mais l'action congolaise s'inscrit, comme par hasard, dans ce courant de contestation générale qui parcourt, partout, l'Afrique francophone subsaharienne.

Le président Georges Pompidou, qui vient de succéder en 1969 au Général de Gaulle, fait face à sa première crise internationale avec la remise en cause quasi générale de la coopération franco-africaine : c'est, dès le début de 1972, en effet, que des cris s'élèvent un peu partout en Afrique pour contester la forme et le contenu des rapports traditionnels franco-africains[150].

Le président français va tenter de décrisper la situation en faisant, d'abord, une mise au point : la coopération offerte par la France est sans arrière-pensée et sans esprit de calcul :

"... Il n'a jamais été dans mes intentions, dit-il, de l'imposer à personne et elle est le résultat d'engagements réciproques librement consentis entre États souverains (...). L'intention de la

---

[150] Au sujet de la remise en cause de la coopération franco-africaine, se référer à la thèse de Doctorat de 3ᵉ cycle de M. Alphonse Nkouka : La Coopération Franco-congolaise, Paris I-Panthéon-Sorbonne, 1976, pp 35 et 39.

France est d'accorder à l'Afrique une priorité dans sa politique de coopération internationale..."[151].

Ensuite, il précise la nouvelle orientation de la politique française de coopération :

"... Il s'agit de compenser les servitudes géographiques et climatiques, ainsi que l'inégalité des ressources naturelles qui frappent plus gravement certains de nos partenaires en adoptant des dispositions appropriées dans le cadre du Fonds d'Aide et de Coopération (FAC) et en améliorant les conditions de nos prêts, notamment par la diminution des taux d'intérêt et l'allongement des délais de remboursement. L'aide française doit être mieux coordonnée pour être plus efficace. Il importe que notre politique de subvention et notre politique de prêts soient ainsi conçues de façon globale. Il convient, par ailleurs, et avec votre accord, que notre aide soit mieux adaptée aux réalités africaines et aux plans à long terme que vous pourrez établir[152]".

Enfin, il annonce une adaptation de la coopération : "... Notre coopération reposait sur des accords anciens. Ces accords sont très souvent dépassés dans la pratique, on peut même dire que dans tous les domaines, l'évolution a été telle que la pratique ne correspondait plus du tout à la lettre (...). Il est apparu que certains chefs d'État souhaitent que cette actualisation soit marquée de façon visible (...). Nous pouvons négocier de nouveaux accords, la coopération française ne prétend pas s'imposer (...). Il n'y a pas de monopole français en Afrique ni de monopole africain vis-à-vis de la France, mais il y a l'histoire et la géographie, la présence de l'Europe à côté de l'Afrique (...). Il y a une réalité géographique et historique et il y a même une réalité sentimentale entre la France et les États francophones. C'est pour ces raisons que nous maintiendrons toujours vis-à-vis des États francophones qui le voudront une certaine préférence. Et c'est pour ces raisons d'ailleurs que, lors des négociations pour l'entrée de la Grande-Bretagne dans le Marché Commun et lors de la Conférence de

---

[151] Cité par <u>Coopération et Développement</u> de nov. 1972, p.4.
[152] *Ibidem.*

Paris, j'ai maintenu avec la plus grande vigueur la Convention de Yaoundé et ses principes et ses réalités…"[153]

Comme s'il n'attendait que cela, le nouveau régime congolais emboîte le pas à la crise et n'y va pas de main morte : une mise au point est faite le 1er octobre 1969 par le président Marien Ngouabi lui-même : "… Nous formulons le vœu qu'un pays comme la France qui a beaucoup de devoirs et d'obligations envers le Congo, dont Brazzaville fut et demeure la Capitale de la France libre, accepte et respecte nos options fondamentales. Elle aura sa place de choix, ici (…). En ce qui concerne la coopération, il ne pourra y avoir de coopération véritable que lorsque les États qui établissent cette coopération seront indépendants et respecteront, les uns et les autres, la souveraineté de chaque État. Tous ceux qui entretiennent des relations avec nous doivent coopérer dans le respect de la pleine souveraineté de chaque État…"

La France aurait-elle manqué de respect envers les "options fondamentales du peuple congolais" ? En tout cas, cette fois-ci, on n'hésite plus à dénoncer le "néo-colonialisme" de la France : le Programme du Parti Congolais du Travail adopté en décembre 1972 et reconduit en janvier 1975 explique : "… La contradiction principale de l'étape actuelle reste sans contexte celle qui oppose le Peuple Congolais tout entier au capitalisme monopoliste étranger, et principalement à l'impérialisme français (…) qui contrôle l'économie nationale (…) et, en conséquence et de façon objective, la situation politique…"[154]

Certaines banderoles rouges visant l'Ambassadeur de France au Congo sont même déployées à Brazzaville avec les inscriptions suivantes : "… *Toi, l'ennemi du peuple, toi qui ne gobes pas le pouvoir populaire, toi l'agent local de l'impérialisme, tremble, car avec le pouvoir populaire ta dernière minute de suivie sonne…*"[155]

En septembre 1972, la République populaire du Congo décide de nationaliser les installations de Radio Brazzaville, véritable courroie de transmission de la culture française, estime-t-on.

---

[153] *Ibid.* p. 2-3.
[154] Afrique Contemporaine n°46, nov.-déc. 1969 ; pp 12-13.
[155] *Ibid.*

Et puis, point culminant vers lequel tendaient toutes ces manifestations, le Congo formule, enfin, sa demande de révision des accords, en octobre 1972, en dénonçant les Accords de 1960. Les négociations, comme nous l'avons vu, commencent dès novembre 1973 et aboutissent à la signature de nouveaux accords, en janvier 1974.

Notons, toutefois, que l'attitude congolaise n'est pas isolée ; elle est inséparable de ce mouvement de contestation qui soufflait dans bien des capitales africaines : c'est ainsi que l'incident de Lomé[156] ne sera pas ignoré des autorités congolaises, de même que les demandes de révision des accords formulées, presque au même moment, par les uns et les autres.

Cette volonté, le président mauritanien, Moktar Ould Dada, s'en fera, en quelque sorte, l'écho : "…Notre obsession, dira-t-il, c'est celle de l'indépendance. Nous voulons recouvrer notre souveraineté totale et nous sommes prêts à en payer le prix. Gamal Abdel Nasser disait que la seule condition qu'il fallait mettre à l'acceptation d'une aide c'était qu'elle soit sans condition (…). Nous n'acceptons pas l'idée que la France, parce qu'elle sent que nous avons besoin d'elle, nous impose ses vues…"[157].

En ce qui concerne la République populaire du Congo, les raisons de la contestation relevaient, également et en plus, d'un phénomène de politique interne à ce pays. En effet, pour les autorités congolaises, l'année 1973 avait marqué la fin de la première décennie dite "révolutionnaire". Le président Marien Ngouabi affirmait vouloir ouvrir une nouvelle décennie de l'indépendance et du développement économique, étape vers la création d'un État authentiquement socialiste. Indépendance nationale, tel sera, en quelque sorte, le mot d'ordre qui inspirera toute la politique congolaise. Dans les faits, cette prise de position se traduira par le retrait du Congo des organismes et institutions à caractère régional, comme l'Organisation Commune Africaine et Malgache (OCAM), liant, du point de vue politique et/ou

---

[156] Ce qu'on a appelé "incident de Lomé", c'est la demande de révision de la parité du Franc CFA formulée par le Général Eyadema au président Pompidou en visite officielle au Togo ; ce dernier l'avait estimée intempestive.
[157] *Le Mois en Afrique*, op. déjà cité, p.99.

technique, les États africains francophones à la France. Le président Ngouabi explique : "... Nous qualifions la politique française de "néocolonialiste", expliquons-nous. Dans les pays anciennement colonisés par la France, ont été mises en place, après l'indépendance, des structures administratives, militaires, ou économiques dominantes, qui favorisaient plus l'ancienne métropole que les jeunes États. Certains pays africains se sentent aujourd'hui encore liés à la France dans le cadre d'organisations internationales, telles que l'OCAM. Ils se croient obligés de se concerter au sein de ces organismes qui sont, en fait, contrôlés par l'ancienne métropole. C'est pourquoi nous avons, en 1963, renversé un régime qui dépendait complètement de la France. Aujourd'hui, au Congo, la domination néocoloniale s'exprime surtout dans les domaines économique et culturel. C'est contre cela que nous luttons, par la formation, notamment, de cadres nationaux. Sur le plan économique, tant que la balance commerciale avec la France restera déficitaire, nous continuerons à lutter. Nous estimons que les entreprises installées chez nous doivent profiter à la fois à ceux qui les ont installées et aux Congolais. Si le gouvernement français manifeste une mauvaise compréhension sur ce point, la coopération ne peut pas être bonne. Le Congo est dans une position de souveraineté nationale. Il ne s'agit pas de haine contre un peuple. Les Français installés ici n'ont d'ailleurs jamais rencontré un sentiment de ce genre. Dans la mesure où la France est capable de comprendre l'orientation anticapitaliste de la politique congolaise, la coopération peut se faire dans des conditions normales et excellentes..."[158].

La demande de révision des accords formulée par le Congo en octobre 1972, semble s'être inspirée de ces déclarations, et aussi - et c'est la logique même - de toutes ces transformations politiques, idéologiques, économiques, survenues au Congo et en France. Et, ce sera dans le "respect de la souveraineté de chaque État", comme se plaît à le répéter le président congolais, que seront négociés et signés les nouveaux accords de coopération.

Après donc tous ces soubresauts, un nouveau cadre de travail est, ainsi, défini. Mais, la situation avait-elle changé pour autant ?

---

[158] <u>Les Déclarations du Président Ngouabi</u> au journal *Le Monde* du 11 nov. 1976.

Allait-on, enfin, vivre cette véritable coopération se fondant sur l'intérêt réciproque des États concernés, sur l'égalité des droits, le respect des souverainetés et de l'indépendance de chacun, à l'exclusion de tout esprit néocolonialiste et de toute pression politique ?

Un parlementaire français tentera de répondre à la question : "... Les rapports franco-congolais demeurent étroits et confiants, et plutôt qu'une remise en cause radicale, le renouvellement des accords de coopération a constitué (...) une adaptation et une mise à jour des anciens textes..."[159].

C'est, effectivement, ce que l'on peut facilement constater quand on examine les différents nouveaux accords. Autrement dit, rien n'a changé quant au fond. À la limite, et malgré ce tapage verbal, il n'y a pas eu de remise en cause fondamentale des relations franco-congolaises ; mais au fait, était-ce possible ?

Ici apparaît l'une des nombreuses contradictions par lesquelles s'est souvent illustré le régime marxiste congolais : alors qu'il fera alterner des déclarations dures contre l'impérialisme français, le Commandant Marien Ngouabi lancera, en même temps, un appel de soutien à la France, parmi d'autres nations, il est vrai. La critique de la coopération s'est, en fait, développée moins avec le désir de rompre avec l'ancienne métropole que contre une certaine forme de coopération, héritière, à la vérité, de la colonisation.

Ainsi, quand bien même ils traceraient un cadre juridique nouveau dans les relations entre les deux pays, ces nouveaux accords ne changeraient, néanmoins, pas grand' chose au climat politique qui restait tendu entre la France et le Congo.

L'inondation de l'unique mine des potasses du pays est vue comme un sabotage des services secrets français. La rigueur du discours marxiste va jusqu'à forcer la France à réduire sérieusement son assistance au Congo ; la fin de règne du président Marien Ngouabi est dramatique : celui-ci est assassiné, le 18 mars 1977, dans la confusion générale.

Le président du Comité Militaire du Parti, Joachim Yhomby-Opango, qui lui succède, n'y pourra rien, face à la situation qui

---

[159] Propos de M. André Forens, rapporteur de la Commission des affaires étrangères, lors de la discussion des Accords franco-congolais.

s'est énormément détériorée. Malgré ses efforts, la confusion idéologique qui caractérise son régime ne concourt pas à l'amélioration du climat. Cela durera presque deux ans.

Quand Dénis Sassou-Nguesso se saisit du pouvoir, le 05 février 1979, le mot d'ordre est de sauver la "Révolution". Une mission est vite dépêchée, en juillet 1979, auprès de l'Union Soviétique afin que ce pays frère et allié vienne en aide à la "Révolution congolaise" menacée par une certaine ligne "droitière et liquidationniste" pro-impérialiste. Moscou écoute ce discours avec une oreille distraite, réaffirme son soutien de toujours au Parti Congolais du Travail, mais prétexte des impératifs budgétaires (tout était planifié à l'avance, là-bas) pour renvoyer aux calendes grecques l'assistance dont le Congo avait, urgemment, besoin.

Quand, de retour de Moscou, le chef du Département des Relations extérieures du PCT, Pierre Nzé, fait son rapport au Bureau politique du Parti, un malaise général, mêlé à une réelle consternation, se lit sur tous les visages. La décision est vite prise : il faut s'ouvrir vers l'Ouest et surtout vers la France[160].

Des signes d'apaisement sont ainsi donnés : le Congo marxiste et anti-impérialiste ne fait aucune déclaration contre la France qui vient de détrôner l'Empereur Jean Bedel Bokassa et d'installer, à Bangui, un certain David Dacko, sans avoir auparavant demandé l'avis du peuple centrafricain ; le Congo marxiste et anti-impérialiste qui a boudé, depuis leur création en 1973, les Sommets franco-africains, devenus depuis lors les Sommets des chefs d'État d'Afrique et de France ou Sommets France-Afrique, renoue, spectaculairement, avec ceux-ci ; certes, il y était présent depuis 1978, mais à un niveau de représentation inférieure ; désormais c'est le président Sassou-Nguesso en personne qui représentera le pays au plus haut niveau. Ainsi, le Congo reprend, peu à peu, sa place au sein des institutions francophones.

Le rapprochement franco-congolais s'accélère à partir de 1981. La visite du président François Mitterrand au Congo, en octobre 1982, est suivie par celle du président Sassou-Nguesso en France, en septembre 1983. L'extraordinaire chaleur de l'amitié franco-

---

[160] Ce sera le point de départ de ce qu'on a appelé "politique d'ouverture et de coopération tous azimuts".

congolaise surprend plus d'un observateur, quand, en février 1987, le président congolais effectue une visite d'État en France, la première d'un chef d'État congolais depuis 1960. Tout est, dès lors, définitivement scellé ; à tel point que lorsqu'en 1987, pour faire face à la rébellion du Capitaine Pierre Anga dans les maquis d'Owando, dans la partie nord du pays, le président congolais en appelle à la France pour l'aider à transporter des troupes dans cette localité ; le premier ministre français, Jacques Chirac, n'hésitera pas de donner satisfaction à son "ami".

Les conséquences économiques de cette lune de miel sont immédiates : l'aide publique française au Congo (concours financiers non remboursables) va s'accroître considérablement pour culminer, en 1987, à 748,06 millions de francs français[161].

Dès 1981, on parle de boom pétrolier au Congo. Le Congo serait subitement devenu un "Emirat Rouge". Les entreprises françaises se précipitent en masse dans le pays, parfois sans précautions particulières. Elf se taille la part du lion en disposant d'un domaine minier important et en concluant des contrats d'exploitation largement bénéfiques[162].

Dans l'euphorie du pétrole, le gouvernement congolais se lance dans un Plan quinquennal 1982-1986 très ambitieux. Son coût est estimé à plus de 1.000 milliards de francs CFA [163], basé essentiellement sur le pétrole. Les entreprises françaises des travaux publics se taillent la part du lion, en se voyant octroyer les principaux contrats.

La crise économique, qui surgit en 1984, révèle que la gestion des années 1979-1984 a été médiocre ; la distribution des revenus pétroliers ne s'est pas faite de manière harmonieuse ; l'équilibre politico-social entretenu, à coups d'intrigues, par le chef de l'État est vite rompu ; cela conduira à la rupture totale dès l'année 1989 qui sonne le glas d'un régime monopartisan autoritaire. On assiste, alors, à une contraction des échanges entre la France et le Congo et à un désengagement continu des sociétés françaises.

---

[161] Voir *Marchés Tropicaux et Méditerranées* n° 2248 du 9 décembre 1988 ; pp 3478 et sq.
[162] Ces contrats feront l'objet de vives critiques pendant la Conférence Nationale Souveraine (25 février -10 juin 1991).
[163] 1 franc français = 0,02 franc CFA à l'époque, avant la dévaluation.

C'est dans ce climat que se tient le 20 juin 1990, à la Baule (France), le 16e Sommet des chefs d'État de France et d'Afrique ; à la cérémonie d'ouverture, le président français, François Mitterrand, tient un discours qui surprend : le fameux discours de la Baule, dans lequel il établit une corrélation entre la Démocratie et le Développement. Désormais, l'aide française au développement sera plus ou moins conditionnée par l'avancée des États africains vers le pluralisme et la démocratie[164]. La France esquisse, ainsi, le nouveau cadre de ses relations à venir avec l'Afrique ; aussi cette vision nouvelle des rapports avec l'ancienne métropole vient-elle s'ajouter à un environnement international déjà peu favorable au régime de Brazzaville qui apparaît de plus en plus déstabilisé.

3.2-La Redécouverte de l'Amérique

En 1965, les relations diplomatiques sont suspendues avec les États-Unis d'Amérique ; conséquence directe d'une politique extérieure congolaise se nourrissant, essentiellement, d'anti-impérialisme, de slogans et de phobies. Le président Marien Ngouabi, dont le régime se veut puriste, emboîte le pas : les USA ne sont qu'un "tigre en papier", pour emprunter à une certaine image indochinoise.

Le président Joachim Yhomby-Opango qui comprend, mais sans oser le dire publiquement, que la survie de son régime dépend d'un certain pragmatisme en matière de politique étrangère, tente une première démarche en direction des USA ; une délégation est dépêchée à Bonn (RFA), en juin 1977, pour négocier la reprise des relations diplomatiques. Celles-ci reprennent effectivement, mais timidement : aider un régime marxiste équivaudrait à un "baiser de Judas" plaisantera, méchamment, un diplomate américain en poste à Brazzaville.

Lorsqu'en 1986, le président Denis Sassou-Nguesso se rend aux USA, en tant que président en exercice de l'OUA, il entend bien redynamiser une coopération qu'il croit "encore faible" entre les deux pays. Malheureusement, l'incident causé par son ministre des

---

[164] Voir plus loin Section 4.

affaires étrangères ne lui permet pas d'en discuter, en tête-à-tête, avec le président Ronald Reagan.

C'est la collaboration dans les négociations et la conclusion du Protocole de Brazzaville sur l'indépendance de la Namibie qui vont, semble-t-il, servir de déclic aux rapports congolo-américains. A cela, s'ajoute le fait que, depuis novembre 1989, le Congo a décidé de libéraliser son économie ; l'Ambassade américaine à Brazzaville justifie, dans un communiqué de presse, le regain d'intérêt américain au Congo dans la politique d'ouverture proclamée par le gouvernement et l'élaboration d'un code d'investissements plus favorable.

C'est dans ce climat de réchauffement des relations que le président congolais peut enfin se rendre en visite officielle aux USA. Celle-ci a lieu du 11 au 14 février 1990 et un accord de garantie des investissements américains est signé.

Ainsi, les États-Unis d'Amérique redeviendront l'un des principaux partenaires commerciaux du Congo. Ils achèteront presque 90% du pétrole congolais. Six compagnies pétrolières américaines exerceront dans le pays : Amoco, Conoco, Arco, Apache, Citizen's Energy, Chevron.

Il importe de rappeler qu'à travers l'Agence Américaine pour le Développement International (USAID), le gouvernement des États-Unis initiera, en 1979, un projet "d'Autosuffisance" et de "Droits humains" ; de mai 1984 à juillet 1987 sera exécuté le projet de "Lutte contre les maladies transmissibles de l'enfance" ; le Congo recevra, des États-Unis, un financement consacré à un projet de développement des ressources humaines et de la main-d'œuvre africaine. En plus d'une contribution appréciable à la lutte contre le Sida, les États-Unis vont entretenir, avec le Congo, des relations culturelles marquées, entre autres, par la formation des professeurs d'Anglais. Bien d'autres projets, comme la réalisation d'une rizière à Madingou et l'achèvement de celles de Mossendjo et d'Ewo, seront, également, envisagés.

4. Profession de foi idéologique avec les Pays socialistes

Le Parti Congolais du Travail a toujours et partout clamé haut et fort - idéologie oblige - le rapprochement du Congo avec ceux qu'il a toujours qualifiés de "pays amis". Le drapeau rouge, les uniformes et grades militaires, l'organisation du Parti, le discours politique… ont été autant de signes visibles de ce rapprochement proclamé.

Ces amis, ce sont principalement : les anciens pays socialistes de l'Europe orientale, Cuba, la République Populaire de Chine, et la Corée du Nord.

Ici, nous écartons la Chine qui a toujours été un cas particulier et dont la coopération exemplaire dans le domaine sanitaire, notamment, et autres infrastructures (Barrage, usine textile…) a toujours donné satisfaction aux Congolais.

Cuba, bras droit militaire de l'Ex-URSS s'est illustré plus particulièrement dans son assistance à l'armée.

La coopération avec la Corée du Nord a été insignifiante, sinon nulle.

Il reste donc le bloc européen et plus précisément son cerveau, l'Ex-Union des Républiques Socialistes Soviétiques (URSS), pour nous demander si ce rapprochement s'est réalisé dans les faits et dans le concret et s'il a eu un impact économique certain au Congo.

Si le bilan de la coopération soviéto-congolaise a été, aux dires des spécialistes, négatif au plan économique, c'est au plan politique que nous allons nous attarder en nous appuyant sur trois faits importants :

- La signature du Traité d'Amitié soviéto-congolais ;
- L'intervention soviétique en Afghanistan ;
- L'avènement de la Perestroïka.

4.1-Le Traité d'Amitié et de Coopération soviéto-congolais.

Nous avons analysé, dans les pages précédentes, le contenu de ce texte ; l'on n'y reviendra donc pas. Retenons seulement que ce document n'était ni un pacte militaire, ni un acte d'allégeance de l'inférieur au plus fort, comme plus d'un observateur le laisserait croire.

Il faut remonter, semble-t-il, aux circonstances qui ont conduit à la signature de ce traité pour en comprendre le pourquoi.

Rappelons que le président Marien Ngouabi avait refusé, à plusieurs reprises, aux Soviétiques deux doléances essentielles : la signature d'un accord de Pêche, et l'octroi d'une base navale à Pointe-Noire. Malgré certaines contraintes idéologiques (Internationalisme prolétarien oblige !) et le déploiement d'une batterie impressionnante de moyens de pression, le Commandant Marien Ngouabi était resté imperturbable. Le Congo est "non-aligné" et restera "non-aligné", répétait-il à ses interlocuteurs occidentaux qui seuls - il en était réellement conscient - pouvaient subvenir aux besoins réels et élémentaires du peuple congolais, par l'octroi de capitaux indispensables à la survie de son régime.

À l'avènement du président Yhomby-Opango, les Soviétiques ressortiront le même dossier et en feront un objet de chantage à la visite que celui-ci se proposera d'effectuer en Union Soviétique. Ils se heurteront à la même intransigeance. Le voyage sera, effectivement, reporté, à plusieurs reprises, pour, finalement, ne plus jamais avoir lieu.

Avec le président Sassou-Nguesso, le problème ressurgira. Mais le souci d'indépendance et le sens élevé de l'amour de la patrie l'emporteront sur un certain enthousiasme idéologique. Le scénario demeurera le même : le voyage en Union Soviétique sera plusieurs fois reporté. Sassou-Nguesso qui n'a, sans doute, pas oublié le refus soviétique de sauver la "Révolution congolaise", en juin 1979, restera insensible aux exigences des frères soviétiques. Le voyage aura tout de même lieu, du 12 au 17 mai 1981 ; un Traité d'Amitié et de Coopération est signé, le 13 mai 1981, et apparaît comme le résultat d'un compromis qui arrange tout le monde ; certes les Soviétiques n'auront ni base navale, ni accord de pêche, mais ils tiennent, idéologiquement, les Congolais ; sur ce plan-là, l'honneur sera sauf.

4.2 -L'intervention soviétique en Afghanistan

Le 27 décembre 1979, le 4e Bataillon d'Infanterie de Kaboul et des éléments de l'aviation capturent le chef du gouvernement afghan et l'exécutent sommairement ; Babrak Karmal, rentré deux mois plus tôt de l'Union Soviétique, prend le pouvoir. C'est le début de l'invasion de l'armée soviétique en Afghanistan et c'est la réprobation générale dans le monde entier.

À New York, l'Assemblée Générale des Nations Unies se saisit de l'affaire le 14 janvier 1980. Le vote qui s'en suit donne 104 voix pour, 108 contre et 17 abstentions, dont celle du Congo.

Face à cette intervention, le Congo va réagir en trois étapes.

- Il y a d'abord ce vote à l'ONU. Le chef de la délégation congolaise à cette session extraordinaire de l'Assemblée générale explique son vote "neutre" par la gêne immense et le malaise suscités dans les milieux des Nations Unies par l'intervention soviétique. Le malaise est ressenti au niveau du Groupe des Pays non-alignés et du Groupe africain où les "amis traditionnels" de l'URSS ne cachent pas leur désapprobation.
- Il y a ensuite la réunion du Bureau politique du PCT, le 19 janvier 1980, et dont la déclaration se résume comme suit :
  - Le vote à l'ONU est confirmé ;
  - Le Congo appuie la Révolution afghane et se félicite du soutien que d'autres pays amis, comme l'URSS, lui accordent ;
  - L'intervention soviétique est inacceptable ; car, quand bien même elle serait fondée en droit et sur le principe de l'internationaliste prolétarien, elle ne constitue pas moins, dans la forme et dans le fond, une pratique internationale dangereuse ; si celle-ci venait à être admise, elle servirait, à coup sûr, de prétexte aux pays impérialistes, pour voler au secours de leurs intérêts menacés, en intervenant dans les affaires des petits pays ;
  - La révolution est d'abord l'affaire d'un peuple ; aucun peuple ami ne saurait se substituer à un autre pour faire la révolution à sa place et, de surcroît, avec un arsenal impressionnant de chars et de canons ;
  - Le Congo réaffirme son soutien à l'Afghanistan ; l'Union Soviétique reste un grand ami du peuple congolais ; le vote à l'ONU ne saurait affecter cette amitié d'autant plus que, par le passé,

l'URSS et le Congo n'ont pas toujours eu la même position sur tous les problèmes internationaux ; à titre d'exemples : le Congo a reconnu la République Arabe Sahraouie Démocratique, alors que l'URSS, non seulement ignore ce pays, mais encore continue d'envoyer des chalutiers pêcher dans ses eaux, sur la base d'accords passés avec le Maroc ; le Congo, qui soutenait le GRUNK du Prince Sihanouk du Cambodge contre la clique de Lon Nol, n'avait jamais eu l'appui de l'URSS ; enfin, le Congo siège au Comité spécial des Nations Unies pour la révision de la charte, alors que l'URSS menace verbalement tous les pays qui oseraient toucher à la Charte ;

- Il y a, enfin, la mission d'information du PCT à Kaboul ; à la suite du remous causé par le vote à l'ONU et la réaction intempestive de l'Union de la Jeunesse Socialiste Congolaise (UJSC) soutenant l'intervention soviétique, le PCT envoie une mission en Afghanistan pour s'informer de la situation réelle sur le terrain. Elle conclura que les Soviétiques sont intervenus à la demande du Parti au pouvoir en Afghanistan, le Parti Démocratique du Peuple, et qu'il n'y a donc pas d'amalgame à faire entre les menées impérialistes des USA et l'acte, certes risqué, mais internationaliste de l'URSS ; le Congo ne saurait donc cautionner l'hystérie antisoviétique qui se développe à la faveur de l'affaire afghane.

Comme on le voit, sur l'Affaire afghane, "l'élève" n'a pas -tout en le ménageant, quand même - suivi, aveuglement, le "maître".

4.3 - Glasnost et Perestroïka au Congo

Lorsque le mur de Berlin (RDA) tombe le 9 novembre 1989, le monde entier, bouleversé, réalise enfin, l'ampleur et la puissance des idées de Mickaël Gorbatchev, Secrétaire général du Parti Communiste de l'Union Soviétique (PCUS).

Ces idées, plus connues sous les vocables de "Glasnost" et "Perestroïka", vont déferler sur le monde entier comme une traînée de poudre, comme l'avait prédit, d'ailleurs, le président François

Mitterrand[165]. C'est ainsi que l'on va parler de libération par-ci et de conférence nationale par-là. Les régimes totalitaires à parti unique tremblent, s'ils ne s'effondrent pas les uns après les autres, en Europe de l'Est comme en Afrique subsaharienne.

Le peuple congolais a senti le vent venir, mais le Comité Central du PCT n'ose pas débattre de la "Perestroïka", en son sein. La question est renvoyée aux calendes grecques, quand toute la documentation et toutes les informations sur la question seront réunies, murmure-t-on au sein du parti unique.

Ébranlé par la grève générale des travailleurs regroupés au sein de la Confédération Syndicale Congolaise (CSC), en septembre 1990, le régime continue d'ignorer ce qui de passe à l'Est et, aussi et déjà, sur le continent noir. La pression populaire se faisant de plus en plus forte, le Parti unique, qui avait été contraint, quelques mois auparavant, à accepter le multipartisme (mais à terme), renonce soudain à son rôle dirigeant ; il décide, alors, de l'instauration du multipartisme dans l'immédiat et annonce, au mois de décembre 1990, qu'une conférence des partis politiques aura lieu dès le début de l'année suivante.

La brèche est, ainsi, faite : le PCT ne contrôlera plus rien jusqu'à l'ouverture de la Conférence nationale souveraine, le 25 février 1991. Cet événement historique va emporter le régime et consacrer la réalité du processus démocratique au Congo ; la Perestroïka était bel et bien passée par là.

---

[165] Dans son Discours au 16ème Sommet des chefs d'Etat de France et d'Afrique, le 20 juin 1990, à la Baule (France), François Mitterrand avertit en effet les participants que "Le souffle de la Démocratie fera le tour de la planète" ; il associe cette démocratie à plus de liberté, par ce que, selon lui, "elle est fondée sur un système représentatif, avec élections libres, multipartisme, liberté de la presse, indépendance de la magistrature, refus de la censure... Il ajoute – et c'est ce que l'on appellera la prime de la démocratie- que " La France liera tout son effort de contribution aux efforts qui seront accomplis pour aller vers plus de liberté".

QUATRIEME PARTIE :

LA DIPLOMATIE DU PÉTROLE ET DE LA GUERRE

(1991-2010)

La Conférence nationale souveraine qui, après moult tractations et diversions du régime en place, s'ouvre effectivement le 25 février 1991 va durer jusqu'au 10 juin 1991 ; elle suscite auprès de la population un engouement tel que, pendant trois mois, les Congolais vont se mettre à rêver d'un monde meilleur et à croire fermement que ce rendez-vous inespéré va poser les bases réelles des libertés dont ils étaient privés depuis longtemps ; c'est, semble-t-il, un horizon de paix, d'équité, de progrès et surtout de démocratie fondée sur des élections libres et transparentes, qui s'ouvre à eux, enfin !

C'est, donc, dans l'euphorie générale que ce grand forum va déboucher sur la mise en place d'une période de transition de douze mois, avec des institutions provisoires devant gérer le pays, à savoir, notamment : un Exécutif composé d'un président de la République et d'un gouvernement de Transition avec un Premier ministre aux pouvoirs élargis ; et un Parlement de Transition portant le nom de Conseil Supérieur de la République.

La transition donnera naissance, en août 1992, à des institutions démocratiquement élues, mais qui hélas, après cinq ans, n'auront pas réussi à asseoir définitivement la démocratie dans le pays, puisqu'elles sont renversées, à la suite d'une guerre civile meurtrière, en octobre 1997 ; le régime qui succède à cette brèche démocratique va, d'abord, chercher à panser les plaies de la guerre et surtout asseoir un pouvoir qui prend des airs de déjà vu, puisque le nouveau chef de l'État et la plupart de ses collaborateurs ne sont autres que les caciques du PCT, ceux-là mêmes qui ont été les principaux animateurs des années, si décriées, du monopartisme.

Tels peuvent se résumer, en effet, les moments forts de cette longue période qui va de 1991 à 2010 ; c'est une période assez tumultueuse, il est vrai ; c'est, en tout cas, l'une des pages les plus agitées de l'histoire congolaise ; car, pendant que la classe politique semble décidée à tourner la page de la dictature du parti unique et à s'ouvrir à la démocratie, la guerre civile fait son apparition dans sa forme la plus brutale et la plus sanglante, en 1993, 1994, 1997, 1998, et 1999 ; la relation entre démocratie (entendre prosaïquement et en abrégé : élections libres et transparentes) et violence devient, dès lors, évidente. Mais la démocratie est-elle la cause essentielle des expulsions, déplacements forcés, pillages, brutalités, tueries, exécutions sommaires, cruautés, viols, et humiliations qui vont être le lot des Congolais en ces années de braise ? Ou bien, les faits de guerre ne sont-ils que la conséquence de la longue lutte acharnée que se livrent les intérêts de castes, à travers le contrôle de l'appareil d'État, aux fins de la mainmise sur les ressources naturelles - ici le pétrole - dont regorge le Congo ?

L'analyse nous le dira ; elle dira aussi si la démocratie et le pétrole peuvent faire bon ménage ou si la diplomatie n'a été pendant cette période qu'un ensemble de règles destinées à gérer les rapports du pétrole et de la violence.

Nous examinerons, donc, tour à tour, ces moments de la manière suivante :
- La période de Transition (1991-1992) ;
- Le règne du président Pascal Lissouba (1992-1997) ;
- Le retour aux affaires du président Denis Sassou-Nguesso, à partir d'octobre 1997.

CHAPITRE PREMIER :

CONFÉRENCE NATIONALE, DÉMOCRATIE ET DIPLOMATIE

Sous-tendues par 289 Actes à exécuter en douze mois, afin d'asseoir, définitivement, la Démocratie et l'État de droit au Congo, deux missions essentielles étaient confiées au gouvernement de transition par la Conférence nationale souveraine[166] :
- Préparer et organiser les différentes échéances électorales, jusqu'à la mise en place des institutions définitives de la République, issues d'une pratique démocratique effective ;
- Amorcer le redressement économique et financier du pays par l'assainissement des finances publiques et la restructuration de la fonction publique et des entreprises d'État.

Après 14 mois, au lieu de 12 comme prévu, de durée de vie du gouvernement de Transition, le Premier ministre André Milongo en dresse le bilan suivant : "… Le bilan du travail accompli est clair et sans ambigüité. Certes tous les Actes de la Conférence nationale souveraine n'ont pas tous été exécutés, pour des raisons évidentes que vous connaissez et dont vous avez été, par moment, les témoins oculaires ; mais 85% l'ont été, grâce à votre détermination et votre soutien sans faille… Nous sommes définitivement dans l'État de droit ; celui-là même qui a mis hors-la-loi l'arbitraire, l'injustice, la gabegie, le vol, le culte de la personnalité, la tyrannie, l'hégémonie d'une tribu ou d'une région. Finis donc ces spectres du passé, bâtissons désormais, ensemble,

---

[166] En dehors des Actes qui constitueront en quelque sorte la feuille de route du gouvernement, la Conférence Nationale Souveraine, va mettre en place les organes suivants de la Transition: un Exécutif avec un président de la République dépouillé de la plupart de ses prérogatives et un premier ministre tout puissant, chef des Armées et qui nomme les ministres; un Conseil Supérieur de la République, Parlement de Transition, pour voter les lois.

dans l'unité de toutes les filles et de tous les fils du pays, un Congo de la Liberté, de la Dignité et de l'Honneur... Nous devons renaître et vivre, désormais, dans la nouvelle culture démocratique qui fait, de chacun de nous, un citoyen libre et vertueux... "[167]

Pour André Milongo, la période de transition a été, étonnamment, paisible et sans violence outre mesure, malgré, "... des moments particulièrement agités, marqués par des remous sociaux de toutes sortes : grève du secteur bancaire, grève de la Direction des impôts, grève des étudiants, grève dans les Départements du Commerce, de la Culture, de l'Agriculture des Eaux et Forets, des Mines et Énergie... De plus, il y a eu les injonctions du Conseil Supérieur de la République qui m'ont amené à changer, par trois fois, la composition de l'équipe gouvernementale. Il y a eu, enfin, les regrettables événements politico-militaires du mois de janvier... Autant d'entraves qui n'ont pas toujours facilité la sérénité et la continuité de l'action gouvernementale..."[168]

Monsieur André Milongo se dit fier d'avoir accompli sa mission et d'avoir déjoué tous les pièges et toutes les difficultés "...dont l'objectif plus ou moins avoué, déclare-t-il, était de faire échec à la Transition et de bloquer le processus démocratique ; nous avons réussi à sauver l'essentiel : la paix, la consolidation des acquis de la Conférence nationale souveraine, l'irréversibilité du processus démocratique..."[169]

Si le Premier ministre de Transition est satisfait des résultats obtenus dans l'ensemble, et si l'amarrage de la démocratie a été sans violence, il demeure cependant conscient de la fragilité de ce qui a été bâti depuis la Conférence nationale souveraine ; c'est pourquoi il va terminer son message par une mise en garde : "...Je suis sûr que vous serez à la hauteur de ces valeurs qui nous ont toujours caractérisés, en restant vigilants contre toute velléité hégémonique, contre toute survivance monopartite et contre toutes formes de dictature nouvelle..."[170]

---

[167] Message de fin de mandat de Monsieur André Milongo, premier ministre, chef du Gouvernement de Transition en 1992.
[168] *Ibidem.*
[169] *Ibid.*
[170] *Ibid.*

Dans ce message, André Milongo met le succès de la Transition, plus à l'actif du peuple congolais, qu'à un appui quelconque de la communauté internationale. Cela peut se comprendre dans la mesure où l'ensemble des Actes de la Conférence étaient plutôt tournés vers les préoccupations intérieures qu'extérieures. Toutefois, l'action diplomatique ne sera pas oubliée, la Conférence nationale ayant pris des Actes spécifiques à la politique extérieure.

À cet effet, la Conférence nationale souveraine avait, d'abord, fait un bilan critique de l'action diplomatique du PCT, comme tantôt frisant l'improvisation, tantôt sombrant dans l'incohérence, et, ensuite, dressé un réquisitoire sévère contre la diplomatie congolaise : pour la Conférence nationale, cette action diplomatique était souvent ballottée entre le souci de défendre les intérêts du peuple, et celui de se soumettre aux rigueurs d'une idéologie contraignante ; dans ce contexte, la diplomatie congolaise a connu des hauts et des bas ; si, à l'actif de la diplomatie du PCT, le Congo s'est fait du crédit au plan international surtout du fait de son action en Angola et en Namibie, faute d'actions de suivi, cependant, il n'en a pas tiré grand profit ; de même, si l'intransigeance sur les convictions idéologiques a révélé que les Congolais sont un peuple sérieux, responsable et en qui l'on peut faire confiance, la misère et la désorganisation de la diplomatie congolaise ont, toutefois, fait voler en éclats tous les mérites et tous les acquis précieux.

Pour la Conférence nationale souveraine, la diplomatie congolaise était encore introuvable : se basant, d'une part, sur le fait que toute diplomatie suppose une pratique et surtout une tradition , tradition reposant elle-même sur des fondements qui sont les principes, une bonne organisation et, surtout et bien évidement, des hommes[171] constituant un corps, et considérant, d'autre part, que ce corps qui n'est pas et ne doit pas être une corporation, est l'élément fondamental à partir duquel toute organisation est possible, la Conférence nationale avait conclu que ce corps de métiers était presque inexistant au Congo ; aussi, demandait-elle à

---

[171] Ceux qu'on a coutume d'appeler les diplomates et qui forment un corps, le corps du personnel diplomatique et consulaire.

ce qu'il soit réorganisé, son statut, datant de 1961, étant anachronique et désuet. Dès lors, toute activité menée dans un tel contexte ne pouvait que souffrir d'improvisation, d'à-peu-près, de pilotage à vue et de bricolage.

Ayant pris conscience que le monde de demain serait un monde de compétition âpre au plan économique, et de lutte pour la survie de l'espèce, la Conférence nationale souveraine était convaincue que ne gagneront et ne gagneront seuls que ceux qui auront su organiser leurs ressources humaines et placer au cœur de l'action, l'Homme, rien que l'Homme. Par ailleurs, la Conférence nationale reconnaissait que le Congo est un petit pays par ses dimensions, son économie et sa population, et que par conséquent il ne pouvait prétendre jouer les premiers rôles dans l'arène internationale ; cependant, ce réalisme n'empêchait pas de croire que, pour son développement socio-économique, son existence et sa survie, le pays avait des intérêts permanents à sauvegarder dans le concert des nations libres ; de ce fait et en vue de redorer le blason de la diplomatie congolaise, la Conférence nationale souveraine préconisait des mesures concrètes afin qu'elle soit réellement une diplomatie consciente, responsable, réhabilitée, sérieuse, pensée, conduite et gérée par des personnes véritablement aptes à la profession ; ces mesures se définissaient à travers les axes stratégiques ci-après :

1. **Principes directeurs**

Le Ministère des Affaires étrangères et de la Coopération du gouvernement de Transition avait pour mission principale de promouvoir les relations avec le monde extérieur, sur la base des orientations claires qui furent alors dégagées : la directive était de se débarrasser, définitivement, de certains principes à contenu idéologique, comme l'internationalisme prolétarien, la coopération privilégiée avec les démocraties populaires pour le triomphe du socialisme dans le monde, et de se focaliser sur les principes généraux suivants :

- Libre coopération sur la base des avantages réciproques et dans le respect des souverainetés ;
- Bon voisinage, solidarité et paix régionales ;

- Coexistence pacifique et attachement aux idéaux et principes contenus dans la Charte des Nations unies et la Charte de l'OUA : indépendance nationale, paix, liberté, justice, règlement pacifique des différends… ;
- Intégration régionale et continentale : affirmation de la vocation africaniste du Congo ;
- Non-ingérence dans les affaires des autres États et non-alignement ;
- Condamnation de toutes formes de discrimination (race, religion…), de domination et d'oppression ;
- Renforcement de la collaboration avec les ONG ;
- politique de placement des cadres nationaux dans les organisations internationales.

2. **Missions nouvelles**

Dans le contexte politique nouveau, des mesures urgentes devaient être prises ; en plus du mandat classique de "Représentation", de "Négociation" et de "Protection", le Ministère des Affaires étrangères se voyait, en effet, confier des missions nouvelles :
- Mener une politique de sensibilisation et de remise en confiance ;
- Redorer le blason du pays ;
- Dénoncer les accords à contenu idéologique et réaffirmer l'attachement de la République aux principes chers à la Charte de l'ONU et à celle de l'OUA ;
- Amorcer une véritable politique d'ouverture s'inscrivant dans le contexte international nouveau, et respecter les engagements pris, selon le principe de la succession des États et, donc, de la continuité.

3. **Modalités de mise en œuvre des principes et des missions nouvelles**

Pour la Conférence nationale souveraine, le travail devait se faire, tout d'abord, au niveau des organes de conception et d'exécution ; il était proposé d'éviter la multiplicité de ces organes et de viser l'efficacité avec une bonne centralisation des initiatives : la Présidence de la République et le Ministère des Affaires étrangères et de la Coopération seraient les organes de conception par excellence ; la coordination de toute activité diplomatique et de coopération devait, par contre, incomber au ministère des affaires étrangères, seul ; les autres ministères jouant le rôle de départements techniques spécialisés. Pour jouer, pleinement, son nouveau rôle, le ministère des Affaires étrangères devait, en conséquence, être renforcé ; d'abord au plan structurel : une administration centrale légère, mais efficace (Cabinet, Secrétariat général, trois à quatre grandes Directions) et un siège permanent digne et véritable vitrine du pays, au lieu de squatter au Palais du Parlement dans des conditions peu convenables ; ensuite au plan des ressources humaines : il fallait régler rapidement, d'une part, la question du cadre juridique, c'est-à-dire, le Statut du corps du personnel diplomatique et consulaire, et, d'autre part, les problèmes de formation : certes, il était nécessaire de continuer à former les cadres, mais en évitant, autant que faire se peut, ce que l'on pourrait appeler les formations de généralistes jusqu'alors en vigueur ; la priorité était de former des spécialistes dont le ministère avait, urgemment, besoin dans tous les domaines ; le nouvel environnement international l'exigeait expressément.

Parvaileurs, il devait être créée, au sein du ministère, une cellule d'analyses et de prospective chargée de réfléchir sur le rayonnement du pays à l'extérieur, ainsi que sur toute question de portée internationale intéressant le Congo.

La Conférence nationale souveraine s'était, également et abondamment, penchée sur la situation, jugée peu réjouissante, des missions diplomatiques congolaises ; comme première mesure proposée, une nouvelle carte diplomatique devait, rapidement, être redessinée ; cependant, l'implantation de nouvelles missions diplomatiques congolaises et/ou la suppression de quelques-unes d'entre elles devaient se faire en tenant compte aussi bien des capacités à bien gérer ces structures, que des intérêts réels du Congo à défendre dans les pays d'accréditation ; une réduction du nombre des ambassades, pour des raisons économiques et d'efficacité (qui trop embrasse mal étreint), était vivement souhaitée ; à cette fin, et pour assainir la situation chaotique desdites ambassades, des audits devaient être diligentés avant tout nouveau mouvement diplomatique ; véritable inspection en profondeur des missions diplomatiques congolaises, ces audits devaient avoir pour objet essentiel de procéder à l'état des lieux et de faire le point et toute la lumière possible sur tous les problèmes pendants dans ces missions : arriérés, dettes, état du matériel, atmosphère de travail, comportement du personnel, efficacité, etc. ; des solutions concrètes et des mesures d'assainissement draconiennes devaient être proposées en conséquence. Un rappel systématique des diplomates en poste devait être organisé avant l'envoi des nouveaux ; les nouvelles structures des missions diplomatiques congolaises devaient être plus légères : 3 à 4 diplomates selon les pays, et arrêtées une fois pour toutes ; un mouvement diplomatique se ferait, désormais, de manière cyclique ; le séjour dans une mission ne pouvait excéder trois (3) ans, sauf pour les ambassadeurs.

À propos des nominations dans les ambassades, des critères stricts devaient être observés : il y a certes les critères conventionnels : la compétence, l'expérience, mais il fallait aussi tenir compte désormais d'autres critères liés à l'éthique, à l'intégrité, à la probité, bref au comportement social des individus, c'est-à-dire : la bonne moralité.

Pour éviter les nominations arbitraires et les erreurs dans l'attribution des postes qui ne correspondraient pas au profil des individus, l'on devait procéder, systématiquement, à la "Description de poste", c'est-à-dire définir, clairement, le profil et les qualifications requis pour chaque poste ; ceci à tous les niveaux, du planton au ministre-conseiller, en passant par le chef de division, l'attaché d'ambassade, etc., jusqu'à l'ambassadeur lui-même. Cette description serait assortie de "Termes de référence ", c'est-à-dire l'ensemble des tâches à accomplir et des missions à assumer à un poste donné.

Il est à noter que seuls les cadres du personnel diplomatique et consulaire seraient concernés par les différentes nominations. Toutefois et en cas de nécessité, il était admis de faire appel à des cadres "étrangers" au corps, mais en fonction des besoins et dans une proportion ne dépassant pas le tiers ; quelques postes seulement devaient être concernés, comme ceux de techniciens, voire ceux d'ambassadeurs.

Enfin, le port du passeport diplomatique devait être mieux réglementé afin de mettre fin à des pratiques impropres à la diplomatie.

Ce que la Conférence nationale souveraine n'avait cependant pas évalué, c'est le coût financier de cette sorte de "feuille de route" de la nouvelle diplomatie congolaise ; empêtré dans des difficultés financières énormes, le gouvernement de Transition ne disposait pas de moyens nécessaires à une telle réforme coûteuse, il est vrai, et dont certains résultats ne pouvaient être visibles dans l'immédiat ; c'est à juste titre qu'il s'était limité à un bilan très mitigé de sa gestion des Actes y relatifs : "Au plan diplomatique et en dehors de la stricte application des Actes de la Conférence nationale souveraine, le gouvernement de transition a développé une démarche d'ouverture sur l'extérieur ; il a amorcé une coopération avec les pays scandinaves et développé des contacts informels et prospectifs avec la République sud-africaine. Par ailleurs, le mouvement dans nos Représentations diplomatiques à l'étranger s'est limité à l'affectation de ministres-conseillers en France, en Belgique, au Sénégal, au Zaïre et aux États-Unis"[172].

Comme on le voit, le gouvernement de Transition s'était très peu investi dans l'application des Actes liés à la diplomatie ; la complexité des problèmes rencontrés, le manque de ressources financières en ont, sans doute, été parmi les causes essentielles. Mais le chemin était balisé, aux institutions démocratiques nouvelles de prendre le relais et de continuer la voie de l'ouverture ainsi amorcée.

---

[172] In : Rapport Général du Gouvernement. Point sur la période de Transition, p.11, août 1992.

CHAPITRE DEUXIÈME :

LA DIPLOMATIE DU PRÉSIDENT PASCAL LISSOUBA : CONTINUITÉ ET RUPTURES

Lorsque le 31 août 1992, le Professeur Pascal Lissouba prête, solennellement, serment comme deuxième président du Congo élu démocratiquement pour cinq ans, après l'Abbé Fulbert Youlou, rien ne laisse présager qu'il aura un mandat électoral particulièrement agité, avec motions de censure contre son gouvernement, création de milices, guerres civiles à répétition, dont la plus sanglante (celle de 1997) mettra fin à son règne.

Au cœur de ce quinquennat dramatique, l'on retiendra, particulièrement : la gestion du pétrole, les relations tumultueuses avec la France (du fait justement de la gestion de la manne pétrolière), les liaisons dangereuses avec son prédécesseur, Denis Sassou-Nguesso, et un environnement régional agité et en proie aux rébellions (cas du Zaïre, de la RCA, du Tchad et de l'Angola).

1. Pétrole et Diplomatie

Lors de son discours d'investiture, le président Pascal Lissouba se place, d'emblée, dans la continuité des idées-forces de la Conférence nationale souveraine, mais tout en rassurant le camp de Denis Sassou-Nguesso, son allié de circonstance ; ce sera, commente-t-on dans les milieux diplomatiques, une diplomatie de la rupture, certes, comme l'exigent encore certains Actes de la Conférence nationale souveraine, mais surtout dans la continuité de ce qui a été fait par le PCT, lequel revient ainsi au pouvoir avec lui.

Mais, lorsque son premier gouvernement est publié, à une heure tardive, dans la nuit du 7 septembre 1992, ce qui frappe et surprend, ce n'est pas seulement la vacance de deux postes réservés au PCT avec lequel l'UPADS a signé un accord de gouvernement[173], mais surtout la création d'un ministère des Affaires étrangères et des Hydrocarbures. Interrogé sur cette nouveauté assez rare dans les annales de la diplomatie congolaise, le tout nouveau ministre à ce poste, Mr Benjamin Bounkoulou, parle de "domaine réservé".

Est du domaine réservé, en effet, ce que l'on appelle, selon la tradition gaullienne, les matières premières stratégiques ; or le pétrole au Congo en est, effectivement, une, depuis qu'avec le second choc pétrolier des années 80 cette matière première est devenue la première richesse du pays ; ceci expliquerait donc cela.

Dans ces années de boom pétrolier, le pouvoir de cette époque, sous les commandes de Denis Sassou-Nguesso, s'était, en effet, mis à dépenser sans compter et à emprunter à tout-va, gageant et hypothéquant les recettes pétrolières pour plusieurs années ; la dette congolaise atteindra 4,6 milliards de dollars en 1987, plaçant ainsi le Congo en état de cessation de paiements, et faisant de lui, le pays le plus endetté du monde[174]. Le gouvernement de Transition ne fera pas de miracles ; malgré sa volonté de restructurer la dette et de rembourser un certain nombre d'arriérés, ou encore de payer les salaires des fonctionnaires, il ne trouvera pas mieux que de s'endetter encore, lui aussi, auprès d'Elf qui venait de découvrir Nkossa, le plus gros gisement pétrolier du pays. Incontournable, Elf était devenu un État dans l'État, une forteresse inexpugnable.

Face à la situation économique calamiteuse dont il hérite, le nouveau président découvre le poids de cette denrée si précieuse et si sensible au Congo, ainsi que la place de choix qu'elle occupe dans la vie politique ; aussi voudrait-il prendre la question du pétrole à bras-le-corps, en tentant d'en devenir le seul maître. Car, s'il est conscient que l'or noir n'apporte en Afrique que malédiction, misère et conflits, il a aussi la certitude que bien gérée, la manne pétrolière peut faire des miracles, et… pourquoi pas, lui permettre de réaliser, enfin, sa folie secrète : faire du Congo " une petite Suisse". Son vœu inavoué est certainement de

---

[173] Le Président Pascal Lissouba a, en effet, été élu avec le soutien du président sortant, Denis Sassou-Nguesso.
[174] Chiffre donné par Xavier Harel, in <u>Afrique, Pillage à huis clos</u>, p.55; Fayard, Paris, 2006.

briser la malédiction de l'or noir qui "mine les institutions, ruine les avancées démocratiques, ancre au pouvoir des despotes et alimente une corruption débridée", selon le mot même de Xavier Harel[175], et de soumettre Elf à sa seule volonté ; c'est donc, en d'autres termes, un seigneur généreux[176], aux idées nobles, qui aborde son quinquennat presque dans l'euphorie de la Conférence nationale souveraine. Là où la Transition a échoué - avec les audits pétroliers -[177], Pascal Lissouba veut réussir et mettre à genoux la toute puissante compagnie Elf.

L'une des premières mesures qu'il prend, en effet, c'est de mettre cette société en concurrence avec d'autres compagnies pétrolières : les compagnies américaines notamment et OXY en particulier. Les contrats de partage de coût remplacent les régimes de concession jusque-là en vigueur, au grand dam d'Elf; ainsi, la part des recettes versées à l'État va passer de 17 à 33 %. Malgré cette avancée, les difficultés financières vont s'accumuler et les besoins d'argent se faire plus pressants, d'autant plus qu'il faut faire face à la guerre civile dès 1993. Devant l'intransigeance d'Elf qui, une fois de plus, refuse d'aider à payer les salaires des fonctionnaires, le président Lissouba se tourne vers OXY pour un prêt d'un milliard de dollars US, à gager sur la production pétrolière future ; intrigué, Elf avance, à son tour, 180 millions de dollars sur la production future de Nkossa. Obnubilé par cette masse d'argent, Lissouba, au lieu de régler ses créanciers, offrir la petite Suisse aux Congolais qui attendent toujours leur part, va se livrer, à son tour, à une boulimie de l'endettement, pour les seuls besoins de la guerre et de l'enrichissement effréné auquel se livrent les potentats du régime ; l'or noir congolais est gagé ici et là ; les parts de l'État dans Elf-Congo sont bradées à Elf, pour 270 millions de dollars, soit 4 à 16 fois en dessous de leur valeur réelle,

---

[175] Xavier Harel, *op. cité ut supra*, p.277.
[176] Le chef de l'État congolais, inaugurant le gisement pétrolier de Nkossa, le 22 novembre 1996, lancera la fameuse phrase : "Tout le monde aura sa part", c.-à-d. que chaque congolais devrait bénéficier des retombées du boum pétrolier en perspective.
[177] La Conférence Nationale Souveraine avait en effet exigé un audit sur l'or noir; Elf et Agip vont refuser de coopérer et vont bloquer l'aboutissement des travaux du cabinet Arthur Andersen commis à cet effet.

selon Xavier Harel [178], sans doute pour amadouer cette superpuissance à l'approche de l'élection présidentielle ; mais il est trop tard semble-t-il, le mal est déjà fait et Elf a déjà pris son pari de se débarrasser d'un chef d'État devenu gênant et encombrant.

Ainsi, le bras de fer avec Elf va empoisonner tout le quinquennat de Pascal Lissouba et l'odeur du pétrole le polluer complètement ; s'il prétend devenir le maître incontesté de la manne pétrolière, le chef de l'État congolais n'en sera, ni plus ni moins, que l'instrument malheureux qui finira par l'emporter, lui et toute son équipe. Quand, en effet, éclate la guerre du 15 juin 1997, Elf se détourne facilement de cet homme dangereux qui a osé remettre en cause sa suprématie en terre congolaise, pour se tourner vers celui qui favoriserait davantage les intérêts d'un système soutenu jusqu'à l'Élysée.

2. Relations avec la France

Rien ne pouvait être plus francophile que Pascal Lissouba, marié à une Française et formé dans les plus belles écoles et universités françaises ! De plus, lors de ses démêlées politiques[179], il n'aura dû son salut qu'à l'intervention des scientifiques internationaux et surtout à la pression de ses collègues universitaires français.

Dans son livre intitulé : Congo : Les fruits de la passion partagée[180], Pascal Lissouba consacre un chapitre entier à ses relations amoureuses avec la France et se dit tout devoir à ce pays : " Si je suis devenu le premier docteur ès Sciences du Congo, si j'ai pu travailler pendant plusieurs années à Paris dans l'institut de recherche le plus prestigieux du monde, dans une université de renom, dans un hôpital de Créteil dont le nom sonne comme une référence aux oreilles des médecins les plus célèbres…, je le dois aussi à la France. Je ne l'oublie pas et souhaite qu'elle ne l'oublie pas quand certains s'acharnent à lui démontrer le contraire "[181].

---

[178] *Op. cité ut supra*, p.59.
[179] Pascal Lissouba sera à maintes reprises mis en prison et condamné à mort par le régime marxiste du PCT.
[180] Publié aux Editions Odilon Media, Paris 1997.
[181] *Ibid.* chap.15, p.223.

Mais, s'il affiche un " *Je t'aime... moi non plus* " qui paraît sincère (" ma première épouse était de nationalité française ; ma seconde épouse est aussi française ; si je devais vraiment éprouver des sentiments anti-français, ma vie conjugale devrait être un enfer ; il n'en est rien "[182]), il avoue, cependant, avoir connu des orages comme ces *Vieux Amants* de Jacques Brel qu'il cite ; mais les orages ne sont jamais éternels, reconnaît-il.

C'est ainsi que, lorsqu'éclate la première guerre civile en 1993, la France soutient le gouvernement de Lissouba, d'abord du bout des lèvres, ensuite totalement. Mr Michel Roussin, ministre français de la coopération, fera même partie des facilitateurs à l'Accord de Libreville d'août 1993 qui met fin à la crise et dicte les modalités de reprise des élections législatives anticipées dans les circonscriptions en ballotage. Cependant, cette sorte de lune de miel sera de courte durée, car vers la fin de l'année, à la suite de la dégradation de la situation au Congo, le Quai d'Orsay laisse entendre que les festivités prévues à Brazzaville en 1994, à l'occasion du Cinquantenaire de l'Appel du Général de Gaulle, seront reportées ; de plus, Mr Michel Roussin ne met pas de gants pour déplorer, ouvertement, ce qui se passe à Brazzaville et met en cause les qualités de chef d'État du président congolais... C'est l'incident diplomatique inévitable ; il est, heureusement et vite, désamorcé lors de la visite à Paris du ministre congolais des affaires étrangères, porteur d'un message du président Lissouba. Mais les festivités du Cinquantenaire de la Conférence de Brazzaville n'auront toujours pas lieu au Congo ; elles sont officiellement reportées, pour des raisons d'insécurité, et déplacées à Paris, pour le 28 janvier 1994 ; le Congo y sera représenté par le président du Sénat et le Premier ministre.

Afin de dissiper tous les nuages et tous les malentendus et ainsi décrisper la situation, le président Pascal Lissouba entreprend une visite de travail en France, à partir du 6 mars 1994. Les relations sont, cette fois, normalisées, à tel point que, en juin 1994, au 30e Sommet des Chefs d'État et de gouvernement de l'OUA, le président congolais apporte son appui à la proposition française d'intervenir au Rwanda et s'engage à y envoyer des militaires

---

[182]*Ibid*. p.222.

congolais aux côtés des troupes françaises ; sur la lancée, Brazzaville accueille la réunion des ministres des Finances des pays de la Zone-Franc, du 14 au 15 septembre 1994, pour faire le point de la dévaluation du Franc CFA ; la France y est représentée par les Ministres Alphandéry des finances et Roussin de la coopération. Deux mois plus tard, le 6 novembre, Pascal Lissouba rejoindra ses pairs au 18e Sommet des Chefs d'État de France et d'Afrique, qui se tient en France, dans la ville de Biarritz.

Le réchauffement des relations franco-congolaises va continuer avec l'élection de Mr Jacques Chirac à la présidence française, le 7 mai 1995 ; c'est ainsi que Pascal Lissouba se rend à Libreville, le 22 juillet, en compagnie des chefs d'État d'Afrique centrale, pour saluer et féliciter le nouvel homme fort de l'Élysée : une autre façon de faire allégeance ? Comme en signe de réciprocité, Jacques Chirac laisse entendre qu'il effectuera, à son tour, une visite officielle au Congo, en juillet 1996, au même moment qu'aura lieu à Brazzaville, l'Assemblée Internationale des Maires Francophones (AIMF), dont il est encore le président en exercice.

Cette visite apparaît comme l'apogée des relations franco-congolaises de l'ère moderne ; certes il est venu François Mitterrand, mais après le Général de Gaulle, jamais une visite de chef d'État français n'aura connu autant d'engouement.

Ce 17 juillet 1996, le président français arrive, en effet, au Congo, venant de Franceville (Gabon). Objet d'un accueil délirant, il est salué par les Brazzavillois comme l'héritier du Général de Gaulle pour les uns, ou comme le fils spirituel de celui-ci pour les autres. A ce titre, il est reçu avec des honneurs spéciaux qui frisent une réelle dévotion à la France. Au cours des toasts, le chef de l'État français cache mal son émotion de se trouver à Brazzaville que "… Le Général de Gaulle qualifia de refuge pour la liberté, de base de départ pour la libération, de môle pour la Résistance…[183]". Mr Jacques Chirac y voit comme un " signe" ; car selon lui, Brazzaville n'est pas une capitale ordinaire ; les voies de la libre disposition des peuples et de leur coopération y furent explorées, et proclamée la Communauté, déclare-t-il ; c'est à Brazzaville que

---

[183] Toast prononcé par Jacques Chirac au banquet offert en son honneur par Pascal Lissouba.

l'Afrique de demain se dessine, continue-t-il ; la France et le Congo ont su nouer des liens particuliers dans les épreuves ; il faut rester fidèle à cette relation, affirme le président français. Enfin, à l'heure où le monde change, où l'Afrique se cherche, où l'espoir renaît ici, où d'alarmantes secousses grondent plus loin, l'avenir, conclut-il, appartient à l'Afrique et au Congo.

Le lendemain, Mr Jacques Chirac s'adresse au Parlement congolais réuni en congrès et y prononce un discours important sur la Démocratie et l'État de Droit. Le président français, très ému, une fois de plus, de se retrouver à Brazzaville," refuge de l'honneur et de l'indépendance de la France"[184] et où le Général de Gaulle "dessina l'avenir", déclare d'entrée de jeu qu'il est venu apporter un message d'encouragement à la démocratie et au développement ; un message fait de compréhension, de tolérance et de mesure, mais aussi de solidarité, de confiance et d'espoir. Il s'en va-t-en-guerre contre l'afro-pessimisme, invite l'Occident et l'Afrique à accepter et à regarder ensemble le passé commun et à construire de nouvelles bases de collaboration et d'entraide, où chacun puisse reconnaître et respecter l'identité de l'autre. Pour Jacques Chirac " … la démocratie, source de stabilité, de confiance et de solidarité, facteur de développement et de paix, est un état d'esprit ; ce sont des comportements, des réflexes, c'est le fruit d'un long apprentissage, celui de l'intérêt, de la tolérance, de l'acceptation des différences, c'est le seul moyen d'être libre et le remède le plus honnête que l'on puisse opposer aux maux de la société ; la démocratie exige le rejet de la solution facile, de la loi du plus fort et du recours à la violence ; elle dépasse les divisions et les haines ; c'est un état respectueux de chacun, juste, équitable, désintéressé, capable de susciter l'adhésion, de mobiliser les énergies ; c'est l'acceptation des règles transparentes et rigoureuses d'administration et de gestion ; c'est la bonne gouvernance. En cela, elle est nécessaire à l'Afrique et le monde a besoin d'une Afrique démocratique".[185] Pour terminer, le président français salue l'alternance dans la sérénité ainsi que l'attitude de ceux qui

---

[184] Discours de Jacques Chirac devant le Parlement réuni en Congrès, 18 juillet 1996.
[185] Discours au Parlement congolais.

prennent acte du verdict des urnes. " ... Il faut en finir avec les coups de force et les coups d'État, martèle-t-il, les putschs, les juntes, les pronunciamientos et toutes les manifestations de transition violente, car ce sont-là des évènements d'un autre âge, une humiliation, un retour en arrière, une déception qui peut pousser les Occidentaux au désengagement". [186]

Ce discours plait aux Congolais, bien que ces propos soient en contradiction avec cet autre discours où le chef d'État français déclarait que la démocratie était un luxe pour l'Afrique. C'est là l'un des paradoxes du personnage, mais qui traduit bien le caractère versatile de l'amitié que Jacques Chirac témoigne à Pascal Lissouba. Ce dernier est convaincu du soutien de la France et c'est avec cette assurance qu'il prend personnellement part, à Paris, le 29 octobre 1996, avec Paul Biya et Omar Bongo, à la réunion informelle de concertation des chefs d'État de l'Afrique centrale sur la situation prévalant au Zaïre.

Au Sommet des chefs d'État de France et d'Afrique qui s'ouvre à Ouagadougou, le 4 décembre 1996 et dont le thème central de discussion est la "Bonne Gouvernance", Jacques Chirac prononce un discours qui rappelle celui de La Baule prononcé jadis par François Mitterrand[187] et réaffirme son soutien aux pays africains, notamment, en ce qui concerne la parité du franc CFA par rapport à la prochaine monnaie unique européenne ; peu convaincu, Pascal Lissouba voudrait prendre le chef d'État français au mot et exige que cette promesse soit consignée par écrit. Pourquoi cette exigence ? Décidément, la confiance règne entre les deux chefs d'État. Mais le président congolais ne laisse pas entrevoir sa méfiance et c'est sans arrière-pensée qu'il assiste à Paris, le 22 mars 1997, à quelques mois de l'élection présidentielle congolaise,

---

[186] *Idem.*

[187] Au Sommet des Chefs d'Etat de France et de l'Afrique qui s'est tenu à la Baule, en juin 1990, François Mitterrand, liant le développement à la démocratie, invitait, en effet, les Africains à opter pour la Démocratie selon un schéma fondé sur un "système représentatif, des élections libres, le multipartisme, la liberté de la presse, l'indépendance de la magistrature, le refus de la censure". (Lire : *François Mitterrand et la Démocratie en Afrique : Discours de la Baule, 8 ans après*, par Albert Bourgi, Centre Rémois des Relations Internationales, Reims, 2000).

aux obsèques de Mr Jacques Focard, ancien "Monsieur Afrique "[188] du Général de Gaulle, de Georges Pompidou et de Jacques Chirac, et spécialiste de nombreux coups tordus en Afrique noire.

Ce sera sa dernière visite en France en tant que chef d'État en fonction, car, trois mois plus tard, la guerre éclate au Congo et voit la France de Jacques Chirac se ranger du côté de Denis Sassou-Nguesso, son grand rival, qu'il traite de " communiste", de "petit Gorbatchev congolais" et de maître d'œuvre des guerres civiles de 1993 et 1994.[189] Le président français se félicitera, d'ailleurs, de la victoire militaire de son "poulain", lorsqu'il déclarera, le 30 juin 1998, à Luanda (Angola) : "Je me réjouis de l'intervention de l'Angola au Congo-Brazzaville, pour la simple raison que le pays était en train de s'enfoncer dans la guerre civile, de s'autodétruire, et qu'il était souhaitable que l'ordre revienne. Il y avait quelqu'un qui était capable de le faire, c'est Denis Sassou-Nguesso. Il lui fallait un soutien extérieur pour un certain nombre de raisons, l'Angola le lui a apporté, la paix est revenue, les conditions de développement reprennent ".[190]

Jacques Chirac confesse donc tout haut, à Luanda, ce qu'il n'avait jamais cessé de penser tout bas, depuis l'élection de Lissouba en 1992, quand son "ami de longue date", Sassou-Nguesso, était démocratiquement évincé du pouvoir ; tout laisse accroire que le retour au pouvoir de cet ami semble avoir toujours été sa préoccupation essentielle ; Jacques Probst, l'ancien chiraquien qui avait pour mission de remettre Mr Sassou-Nguesso en selle, s'en est, d'ailleurs, clairement expliqué, avec des regrets, dans une interview au journal en ligne, *Mwinda Press.*[191]

Les relations franco-congolaises ne seront qu'un marché de dupes sous Pascal Lissouba ; en effet quand éclate la guerre de juin 1997, les partisans de Lissouba pointeront ouvertement le doigt vers la France, et la désigneront comme leur ennemi public numéro

---

[188] Jacques Focard est l'un des principaux artisans de ce que l'on appelle aujourd'hui la "Françafrique" (Voir plus loin Chapitre 3ème).
[189] In Congo: les fruits de la passion partagée, pp 157 et sq. op. déjà cité.
[190] Cité par Xavier Harel, p.77, op. déjà cité.
[191] Interview accordée à François Bikindou, en septembre 2008.

un ; d'aucuns exigeront même la rupture des relations diplomatiques avec ce pays[192].

3. Bon voisinage et Crises sous-régionales

Au moment où le président Pascal Lissouba accède à la magistrature suprême, l'environnement sous-régional est en proie à une agitation préoccupante ; si le Congo semble avoir réglé la question de l'alternance pacifique du pouvoir, en organisant des élections libres et transparentes et d'envisager un avenir paisible et pacifié dans l'ensemble du territoire national, ce n'est pas tout-à-fait le cas de ses voisins, le Gabon et le Cameroun mis à part. La situation prévalant dans ces différents pays dictera donc le comportement du chef de l'État congolais ; l'intégration sous-régionale, le bon voisinage, la sauvegarde de la paix et le renforcement des liens de solidarité et d'entraide mutuelle seront les principes-clés de sa position et de sa politique.

Avec la **République gabonaise**, le climat est au beau fixe, en ce début de mandat présidentiel ; en effet, il règne, dans ce pays, un havre apparent de paix, depuis que le coup d'État manqué de 1964 a permis au Vice-président Bernard Bongo, devenu depuis lors, après un pèlerinage à La Mecque, El Hadj Omar Bongo Ondimba, d'accéder à la magistrature suprême et d'imposer sa longévité au pouvoir : le président congolais va, soudain, lui découvrir quelques liens familiaux, si ce ne sont pas des affinités ethniques (la fameuse *tekenité*[193]) ; il sera pour Lissouba, la référence incontournable, le doyen et le sage à qui l'on doit, inévitablement, se confier, tel un chef coutumier, quand sa propre maison ou celle du voisin brûle. Ainsi, lors de la première guerre civile de 1993, c'est auprès du président Omar Bongo que le Médiateur congolais, Raymond Damase Ngollo et les principaux protagonistes [194] de la crise congolaise vont se rendre, le 31 juillet 1993. Ils y sont rejoints par

---

[192] Le 14 juillet 1997, certains députés de l'UPADS demandent au Premier Ministre David Charles Ganao de rompre les relations diplomatiques avec la France et avec le Gabon.

[193] Mot dérivée de "Téké, une tribu que l'on trouve dans les deux Congo et au Gabon et dont était originaire le Président Omar Bongo.

[194] La délégation de la Mouvance Présidentielle y est conduite par Mr Christophe Moukoueke, celle de l'URD-PCT (Opposition) par Mr Thystère Tchicaya.

Mr Roussin, ministre français de la coopération et par l'Ambassadeur Sahnoun, Envoyé spécial de l'OUA. Les négociations qui dureront près d'une semaine aboutiront, le 4 août 1993, par la signature d'un accord de paix dit <u>Accord de Libreville</u> ; le Gabon -entendre le président Bongo-, la France, l'OUA et l'Union européenne se porteront garants de la mise en œuvre de cet accord ; dans le même ordre d'idée, c'est aussi à Libreville que se tiendront les dures et pénibles négociations pour tenter de mettre fin à la guerre du 5 juin 1997[195]. Visiblement, entre le président Bongo et le président Lissouba, on notera plus qu'une amitié, une complicité évidente ; le président Lissouba se rendra régulièrement à Libreville entre 1994 et 1997, soit en visite privée, soit à l'occasion d'évènements de politique internationale, comme le sommet de la Zone Franc le 28 juin 1994, la rencontre, le 22 juillet 1995, du président français, nouvellement élu, Jacques Chirac, avec les chefs d'État francophones d'Afrique centrale, le sommet de l'UDEAC le 4 juillet 1996, etc. Omar Bongo en fera autant, soit à Brazzaville : Forum National pour la Culture de Paix au Congo, le 19 décembre 1994 ; Sommet des Chefs d'État et de gouvernement de l'UDEAC devant donner naissance à la CEMAC, le 8 avril 1997 ; soit encore à Pointe-Noire : notamment lors de célébration de la Fête nationale du Congo, le 15 août 1996. Les choses se gâteront, un an plus tard, après l'échec des négociations sur la guerre du 5 juin 1997, le président gabonais et la France étant accusés de prendre fait et cause pour le Général Denis Sassou-Nguesso.

Avec le **Cameroun,** les relations sont loin d'être exaltantes ; le président Paul Biya, qui se fait de plus en plus rare dans les conférences régionales et sous-régionales au sommet, semble loin de se préoccuper du sort de ses voisins, qui le lui rendent bien, d'ailleurs : le président Lissouba gardera, tout naturellement ses distances vis-à-vis de cet énigmatique chef d'État qui n'a pas voulu se déplacer à son investiture et qui n'aura jamais mis les pieds au Congo pendant tout son quinquennat ; sans s'ignorer totalement et se regarder comme des chiens de faïence, les circonstances pousseront, cependant, les deux chefs d'État à se rencontrer,

---

[195] Voir plus loin la Section : " la Diplomatie de la guerre".

notamment : à Yaoundé, le 8 juillet 1996, lors du 32e Sommet des Chefs d'État et de gouvernement de l'OUA, que le président Lissouba quittera d'ailleurs un jour avant la clôture ; et à Paris, le 29 octobre 1996, au cours d'une réunion informelle de concertation des chefs d'État de l'Afrique centrale, organisée par le président français sur la situation prévalant au Zaïre et regroupant, entre autres, les présidents Bongo et Biya. Mais les relations d'État à État n'enregistreront aucun incident et le Cameroun sera bien présent aux côtés du Congo lors des moments troubles, en se faisant souvent représenter par le ministre des Affaires étrangères.

Avec le **Tchad**, où des rebellions plus ou moins larvées, au Nord et à l'Est du pays, continuent d'imposer leur loi, le président Lissouba entretiendra d'excellentes relations avec son homologue Idriss Deby, en référence, sans doute, au passé commun inoubliable entre les deux pays ; deux exemples parmi tant d'autres, à titre de rappel : beaucoup de Tchadiens sont morts au Congo, lors de la construction du Chemin de Fer Congo-Océan (CFCO), à l'époque coloniale ; et le Congo a, dans un passé récent, accueilli des milliers de réfugiés et des leaders politiques tchadiens fuyant la persécution et la guerre civile dans leur pays. Le bon voisinage aidant, rien n'a troublé la bonne entente entre les peuples tchadien et congolais, sous le règne de Pascal Lissouba.

Il en ira de même de la **République Centrafricaine** où, là aussi, les rebelles continuent de faire parler d'eux ; l'élection au suffrage universel du président Ange-Félix Patassé, en 1993, est saluée avec une grande joie par les démocrates congolais ; le président Lissouba voit, naturellement, en lui, un allié sûr, puisqu'ils peuvent se vanter, tous les deux, de devoir leur légitimité par les urnes. Élu démocratiquement et fier de l'être, le président congolais se fera, d'ailleurs, sur le continent et en Afrique centrale, le chantre et le défenseur de la démocratie et de l'accession au pouvoir, non pas par les armes, mais par les urnes : c'est ainsi que, le 28 septembre 1995, il salue, avec enthousiasme, l'intervention française aux Comores qui met fin au coup d'État de Bob Denard, et qu'il condamne avec véhémence le coup d'État militaire du 27 janvier 1996 qui met fin à l'expérience démocratique, au Niger. C'est donc, tout naturellement, que, face à la mutinerie des militaires centrafricains à Bangui, le 18 mai 1996, et compte tenu de la dégradation de la situation dans le pays, le président Lissouba va réaffirmer son soutien au président Patassé, élu démocratiquement ; il en profitera pour lancer un appel pressant à la France, afin d'aider à faire échec aux mutins et à sauver, ainsi, la démocratie en Centrafrique.

"Révolutionnaire" et grand ami du peuple angolais du temps où il fut premier ministre[196], Pascal Lissouba suit avec beaucoup d'intérêt l'évolution de la situation interne en **Angola** dont il se souvient avoir toujours soutenu les principaux Mouvements de Libération (le FNLA, l'UNITA et surtout le MPLA) ; maintenant que l'indépendance a été obtenue, et que la longue et interminable guerre civile, qui s'en est suivie entre l'UNITA et le MPLA, est sur la voie de règlement avec la signature des Accords de Brazzaville et de New York de 1988[197], Pascal Lissouba semble, plutôt et curieusement, pencher pour l'UNITA ; alors que la tradition a toujours été, pour les Congolais, depuis Alphonse Massambat-Débat jusqu'à Denis Sassou-Nguesso, d'être aux côtés du MPLA. Ainsi, il va se lier d'amitié avec le chef de ce mouvement, Mr Jonas Savimbi, à qui il a été proposé le poste de vice-président de la République populaire d'Angola, plutôt qu'avec Mr Eduardo Dos Santos, le président de la République. En visite privée à Brazzaville, le 22 juin 1995, le président de l'UNITA est reçu en grande pompe (tapis rouge à son arrivée à l'aéroport de Brazzaville) par les autorités du pays ; dans une déclaration, l'"ex-rebelle" réaffirme son attachement à la paix et promet de s'y consacrer désormais, aux côtés du président Eduardo Dos Santos. Le président Lissouba ne sait pas qu'il joue, là, une mauvaise carte ; le président angolais ne lui pardonnera jamais, en effet, ce soutien inattendu à son ennemi intime ; le président congolais en fera les frais lors de la guerre du 5 juin 1997[198].

Le **Zaïre** demeure, de plus en plus, ce fameux "ventre mou" de l'Afrique, en ces heures de fin de règne du président-fondateur

---

[196] Premier ministre du Président Alphonse Massambat-Débat de 1963 à 1966.
[197] Voir ci-dessus, 3ème Partie, 3ème Chapitre: Mise en œuvre de la Politique Etrangère du PCT.
[198] Voir plus loin: La Diplomatie de la guerre.

Mobutu Sesse Seko Kuku Gbendo Wa Zabanga, affaibli par la maladie et qui ne contrôle plus rien dans son pays ; la résurgence de la rébellion armée dans l'Est du pays, conduite par un certain Laurent-Désiré Kabila, donne des insomnies au pouvoir en place et inquiète, de plus en plus, les voisins. C'est ainsi que le 29 octobre 1996, le président Pascal Lissouba se rend à Paris pour une concertation informelle organisée par le chef de l'État français avec les présidents Omar Bongo et Paul Biya, sur la situation préoccupante au Zaïre ; aucun communiqué n'est publié à la fin de la rencontre. Le 3 décembre 1996, une réunion extraordinaire du Comité consultatif des Nations Unies pour les questions de sécurité en Afrique centrale est convoquée à Brazzaville par Pascal Lissouba, président en exercice dudit comité ; les participants, dont les chefs d'État de l'Angola, du Gabon, de Guinée équatoriale, du Burundi, sur les 11 membres qui constituent ce comité, doivent débattre de la situation dans les Grands Lacs et, surtout, à l'est du Zaïre ; on note l'absence du Rwanda, mais le président Buyoya, qui vient d'accéder au pouvoir au Burundi par un coup de force en chassant un chef d'État démocratiquement et régulièrement élu, est bien présent ; Pascal Lissouba, qui a toujours fustigé et condamné les coups d'État, surprend en prenant fait et cause pour le Burundi, et en demandant à la communauté internationale de desserrer le blocus imposé à ce pays ; un appel à la paix est timidement lancé à l'endroit du Zaïre comme si les jeux étaient déjà faits. En effet, face à l'avancée de la rébellion Kabila, un sommet extraordinaire de Chefs d'État et de gouvernement de l'OUA consacré à la situation prévalant au Zaïre se tient à Lomé, du 23 au 24 mars 1997 ; dans la foulée et après l'échec des négociations de Johannesburg entre Mobutu et Kabila, le président Lissouba propose, le 8 avril 1997, lors du sommet de l'UDEAC devant donner naissance à la CEMAC[199], d'abriter les négociations entre les "frères ennemis zaïrois", au Congo et, plus précisément, à Pointe-Noire.

Dans ce contexte, craignant le pire pour leurs ressortissants installés au Zaïre lors de la bataille - inévitable, pensent-ils - pour la prise de Kinshasa, les pays occidentaux dépêchent en masse, à

---

[199] Communauté Economique et Monétaire de l'Afrique Centrale.

Brazzaville et à Pointe-Noire, des contingents militaires[200] destinés à procéder, éventuellement, à leur évacuation vers l'Europe.

Après de longues négociations, la rencontre tant attendue entre Mr Kabila et Mr Mobutu a lieu au large de Pointe-Noire, ce 4 mai 1997, sur le navire sud-africain Outeniqua, et sous le parrainage du président Nelson Mandela, de l'Envoyé spécial de l'OUA et de l'ONU, Mr Sahnoun, et de Mr Richardson, représentant des USA. Les présidents Pascal Lissouba, Idriss Deby et Gnassingbé Eyadema sont aussi présents, mais ne montent pas sur le bateau ; l'évènement voit les deux protagonistes camper sur leurs positions, et ce, durant une heure et demie ; on prend alors rendez-vous pour une deuxième rencontre ; malgré ce succès mitigé, le chef de l'État congolais affiche une certaine satisfaction ; et c'est, fier de son engagement dans cette affaire zaïro-zaïroise, qu'il prend part, à Libreville, les 7 et 8 mai 1997, au mini-sommet des pays de l'Afrique centrale, spécialement convoquée pour tenter de trouver une issue pacifique à la crise au Zaïre ; le président Mobutu y est présent, de même que les chefs d'État du Gabon, de Centrafrique, du Tchad, de Guinée équatoriale, ainsi que le ministre des Affaires étrangères du Cameroun. Derrière cette initiative, on soupçonne la main noire de la France, écartée des pourparlers de Pointe-Noire et qui se voit évincée par l'influence anglo-saxonne grandissante dans la région des Grands Lacs ; les participants, sans Kabila, enregistrent la décision de Mobutu de ne pas se présenter aux prochaines élections présidentielles et de ne remettre le pouvoir qu'à son successeur élu ; il pressent Mgr Mossengwo, comme successeur, mais celui-ci doit d'abord être élu à la tête du HCR-PT, le parlement zaïrois de transition ; ce qui sera, d'ailleurs, fait le 10 mai, mais sans l'accord de l'opposition dite radicale.

La deuxième rencontre Mobutu-Kabila, attendue le 14 mai 1997 à Pointe-Noire, toujours à bord de l'Outeniqua, est un échec : en effet, Laurent-Désiré Kabila ne s'est pas déplacé, prétextant des raisons de sécurité, alors que tous les autres protagonistes (Mobutu, Mandela, Lissouba…) ont attendu vainement le chef rebelle. Le 17

---

[200] C'est un imposant dispositif militaire composé particulièrement de soldats américains, belges, britanniques et français, qui tranche avec le nombre de ressortissants à évacuer.

mai, face à l'avancée foudroyante des troupes AFDL de Kabila, le président Mobutu quitte, nuitamment, Kinshasa pour une destination inconnue ; les forces de l'AFDL occupent, sans aucune résistance, la capitale zaïroise ; Laurent-Désiré Kabila se proclame chef de l'État de la République Démocratique du Congo, ainsi débaptisée pour la deuxième fois de son histoire ; c'est la fin du Mobutisme et du Zaïre. Le 22 mai 1997, le gouvernement du Congo-Brazzaville, dans une déclaration radiotélévisée, prend acte du nouveau régime de Kinshasa et évoque des liens de consanguinité séculaires qu'il importe désormais de préserver et de renforcer entre les deux pays. Pendant ce temps, les militaires anglais, belges et américains stationnés à Brazzaville et à Pointe-Noire rentrent chez eux, à l'exception du contingent français qui, pour des raisons inexpliquées, reste en place.

Le 2 juin 1997, en marge du Sommet des Chefs d'État et de gouvernement de l'OUA, qui se tient à Harare (Zimbabwe), Lissouba rencontre Kabila : ils enterrent, définitivement, tous les malentendus entre les deux Congo et renouvellent l'amitié millénaire qui lie leurs deux peuples.

4. La Diplomatie de la Guerre

Dans la nuit du 5 juin 1997, vers 3 heures du matin, des blindés cernent la résidence privée de Denis Sassou-Nguesso à Brazzaville, sous prétexte d'une opération de police destinée à arrêter des membres de la milice privée de ce dernier qui s'y étaient réfugiés après avoir attaqué, à Oyo[201], trois jours auparavant, le cortège de l'ancien Premier ministre de Lissouba, Mr Joachim Yhomby-Opango. La garde de l'ancien président réagit vivement et la situation se dégrade très vite pour gagner, telle une trainée de poudre, toute la ville de Brazzaville ; ainsi naît la fameuse guerre du 5 juin[202].

---

[201] Ville natale de Mr Sassou-Nguesso, située à 500 km environ de Brazzaville.
[202] Dans son livre Parler vrai pour l'Afrique *(Edit. Michel Lafon, Paris, 2009)*, Sassou-Nguesso explique, pp. 73-74: " Le 5 juin 1997, vers quatre ou cinq heures du matin, l'armée, mobilisant des blindés, a donc pris position autour du quartier où se trouve ma maison (je dis bien l'armée!) pour récupérer de prétendus fugitifs. C'était quand même très gros! Et la situation s'est très vite tendue, avant de

Six jours auparavant, le 31 mai 1997, et en vue des élections présidentielles prévues le 27 juillet 1997, le directeur général de l'UNESCO, Mr Frederico Mayor, arrive à Brazzaville et tient une réunion, en présence du président Pascal Lissouba, avec les leaders des principaux partis politiques congolais : Bernard Kolelas (MCDDI), Denis Sassou-Nguesso (FDU), Jean-Pierre Thystère Tchicaya (RDPS), Saturnin Okabe (RDD), et Pascal Tsaty-Mabiala (UPADS). Ceux-ci signent un *engagement solennel pour l'élection présidentielle du 27 juillet 1997*, au terme duquel ils renoncent, particulièrement, à l'usage de la force pour résoudre les différends politiques.

La guerre du 5 juin est donc une violation flagrante de cet accord, ainsi que de la parole donnée devant une haute autorité internationale ; c'est aussi un camouflet à la diplomatie de M. Frederico Mayor, qui, pour n'avoir pas su associer la France et les pays voisins, notamment le Gabon, aura appris à ses dépens que les enjeux de la lutte pour le pouvoir, au Congo, étaient ailleurs. L'UNESCO sera ainsi absente de la scène politique congolaise, pendant tout le reste du conflit, et ne participera à aucune autre forme de médiation.

Cette guerre est aussitôt condamnée par la communauté internationale ; l'opération dite "*Pélican*" des militaires français, qui, craignant des troubles au Zaïre, stationnaient à Brazzaville, en même temps que les troupes américaines, anglaises et belges, en vue de faire face à l'évacuation des ressortissants européens de Kinshasa, et qui n'avaient pu rentrer chez eux comme les autres, est aussitôt déclenchée ; c'est clair que les Français étaient parfaitement au courant de ce qui devait arriver au Congo ; un soldat sera tué le 7 juin 1997, au cours d'une première manœuvre de regroupement des étrangers. 850 légionnaires supplémentaires et du matériel militaire seront envoyés pour renforcer le dispositif militaire français.

Après les présidents Omar Bongo du Gabon, Gnassingbé Eyadema du Togo, Nelson Mandela de l'Afrique du Sud, ce sera le tour de Jacques Chirac de demander à Lissouba et à Sassou-

---

dégénérer, entre les éléments de l'armée nationale et mes partisans qui étaient, depuis les incidents d'Owando, particulièrement mobilisés".

Nguesso de cesser les hostilités et d'accepter la médiation du président gabonais. Pascal Lissouba se dit prêt à accepter la médiation ainsi proposée, mais à condition que Sassou-Nguesso reconnaisse la légalité de son pouvoir. D'autres appels pour la paix sont lancés par le Secrétaire général de l'ONU, le président en exercice de l'OUA, Robert Mugabe, Konan Bédié de Côte d'Ivoire, et Abdou Diouf du Sénégal… en vain !

Pendant que les combats font rage dans la capitale congolaise, la diplomatie se met, rapidement, en mouvement et voit défiler, à Brazzaville et à Libreville notamment, plusieurs professionnels de la paix et de la médiation, avec pour objectif immédiat : instaurer rapidement la paix, et donc mettre fin à la guerre.

Comme dans tous les cas de ce genre, la diplomatie prend toutes les formes possibles, l'essentiel étant de parvenir au but recherché ; la guerre du Congo n'échappera pas à cette logique ; en effet, cette diplomatie de la guerre - à défaut d'un autre nom - revêtira deux faces : il y a ce que l'on pourrait appeler une face visible, faite de réunions officielles, de déclarations hypocrites, d'annonces spectaculaires… et une face dite souterraine, faite de négociations secrètes, mais souvent déterminantes quant au résultat final.

De manière visible, tout tournera autour de la médiation conduite par le président Bongo ; en effet, le 12 juin 1997, le président Lissouba et M. Sassou-Nguesso acceptent, enfin, la médiation du chef de l'État gabonais en ce qui concerne le volet international ; au plan interne, les responsabilités sont confiées à un Comité national de médiation présidé par le maire de Brazzaville, M. Bernard Kolelas Bakana, qui propose un Plan de Paix en 7 points ; entre autres propositions, il y a la mise en place d'une force d'interposition composée des forces des deux parties en conflit ; appelée à faire partie d'une force internationale de paix au Congo, la France refuse et annonce qu'après avoir évacué près de 5.300 ressortissants étrangers, sa mission prendra fin le 15 juin.

Le 14 juin 1997, l'Ambassadeur Mohamed Sahnoun, Envoyé spécial de l'ONU et de l'OUA dans les Grands Lacs, arrive à Brazzaville et annonce la tenue à Libreville, le 16 juin, d'une réunion de médiation sous l'égide du président Bongo ; devraient y participer, outre Mr Sahnoun lui-même et les délégations des belligérants[203], les présidents de Centrafrique, du Mali et du Tchad, le premier ministre de Guinée équatoriale et le ministre sénégalais des affaires étrangères ; l'ambassadeur de France au Gabon ainsi que le délégué de l'Union européenne seraient aussi de la partie. Mais, le 16 juin, tout ne semble pas prêt pour permettre à la réunion de démarrer réellement. Le Comité international continue, toutefois, de travailler et décide, le 19 juin 1997, de saisir le Conseil de Sécurité des Nations Unies ainsi que l'OUA, pour le déploiement d'une force de maintien de la paix au Congo. Deux jours après, Le Secrétaire général des Nations Unies, Mr Koffi Annan, demande au Conseil de Sécurité de l'autoriser à mettre en place ladite force ; la France fait volte-face et se dit prête à appuyer cette force avec un apport en moyens logistiques ; les États-Unis d'Amérique marquent leur accord et menacent de suspendre leur aide au Congo si le président Lissouba venait à être renversé par un coup d'État. Le G8[204], qui se réunit à Denver (Colorado/USA), se dit favorable à une telle force et appuie les efforts de paix du président gabonais. Le 22 juin 1997, les Nations Unies autorisent son Secrétaire général à mettre en place cette force tant attendue et qui prendrait le nom de Force interafricaine de maintien de paix au Congo. Le lendemain, les chefs d'État et de gouvernement de l'UMOA [205], réunis à Lomé (Togo), avec la présence de l'Ambassadeur Sahnoun, marquent, également, leur accord en faveur de cette force ; le Sénégal et le Togo se disent disposés à fournir des troupes.

À Paris où il reçoit, le 25 juin 1997, les présidents Konan Bédié de Côte d'Ivoire et Abdou Diouf du Sénégal, le président français, Mr Jacques Chirac, confirme la disponibilité de la France à participer, en moyens logistiques et en matériel, à la force interafricaine, mais à condition qu'il y ait d'abord un cessez-le-feu. À New York, et vu le pourrissement de la situation, le Conseil de Sécurité se penche de nouveau sur la question de l'envoi de la force de maintien de la paix au Congo et donne, le 3 juillet 1997, à l'Ambassadeur Sahnoun son accord de principe pour l'envoi d'une

---

[203] 4 Représentants du Président Lissouba, 4 Représentants de Mr Sassou-Nguesso, et 6 Représentants du Comité National de Médiation.
[204] G8: Groupe des 7 pays occidentaux les plus industrialisés + la Russie.
[205] UMOA : Union Monétaire Ouest -Africaine.

force d'interposition de 1.800 hommes, avec pour objectif de sécuriser, dans un premier temps, l'aéroport international de Brazzaville ; mais restent à définir le commandement de cette force, les pays fournisseurs de troupes et le financement de l'opération. Le Sénégal se propose d'en assurer ledit commandement et de fournir 520 hommes. La mise en route de cette force est toutefois conditionnée par l'adoption d'une Résolution ; or celle-ci ne peut être prise que s'il y a, au préalable, un cessez-le-feu effectif sur le terrain.

C'est donc, autour du cessez-le-feu, que la médiation internationale va s'atteler désormais.

Le 10 juillet 1997, Mr Sahnoun rencontre Pascal Lissouba, Denis Sassou-Nguesso et Bernard Kolelas, et leur soumet la proposition de cessez-le-feu du président Bongo ; un accord de principe est donné, et l'Envoyé spécial de l'ONU et de l'OUA repart annoncer au président de la médiation internationale que toutes les parties ont approuvé sa proposition. Le 13 juillet, le Protocole d'accord est, effectivement, signé par Pascal Lissouba et Denis Sassou-Nguesso ; il est prévu que le cessez-le-feu entrera en vigueur le 14 juillet à minuit et que les négociations politiques reprendront le même jour à Libreville.

Ce n'est, finalement le 18 juillet 1997, que ces négociations débutent, le retard étant dû à des problèmes de logistique ; le président Bongo reçoit, d'abord séparément, les différentes délégations, la réunion plénière ne s'ouvrant que le 19 juillet. Mais aussitôt commencés, les pourparlers sont rapidement suspendus, faute d'accord sur l'ordre du jour ; la plénière, prévue le 19 juillet, est reportée au 23 juillet, puis au 24 juillet ; le face-à-face des deux délégations n'a pas lieu, non plus, ce 24 juillet, les deux parties prétextant d'étudier encore le projet d'accord global.[206]

La plénière a, finalement, lieu le 25 juillet 1997 pour entendre la mouvance présidentielle, et le 26 juillet 1997 pour écouter la position des FDP [207] ; le président Abdou Diouf, dont le pays a

---

[206] Ce projet d'accord contient trois dispositions: 1) Consolidation du cessez-le-feu; 2) Retour à la paix et à une vie normale; 3) Paix, réconciliation et unité nationale.
[207] Forces Démocratiques et Patriotiques regroupant les partisans de Denis Sassou-Nguesso.

accepté de commander la force d'interposition, et le président Bernardo Veyra de Guinée-Bissau sont présents, à Libreville. L'atmosphère est alors à l'optimisme ; la médiation promet de faire la synthèse des deux interventions sous forme d'accord global à signer dans les trois jours qui suivront. Pour emboiter le pas, les deux États-majors militaires signent, sous l'égide de l'Ambassadeur de France au Congo, un accord de consolidation du cessez-le-feu.

Entretemps, l'ONU a décidé de dépêcher sur Brazzaville une mission de dix personnes afin d'évaluer les conditions de mise en œuvre de la force de maintien de la paix ; au même moment, l'Union européenne s'engage à verser 6 millions de francs français au profit de ladite force ; la mission de l'ONU estime, quant à elle, qu'il faudrait 2.500 à 3.000 hommes, compte tenu de l'ampleur des dégâts [208]. Tout semble donc prêt pour un dénouement de la situation.

Coup de théâtre, ce 29 juillet 1997, cependant ! Alors que l'on s'attend à la signature de l'accord, le président des FDP, Mr Sassou-Nguesso, annonce son désaccord sur la prolongation du mandat présidentiel et déclare qu'il n'acceptera pas de signer un accord qui se fonde sur cette prolongation[209] ; c'est de nouveau l'impasse à Libreville ; le piétinement des négociations permet aux combats de reprendre de plus belle et la guerre prendre une autre dimension, avec des bombardements aériens par hélicoptères et autres aéronefs de guerre.

Dès le 6 août 1997, les pourparlers de Libreville sont suspendus, initialement pour 48 heures, afin de permettre à la délégation gabonaise de se rendre à Brazzaville et de rencontrer le président Pascal Lissouba, Monsieur Denis Sassou-Nguesso et Monsieur Bernard Kolelas ; mais celle-ci est accueillie sous les bombardements à l'arme lourde qui consacrent, ainsi, la rupture définitive du cessez-le-feu.

À New-York, les Nations Unies posent trois conditions pour la mise en œuvre de la force internationale de la paix :

---

[208] Un premier bilan des victimes de la guerre civile est dressé, le 24 juillet 1997, par la Radio Nationale : 4.000 morts et plusieurs milliers de déplacés.
[209] L'accord réaménagé de Libreville prévoit le maintien du chef de l'Etat à son poste pendant 7 mois et la formation d'un Gouvernement d'Union Nationale.

- Acceptation par toutes les parties du contrôle de l'aéroport de Brazzaville ;
- Volonté réelle et manifeste des parties pour une solution négociée de la crise ;
- Respect scrupuleux du cessez-le-feu.

Mais aucune de ces conditions ne sera honorée ; ce qui va amener le Conseil de Sécurité à reporter l'envoi de la force d'interposition au Congo, la sécurité des troupes n'étant pas assurée.

Pendant que la médiation internationale s'efforce d'arracher le fameux cessez-le-feu entre Lissouba et Sassou-Nguesso, les chefs d'État de la République Démocratique du Congo, du Rwanda et de l'Ouganda se réunissent, à Kinshasa, le 13 août 1997 et soumettent, au président Lissouba, des propositions de paix arrêtées de commun accord avec le président en exercice de l'OUA ; mais cette nouvelle médiation est accueillie avec beaucoup de réserve par le camp de Sassou-Nguesso qui finit par la récuser officiellement.

Tout en soutenant la "médiation Kabila", la mouvance présidentielle continue, cependant, de participer aux pourparlers de Libreville [210] qui sont relancés, dès le 18 août 1997. La bataille entre les deux médiations prend, cette fois, une nouvelle tournure avec le soutien du président de l'Angola et de la France à la médiation du président Bongo, au détriment de celle du président Kabila, qui est finalement abandonnée, malgré le ralliement au président Lissouba[211] du président de la médiation nationale, Mr Bernard Kolelas. C'est dans ce climat de regain de la guerre et d'imbroglio diplomatique que la médiation internationale annonce la tenue, le 14 septembre 1997, d'un mini-sommet africain à Libreville, sur le Congo : celui-ci voit, en effet, la participation, autour du président Bongo et en présence de Mr Sassou-Nguesso,

---

[210] Une version 4 de l'Accord de paix est mise en discussion ; celle-ci dispose que le Président Lissouba gardera ses prérogatives mais que le Premier ministre sera issu des FDU.

[211] Il est en effet nommé Premier ministre par le Président Lissouba le 8 septembre 1977 et est chargé de former un gouvernement d'union nationale incluant des ministres FDU ; de ce fait, il sort de sa position de neutralité.

des chefs d'État du Bénin, du Burkina-Faso, de Centrafrique, de Guinée équatoriale, de Guinée-Conakry, du Tchad, du Togo, du Sénégal, ainsi que celle du ministre des Affaires étrangères du Cameroun. Une absence remarquée, celle du président Lissouba ; sa non-participation est mal accueillie par ses pairs qui semblent s'être déplacés pour rien. Cela se ressent d'ailleurs dans le communiqué final, lu le lendemain et qui invite, sans trop y croire, les belligérants à un cessez-le-feu immédiat et au règlement de la crise par le dialogue et la concertation[212].

Le 25 septembre 1997, le Conseil de Sécurité des Nations Unies tient une session spéciale sur l'Afrique ; à propos du Congo, ledit Conseil fait reporter, *sine die,* l'envoi de la Force d'interposition, car les conditions de sécurité, notamment le cessez-le-feu, ne sont toujours pas réunies à Brazzaville.

L'intensification des combats après le mini-sommet de Libreville a, en effet, rendu impossible tout cessez-le-feu et met, ainsi, fin aux espoirs de paix ; la logique militaire l'emportera sur toute autre forme de négociation et de dialogue jusqu'à la chute de Brazzaville, le 15 octobre 1997.

Qu'est-ce qui a donc fait que la logique militaire l'emporte, alors que l'on est à deux doigts de conclure la paix ? Pourquoi la médiation Kabila ? Pourquoi le président Pascal Lissouba ne se rend-il pas à Libreville ? Pourquoi le président Denis Sassou-Nguesso tergiverse et pinaille autour des mots depuis la version 1 à la version 4 de l'Accord de paix de Libreville ? C'est ici qu'intervient ce que l'on pourrait appeler : la diplomatie souterraine.

5. Les dessous de la diplomatie

C'est un jeu de cache-cache auquel semblent se livrer Lissouba et Sassou-Nguesso ; c'est que chacun est sûr de ses appuis et croit gagner la guerre même si celle-ci devait durer un an[213]. Ce qui s'est

---

[212] Il est aussi demandé au Sénégal et au Togo de s'associer au Gabon afin d'assurer l'application du cessez-le-feu.
[213] Thierry Saussez, cité par F.X. Verschave dans Noir Silence (op. déjà cité) p.55, et reçu fin mai 1997 chez l'ex-Président Sassou-Nguesso, déclare : "Sassou-Nguesso nous reçoit normalement, sans aucun signe d'inquiétude. Tout au plus avons-nous pu noter un renforcement de la sécurité devant et dans la propriété, un

passé à Libreville n'était, en réalité, qu'une façade, les vrais enjeux étant ailleurs, dans le jeu des alliances tissées en sourdine, sur fond d'intérêts économiques et d'avantages pétroliers.

Dans ce jeu-là, c'est Sassou-Nguesso qui a, semble-t-il, excellé, en usant de sa longue expérience et de la bonne connaissance des hommes et des systèmes, tant en Afrique qu'en France. En effet, ses adversaires soutiennent fort qu'il a profité de son séjour de deux ans en France (1995-1996) pour raviver ses réseaux d'amis et ainsi, sûr de lui et dominateur, préparer son retour au pouvoir par la force ; mais lui s'en défend farouchement : " *Pendant ces deux ans, je n'ai pas mené, à proprement parler, d'activités politiques. Je n'ai pas eu de rencontre avec la presse, je n'ai accordé aucune interview*"[214] ; et il rectifie : "*J'avais décidé d'interroger certains dirigeants politiques étrangers que je connaissais pour qu'ils me donnent leur analyse sur la situation (au Congo). J'ai ainsi écrit au président Chirac et à Bill Clinton. Puis, je me suis rendu au Cap pour voir le président Mandela qui est un ami. Nous avons discuté plusieurs heures lors d'un déjeuner en tête-à-tête, avec la seule présence d'un interprète. J'ai demandé au président Mandela d'intervenir pour que la fin du mandat du président Lissouba débouche sur des élections calmes, paisibles et démocratiques. Il a accepté cette médiation. Dès mon retour à Paris, son ambassadeur m'apportait copie de la lettre qu'il avait adressée à Lissouba. Ce dernier a rejeté cette proposition de médiation. Durant l'année 1996, j'ai voyagé ailleurs en Afrique. J'ai rencontré les présidents Bongo du Gabon, Biya du Cameroun, Deby du Tchad, Bédié de Côte-d'Ivoire, Rawlings du Ghana, Kérékou du Bénin, Diouf du Sénégal, Compaoré du Burkina-Faso, Dos Santos d'Angola, Chissano du Mozambique. Tous m'ont reçu chaleureusement. À aucun je n'ai demandé de soutien* "[215] ; la suite

---

véritable mur humain de gardes en armes. Sassou-Nguesso détaille calmement le plan de l'attaque que va effectivement connaître sa résidence et qui, selon lui, est destinée à s'emparer de sa personne, morte ou vive. Il précise que l'assaut devrait intervenir dans quarante-huit heures. Sassou-Nguesso nous annonce qu'il le repoussera, mais qu'aussitôt une partie de l'armé se ralliera à sa cause et que cette guerre, qu'il n'aura pas voulue, durera un an".

[214] In : "Parler vrai pour l'Afrique", *op. déjà cité*, p.68.
[215] *Ibid.* pp.70-71.

des évènements démontrera, cependant, qu'il s'était tout de même bien préparé et avec des appuis sûrs.

Ainsi, c'est la Fédération des Congolais de la Diaspora (FCD)[216] qui révèle, en citant F.X. Verschave, que le 1er novembre 1996 se tient une rencontre secrète, à Paris, entre les présidents Chirac, Bongo et Sassou-Nguesso, certainement après la tournée africaine de ce dernier ; c'est au cours de cette réunion qu'aurait été décidée "la reprise prochaine du pouvoir par Sassou", comme l'annoncera *Le Canard Enchaîné* du 28 mai 1997 [217]. Cet hebdomadaire satirique français, très bien informé, ira même très loin en donnant d'autres informations de surcroit pertinentes : "*Le sort du Congo se joue au fond d'un puits de pétrole... Ces derniers jours, les militaires français en poste à Brazzaville ont signalé qu'une centaine d'Européens recrutés par la société Géolink combattaient aux côtés des partisans de Sassou. Et les services français de renseignements avaient informé l'Élysée que Sassou était alimenté en armes par Kabila, Dos Santos et par les Rwandais*"[218]. Plus tard, le 9 juillet 1997, alors qu'on est au cœur de la guerre, le même *Canard enchaîné* révèle : " *Les services de renseignements français DGSE ont découvert un trafic d'armes à destination du Congo-Brazzaville, trafic organisé par un lobby français favorable à Sassou via le Gabon* ". Ce journal poursuit, le 13 août 1997 : "*Découverte d'un devis et d'un contrat d'affrètement signés et exécutés par Transvalair et Euralair les 17 et 24 avril 1997, avec comme donneur d'ordre la présidence du Gabon, pour un Cargo DC8 LX-TLB. Ce chargement soi-disant pour la campagne électorale présidentielle du Congo était constitué de caisses de 4 mètres sur 2 mètres, avec une charge totale de 24813 kg... Difficile de croire que des tee-shirts ou du matériel électoral aient un tel poids sauf si les tee-shirts avaient été tissés en fil de plomb*". La FCD précise que ce matériel était finalement arrivé à Mvengué (Franceville), le 4 juin 1997, avant de

---

[216] Voir :"Sassou-Nguesso, l'irrésistible ascension d'un pion de la Françafrique", L'Harmattan, Paris, 2009, p.53.
[217] Hebdomadaire satyrique français, très influent et bien informé.
[218] *Le Canard Enchaîné* du 11 juin 1997.

poursuivre sa destination finale, Oyo[219], qu'il atteindra le 6 juin 1997.

Comme on le voit, la diplomatie secrète de Sassou-Nguesso, avant, pendant et après la guerre de juin 1997, reposait, essentiellement, sur le triangle *France-Gabon-Angola* ; c'est donc sûr de ses soutiens de poids[220] et donné vainqueur à l'avance, qu'il a pu passer à l'action, chinoiser sur les négociations et gagner au moment voulu.

Dès le déclenchement des hostilités, Pascal Lissouba, pense, quant à lui, qu'il va facilement gagner la guerre, car, se dit-il, il a le droit et la légitimité avec lui : Chef d'État en poste, élu démocratiquement, face à un coup d'État venant d'un rebelle, la communauté internationale le soutiendra inévitablement. La France d'abord, car il pense toujours, en ce début du mois de septembre, que Chirac et Jospin, son Premier ministre, ne le laisseront pas tomber ; il se croit rassuré quand, le 29 août 1997, le président français lui téléphone gentiment et lui dit d'accepter les propositions mises au point par Omar Bongo ; mais la mine change rapidement lorsque celui-ci insiste sur la nomination d'un Premier ministre de consensus, avec les pleins pouvoirs, y compris l'armée, et trois postes de vice-présidents, dont l'un serait attribué à Sassou-Nguesso ; il comprend vite que la France est en train de lui tourner le dos et décide d'aller à Paris discuter d'homme à homme avec Jacques Chirac. Il s'envole donc pour la France, via le Gabon, le 2 septembre 1997 ; à l'aéroport de Libreville, où il fait escale, Omar Bongo lui annonce que Sassou exige le poste de premier ministre et que Jacques Chirac est d'accord. Lorsque, le lendemain, il arrive à Paris, le président français refuse de le recevoir sous prétexte qu'il s'agit d'une visite privée ; le premier ministre, Mr Lionel Jospin, qui a reçu la consigne de son président, l'évite ; à Elf, c'est le Directeur de l'exploitation et production qui reçoit les ministres

---

[219] Oyo, ville natale de Mr Sassou-Nguesso, dans le Département de la Cuvette Centrale (Nord du Congo).

[220] L'Angola assure la logistique militaire; le Gabon, c'est l'arrière-garde, toujours nécessaire en temps de guerre, comme base de repli éventuel et, surtout, de ravitaillement des troupes ; La France, siège du lobby pétrolier, devant rassurer la communauté internationale et pouvant opposer son véto aux Nations Unies, le cas échéant.

du Pétrole et des Finances de Lissouba ; l'accueil est froid. Furieux et humilié, Pascal Lissouba rentre au pays convaincu, cette fois, du "complot" dont il est victime et dont le maître-d'œuvre n'est autre que le chef de l'État français.

Désormais, plus de doute : il réalise que les Français lui ont préféré son rival, que le président Omar Bongo, son parent ethnique, lui a tourné le dos, et qu'il est fâché avec Eduardo Dos Santos, à cause de son soutien à Savimbi, de même qu'avec les Américains depuis l'affaire d'OXY ; mais, il ne s'avoue pas vaincu et se met aussitôt à la recherche d'autres appuis, car il lui en faut bien, s'il veut gagner cette guerre ; les moyens financiers et les ressources humaines, il les a : ce sont ceux de l'État ; l'armée congolaise est en place ainsi que sa milice personnelle, pour isoler Sassou-Nguesso ; les appuis politiques, il va les trouver facilement[221], en la personne de Bernard Kolelas d'abord, son grand rival d'hier dans la partie sud du pays et qui se rallie à lui, corps et milice : les Ninjas ; il en fera son Premier ministre ; ensuite, avec d'autres personnalités du Sud et du Nord du pays comme Joachim Yhomby-Opango, Thystère Tchicaya, Bokamba Yangouma et David Charles Ganao qui se rallieront à lui, au sein de l'ERDDUN[222].

Mais la faiblesse de sa stratégie militaire réside dans les soutiens extérieurs : Savimbi enverra bien quelques hommes, mais face à l'inorganisation de l'armée congolaise et à l'absence d'un réel plan de guerre, ceux-ci déchantent vite et retournent chez eux, sans coup férir ; il en va de même de quelques soldats de Kabila, dépêchés à Brazzaville, officiellement, pour observer la provenance des tirs de mortiers qui s'abattent sur Kinshasa ; la tournée qu'il entreprend en Namibie, en ce début de mois d'octobre 1997, et qui se termine à Kinshasa le 10 octobre 1997 est un dernier baroud d'honneur qui se conclut par un échec.

Un autre atout qu'il croyait infaillible est le Conseil de Sécurité des Nations Unies, avec l'envoi d'une force d'interposition : il va jusqu'à envoyer une forte contribution financière[223] afin de faire

---

[221] Moyennant toutefois beaucoup d'argent, apprendra-t-on, plus tard.
[222] Espace Républicain pour la Défense de la Démocratie et de l'Unité Nationale.
[223] Selon les sources de la Mission Permanente du Congo aux Nations Unies : US$ 500,000.

accélérer le processus de mise en route des troupes. Mais c'était sans compter avec la forte pression de la France, membre permanent de ce Conseil avec droit de veto ; l'intervention de celle-ci sera décisive pour bloquer la demande faite, ce 14 octobre 1997, par Koffi Annan au Conseil de Sécurité de décider d'un embargo d'armes au Congo et d'y envoyer dans les meilleurs délais une force d'interposition de 5.000 hommes au moins.

La suite est connue : le 15 octobre 1997, le Général Denis Sassou-Nguesso contrôle militairement Brazzaville, et le lendemain, la France prend acte de sa victoire.

CHAPITRE TROISIÈME :

SASSOU NGUESSO II ET LA DIPLOMATIE DE LA FRANCAFRIQUE

Le 25 octobre 1997, Denis Sassou-Nguesso, vainqueur de la guerre, prête solennellement serment, selon la formule consacrée, devant le "Peuple et la Nation", et devient président de la République du Congo et Chef de l'État ; auparavant, il aura promulgué un Acte fondamental abrogeant la Constitution du 15 mars 1992 et mettant en place un régime présidentiel. Le chemin du nouveau pouvoir est dès lors balisé ; Pascal Lissouba et ses hommes étant défaits et forcés à l'exil, rien et personne, sur le terrain, ne saurait, semble-t-il, porter, désormais, ombrage au nouveau maître incontesté du Congo.

Et pour cause ! La reconnaissance internationale du nouveau régime est fulgurante : dès le 16 octobre 1997, la France prend acte de la victoire militaire de Denis Sassou-Nguesso et exige, timidement, que la démocratie soit respectée ; les États-Unis d'Amérique, souvent très scrupuleux en matière de coup d'État, font autant, tout en espérant des élections présidentielles dans un délai de six mois ; le 22 octobre 1997, l'Organisation des Nations Unies se dit prête à assister le Congo à organiser des élections libres et transparentes et à aider au désarmement des milices ; à cet effet, une mission interagences du Système des Nations Unies est dépêchée à Brazzaville dès le 21 octobre 1997[224], en vue d'évaluer, rapidement, les besoins d'assistance humanitaire d'urgence ; le 26 octobre 1997, les présidents de l'Angola, de la République Démocratique du Congo et du Gabon se retrouvent à Luanda et lancent un appel en faveur d'une aide pour la reconstruction du Congo : une reconnaissance de fait du nouveau régime.

Ainsi, fort de cette reconnaissance, le nouveau chef d'État peut tranquillement prendre part au sommet Union Européenne-Pays

---

[224] Dans sa Résolution 867 du 15 octobre 1997, le Conseil de Sécurité en appelle à l'arrêt immédiat des hostilités au Congo, condamne les interventions étrangères et demande le retrait de toutes les troupes étrangères impliquées dans la guerre, sans les citer nommément.

ACP[225], les 6 et 7 novembre 1997 à Libreville (Gabon), au sommet de la Francophonie à Hanoi (Viêt-Nam), les 14 et 15 novembre 1997, et enfin à la 32e Session du Conseil des Chefs d'État et de gouvernement de l'UDEAC à Yaoundé (Cameroun), les 5 et 6 février 1998.

Voilà donc un homme que la diplomatie du monde accueille sans sourciller, alors qu'il vient, au moyen d'une guerre sanglante, de mettre fin à une expérience démocratique ; cette facilité avec laquelle Denis Sassou-Nguesso est accepté par la communauté internationale étonne beaucoup d'observateurs et chroniqueurs de politique internationale : depuis la chute du mur de Berlin, en effet, l'accession au pouvoir par les urnes est devenue le credo de la communauté internationale ; par ailleurs, la guerre a été mise hors la loi par l'ONU depuis sa création ; ainsi, la prise de pouvoir par les armes, et de surcroit contre un président élu démocratiquement, aurait suscité un tollé général du monde entier ; mais, ce ne semble pas être le cas pour le nouvel homme fort du Congo.

Les raisons qui pourraient expliquer cette attitude sont fort nombreuses et diverses ; la diplomatie mondiale en pleine mutation offre, aujourd'hui, un étalage d'acteurs et de défis à relever tellement multiples qu'il est devenu courant de fermer les yeux devant des massacres, voire des dénis de droit, pour privilégier l'intérêt vital et dominant des États : ce sont souvent des intérêts économiques dits stratégiques, ou encore des velléités de mainmise sur les richesses d'une nation, par l'imposition des hommes politiques à leur dévotion.

Au Congo-Brazzaville ce sont, semble-t-il, les intérêts français qui vont dicter leur loi ; le poids de la France de Jacques Chirac, grand ami du président congolais, et la complexité des relations franco-africaines et franco-congolaises[226] ont, semble-t-il, permis à Denis Sassou-Nguesso de s'imposer et de s'affirmer au plan international.

---

[225] Pays de la zone Afrique-Caraïbes-Pacifique.
[226] La fameuse "Françafrique".

1. **Sassou II et la Françafrique**

Pour la période allant de 1997 à 2008, le Ministère des Affaires étrangères et de la Francophonie du Congo résume l'action diplomatique du président Denis Sassou-Nguesso, en ces termes [227] : "La Communauté internationale refait confiance au Congo. De zone à risque, le Congo redevient une terre de paix, une terre fréquentable. On assiste à un retour rapide des représentations diplomatiques et d'investissements étrangers ; le gouvernement renoue le dialogue avec les institutions de Bretton-Woods (…). Denis Sassou-Nguesso travaille au renforcement de la coopération entre États de la CEMAC et de la CEEAC. Comme à l'accoutumée, son deuxième mandat à la tête de l'OUA a été ponctué par plusieurs initiatives en faveur de la paix et du développement en Afrique".

Brève, mais belle description, en effet, d'un bilan diplomatique qui a bien des airs de déjà vus ou de déjà entendus ; en effet, rien de bien nouveau, de réellement différent de la période précédente, n'apparaît ici ; en tout cas, ainsi présentée, la diplomatie de ces débuts de règne ressemble plus ou moins à celle de Sassou I, marquée, essentiellement et comme nous l'avons vu, par des relations privilégiées avec la France ; elle paraît, donc ici, comme un simple calque, commenteront certains ; en tout cas, après la parenthèse tumultueuse de Pascal Lissouba, les affaires françaises au Congo vont, enfin, reprendre, et de plus belle !

Elles reprennent, en effet, de façon tellement spectaculaire que rien [228] ne viendra perturber cette confiance renouvelée des Occidentaux, et de la France surtout, à Sassou-Nguesso ; quelques exemples symptomatiques : les États-Unis d'Amérique investissent 62 millions de dollars US à la construction et à l'équipement d'une nouvelle ambassade qui est inaugurée, en grande pompe, en 2009 ; le Congo, pays pétrolier et donc très riche, atteint le point

---

[227] In: *Le Regard Diplomatique, Revue Congolaise d'études et de pratique diplomatiques*, No.1, Octobre-novembre 2008 (pp.37-39).
[228] Ni les fameux disparus du Beach, ni la longue guerre contre les civils dans le Département du Pool, ni encore moins les différents scandales qui éclaboussent le président congolais (voir plus loin), n'ébranleront l'ardeur des autorités françaises autour de Sassou-Nguesso.

d'achèvement de l'IPPTE[229] en 2009, et dès 2010, la France, l'Italie et les USA s'empressent d'effacer la dette du Congo ; le président Paul Biya se rend, enfin, à Brazzaville, en 2010, pour assister au Sommet des Chefs d'État et de gouvernement de la CEMAC, lui qui, depuis longtemps, ne se déplaçait guère pour ce genre de rencontre… Tout un symbole !

Pourquoi donc se " bouscule-t-on" à Brazzaville ? Pourquoi cet engouement pour ce pays, dont le régime est, selon *Le Canard Enchainé*[230], "renommé pour sa brutalité et sa corruption " ? C'est que, selon certains spécialistes, et François-Xavier Verschave est de ceux-là, le président Sassou-Nguesso serait incontournable dans les relations franco-africaines et qu'avec Omar Bongo et Paul Biya, il serait l'un des barons les plus en vue de la fameuse Françafrique ; toute son action, diplomatique ou autre, obéirait donc, avant tout, à des impératifs de la Françafrique et à sa logique.

Dans son ouvrage intitulé : La Françafrique, le plus long scandale de la République[231], François-Xavier Verschave décrit la Françafrique comme " un ensemble de réseaux d'influence français en Afrique et qui sont une composante des relations diplomatiques entre la France et ses anciennes colonies africaines. Il précise qu'il s'agit d'une nébuleuse d'acteurs économiques, politiques et militaires, en France et en Afrique, organisée en réseaux et *lobbies*, et polarisée sur l'accaparement de deux rentes : les matières premières et l'aide publique au développement ".

Selon donc, François-Xavier Verschave, la France[232], en mettant en place ce système, visait particulièrement à : 1) assurer la place de l'État français au niveau international, grâce à une "sphère d'influence" en Afrique francophone, lui garantissant ainsi un nombre important de votes à l'ONU ; 2) avoir un accès privilégié

---

[229] "Initiative Pays Pauvres Très Endettés" de la Banque Mondiale et qui accorde au pays bénéficiaire un effacement ou un allégement de sa dette; au Congo, cette annonce est faite quelques jours après la visite à Brazzaville du Ministre français des affaires étrangères, Mr Bernard Kouchner.

[230] *Le Canard Enchainé* No. du 14 juillet 2010, p.2 : Chirac honore un humaniste africain.

[231] Publié chez Stock, Paris, en 1999.

[232] Plus précisément, le Général de Gaulle ainsi que ses successeurs sans exception : Pompidou, Giscard d'Estaing, Mitterrand, Chirac et Sarkozy.

aux matières premières stratégiques, fort nombreuses dans la région ; 3) favoriser la corruption et le détournement de l'aide publique au développement au profit d'intermédiaires divers, d'hommes politiques français et africains, et des grands partis politiques français ; 4) garantir le rôle de l'État français, durant la guerre froide, comme sous-traitant des États-Unis d'Amérique en Afrique ; 5) défendre la langue française, en contrant l'hégémonie grandissante de la culture anglo-saxonne dans le monde.

Pour faire fonctionner ce système, il lui faut des acteurs ; ce sera ce qu'on a appelé le précarré africain, à savoir les présidents et dictateurs africains des anciennes colonies françaises ; ils seront, effectivement pour la plupart, mis en place, soutenus et protégés, contre vents et marées, par l'État français. Denis Sassou-Nguesso est l'un d'eux ; il est, en tout cas, présenté, notamment depuis son retour au pouvoir par la force, comme l'instrument et le défenseur des intérêts français au Congo.

À ce titre et muni de la protection "françafricaine", Sassou-Nguesso est apparu comme un intouchable : ainsi, quand en 1998 une véritable épuration ethnique a lieu dans les quartiers-Sud de Brazzaville, et que le massacre des populations civiles s'étend dans le Pool jusqu'en 1999, la communauté internationale en général, et la France de Jacques Chirac en particulier, ne disent mot ; de même, quand en mai 1999, 353 jeunes gens réfugiés en République Démocratique du Congo (RDC) et de retour à Brazzaville, à la faveur pourtant d'un accord entre la RDC, le Congo et le HCR[233], sont recueillis au Beach[234] de Brazzaville et sont portés disparus, la France reste, également, muette ; bien plus, les autorités françaises fermeront les yeux ou mettront toutes les entraves possibles à leur propre système judiciaire, pour empêcher que justice soit rendue à la plainte déposée à Paris, en 2002, par la FIDH[235] contre le président Denis Sassou-Nguesso, le Général Pierre Oba son ministre de l'Intérieur, le Général Blaise Adoua, Commandant de

---

[233] Haut Commissariat des Nations Unies pour les Réfugiés.
[234] Embarcadère du port fluvial de Brazzaville.
[235] La plainte est déposée par la Fédération internationale des Ligues des Droits de l'Homme (FIDH), la Ligues des droits de l'homme (LDH) et l'Observatoire congolais des droits de l'homme(OCDH). <u>Afrique, Pillage à huis clos</u>, *op. cité ut supra.*

la Garde présidentielle, et le Général Norbert Dabira, Inspecteur général des armées, pour crimes de tortures, disparitions forcées et crimes contre l'humanité [236]. Enfin, elles couvriront tous les scandales dont Sassou-Nguesso et son clan feront l'objet, tels que les dépenses fastueuses faites à New-York, le dossier des biens mal acquis[237], etc.

Plus tard et encore, lors des élections présidentielles de juillet 2009, quand tous les médias du monde rapportent, en direct, la tricherie, le bourrage des urnes, l'achat des consciences, et le très faible taux de participation (5 à 7%), Jacques Toubon, observateur mandaté par l'Élysée, est le premier à déclarer, contre toute évidence, que les élections se sont bien déroulées ; par voie de conséquence, la France sera parmi les premiers pays à reconnaître l'élection, dès le 1er tour, du président congolais.

2. **La diplomatie piégée par l'économie**

La victoire de Denis Sassou-Nguesso pour un deuxième mandat de sept ans ne pouvait donc surprendre ; elle était attendue, parce que souhaitée et voulue en haut lieu, même si le président Nicolas Sarkozy, en visite à Brazzaville en mars 2009, s'en défend, maladroitement, d'ailleurs, puisque personne ne lui avait posé la question[238] : "...Aujourd'hui même, des Congolais mettent ainsi ma visite à Brazzaville sur le compte des échéances électorales

---

[236] Pour en savoir plus dans cette affaire, lire l'excellent ouvrage de Xavier Harel : Afrique, Pillage à huis clos, chez Fayard, Paris 2006, notamment les pp.89-110.
[237] Tandis que les medias anglo-saxons dénoncent en 2006 les dépenses somptueuses effectuées, au détriment du trésor congolais, par le Président Denis Sassou-Nguesso et sa délégation à New-York, la presse française est muette; de même, quand trois associations françaises dont *Transparency International* et la Fédération des Congolais de la Diaspora (FCD) accusent le président congolais et sa famille de posséder en France des biens mal acquis (18 propriétés, 112 comptes bancaires et un véhicule de luxe d'une valeur de 172.321 Euros, selon l'hebdomadaire français *L'Express*, Edition internationale No. du 12 février 2009), l'enquête préliminaire ouverte par le parquet de Paris pour "recel et détournement de biens publics" débouche sur un non-lieu. Il faudra attendre octobre 2010 pour que la Chambre criminelle de la Cour de Cassation, en son audience tenue au Palais de Justice de Paris, casse l'Arrêt du parquet de Paris et conclut à la recevabilité de la plainte.
[238] "Qui s'excuse s'accuse", dit un adage bien connu !

congolaises de juillet sur lesquelles je voudrais peser, comme si je n'avais pas assez de mes propres affaires françaises ! On s'interroge, on m'interroge : qui la France est-elle venue soutenir ? Et que cela soit clair : La France n'a pas à prendre parti dans une élection qu'elle soit provinciale, présidentielle ou législative. La France, dans aucun pays, ne soutient aucun candidat ! Et la France travaillera, main dans la main, avec le président que les Congolais se choisiront"[239].

Dans ce même discours devant le Parlement congolais, le président français a, sans l'ignorer, conscience du poids de la Françafrique dont il voudrait, pourtant, se défaire, car "trop souvent caricaturée comme opaque ou affairiste"[240]. Il poursuit : "La France n'aide pas le Congo parce qu'elle aurait une dette envers le Congo. La France est naturellement reconnaissante au Congo de son soutien en des temps difficiles. Je me rappelle des mots du Général de Gaulle sur "Brazzaville qui, pendant de terribles années, fut le refuge de notre honneur et de notre indépendance". Si la France aide le Congo, c'est que la France veut un avenir commun avec le Congo ; l'aide de la France est déliée, elle ne vise pas à promouvoir ses exportations ou à assurer des marchés à ses entreprises. Elle ne vise pas non plus à préserver ses entreprises de la concurrence"[241].

C'est bien dit ; mais Nicolas Sarkozy savait sans doute qu'il ne pouvait convaincre personne, sur l'aide "déliée" de la France et sur son non-soutien à celui qu'il appelle affectueusement : "Cher Denis" ; car dans la soirée, quelques heures après ce discours au Parlement, dans le toast qu'il prononce au diner officiel, l'accent est plutôt mis sur les affaires, justement : "...La France est le premier investisseur dans votre pays. Elle en est fière, car les entreprises françaises veulent investir au Congo ; elles sont un acteur essentiel du développement et de la croissance. Les forages de Total, premier producteur de pétrole, les chantiers routiers et d'électrification de Vinci et de Bouygues, les projets d'équipements portuaires du groupe Bolloré amélioreront les

---

[239] *Discours du Président Nicolas Sarkozy devant le Parlement congolais*, jeudi 26 février 2009.
[240] *Idem.*
[241] *Ibid.*

performances économiques du Congo. D'autres opérateurs français sont prêts à investir dans votre pays. Nous ne demandons aucun passe-droit. Mais nous voulons que vous nous fassiez confiance, à notre compétence, à notre dynamisme. Nous voulons investir pour longtemps au Congo-Brazzaville"[242].

Plus loin, il précise : "... À travers la signature du nouveau Document Cadre de Partenariat en mai 2008, dont, Cher Denis, tu as parlé, c'est le thème d'une coopération responsable que nos deux pays ont mis en place. Coopération responsable car répondant mieux aux besoins des Congolais, une coopération plus efficace, près de 200 millions d'euros. Comme l'a souhaité le président, l'accent est mis sur les infrastructures, permettant d'assurer une meilleure mobilisation des ressources propres au Congo"[243].

Comme les infrastructures au Congo, c'est principalement Vinci, Bouygues et Bolloré comme il le dit lui-même, et comme les investissements essentiels au Congo sont ceux de la France et qui prospèrent grâce à un homme qui a ramené la stabilité au Congo[244], on comprend aisément vers quelle direction prendraient les 200 millions d'Euros et qui devrait bénéficier des retombées de l'annulation de la dette congolaise en faveur de laquelle Nicolas Sarkozy prend l'engagement d'aider le Congo[245].

Dans ce toast consacré aux trois quarts aux préoccupations économiques, comme dans son discours au Parlement, le soutien de Nicolas Sarkozy au président congolais est sans équivoque : " Mesdames et Messieurs, j'ai conscience également que depuis peu d'années, grâce au président Sassou-Nguesso, le Congo a retrouvé la stabilité et la sécurité. Voir Brazzaville, Brazzaville reconstruite, Brazzaville apaisée, c'est dire que cette bataille-là, vous l'avez

---

[242] Toast du Président Nicolas Sarkozy au diner offert par Sassou-Nguesso, le jeudi 26 mars 2009.
[243] "...Nous ferons des efforts pour soutenir la relance de vos infrastructures..." *Discours de Nicolas Sarkozy devant le Parlement congolais.*
[244] "Aimer le Congo, c'est dire à chacun que vous avez besoin de tous vos enfants, de tous vos talents et que personne ne prenne le risque de ranimer ce que Monsieur le Président vous avez eu tant de mal à ramener : la stabilité et la sécurité ".
[245] "J'en ai longuement parlé avec le Président Sassou, la France vous aidera au Club de Paris", *Discours au Parlement.*

gagnée. Ne vous arrêtez pas en chemin. Il faut gagner toutes les autres et le chemin est encore long"[246].

C'est clair que, pour Sarkozy, Sassou-Nguesso est le meilleur garant des intérêts économiques français ; les relations internationales bilatérales d'aujourd'hui, c'est, avant tout, du "business" ; la signature des marchés lucratifs est le point culminant, on le sait, des visites officielles du président français ; c'est la dure loi d'aujourd'hui et que l'on ne s'y méprenne pas ; le pétrole, le bois, les ressources minières et toutes les potentialités économiques du Congo sont un trésor qui ne saurait échapper à la France et à la Françafrique ; c'est de la chasse gardée !

Quoi de plus clair que Nicolas Sarkozy passe aujourd'hui comme l'ambassadeur par excellence des intérêts économiques de la France et des milieux financiers français ! Le message a été bien compris au Congo, la diplomatie doit être au service de l'économie ; l'économie doit être au centre de toute action ; il faut entendre, en d'autres termes, que l'économie congolaise doit être ouverte aux investisseurs français, si elle ne l'est pas déjà. Le très influent éditorialiste des *Dépêches de Brazzaville* n'en pense pas moins quand, dans sa livraison du 3 novembre 2010[247], il écrit qu'il est désormais impératif pour le Congo "d'attirer, séduire et rentabiliser" ; "attirer les capitaux, séduire les investisseurs ne pourront se faire que si le Congo se dote d'instruments lui permettant de mieux se faire connaître des décideurs, par le biais, notamment, d'une *diplomatie économique* aux objectifs clairement définis", conclut le quotidien gouvernemental.

La diplomatie congolaise sera donc économique ou ne le sera pas ; car, le même quotidien[248] affirme, martèle et signe[249] qu'il faut "changer de cap ! le pays, lit-on en page 2, s'est fourvoyé dans l'impasse au cours des dix dernières années" ; il est impératif désormais "d'agir sans plus attendre, auprès des institutions internationales, des gouvernements étrangers, des investisseurs publics et privés, des médias internationaux de telle façon que le

---

[246] *Discours au Parlement congolais*.
[247] *Les Dépêches de Brazzaville*, no.1108 du 3 novembre 2010.
[248] No. 1112 du 9 novembre 2010, Editorial.
[249] "Un changement de cap dont nous nous sommes faits ici même les avocats à maintes reprises", écrit l'éditorialiste.

Congo apparaisse comme l'un des pays du continent africain où il convient d'être présent si l'on veut jouer un rôle dans le futur". Le journal va plus loin en donnant quelques pistes d'action : "Un changement de cap qui passe par un renforcement de l'action diplomatique et de la présence culturelle du Congo dans tous les lieux, toutes les capitales où se dessine le monde de demain... Il passera obligatoirement par l'installation à des postes stratégiques d'hommes et de femmes dont la mission première est de faire entendre la voix du Congo partout où se prendront les grandes décisions ; car il est nécessaire d'entreprendre sans plus tarder, à l'échelle internationale, un travail méticuleux visant à démontrer que de tous les pays d'Afrique centrale, le Congo est celui qui offre les meilleures conditions d'accueil et de rentabilité pour les capitaux en quête d'investissements". Noble ambition ! Mais une lecture consciente de ces deux Éditoriaux laisse clairement entrevoir, non seulement, un certain agacement face à un pouvoir qui ne fait rien dans le sens souhaité par le journal et ses lecteurs, mais encore et aussi, une critique à peine voilée, sinon un aveu clair de l'inefficacité de la diplomatie de Sassou II pendant ces dix dernières années.

3. **Esquisse de bilan de la Diplomatie de Sassou II**

Le bilan de la politique extérieure du président Sassou-Nguesso depuis son retour aux affaires est, pour emboîter le pas aux *Dépêches de Brazzaville,* peu flatteur ; on a, plutôt, assisté, en effet, à une diplomatie coûteuse (beaucoup de voyages à l'étranger), infructueuse, orientée davantage vers le prestige personnel, pendant que l'image intérieure du pays frise la honte au regard des immenses potentialités des ressources nationales ; malgré les lourdes responsabilités que la communauté africaine et internationale a confiées au Congo, ici et là, depuis près de 15 ans (Présidence du Conseil de Sécurité, Présidence de l'OUA puis de l'UA, Conflit Ivoirien, Conflit Tchadien, Darfour, Médiation Tchad-Soudan, Présidence de la CEMAC, etc....), la prestation congolaise a été peu concluante et assez quelconque par endroits ; les sorties onusiennes du président congolais n'ont été remarquables que par le train de vie de pacha de sa suite dans les plus grands hôtels newyorkais, éméchant une fois de plus l'image de marque du pays ; cela avait d'ailleurs provoqué la risée de certains journalistes quelque peu provocateurs. Quant à l'organisation par le Congo des manifestations internationales dans les domaines de la science, de la culture et du sport, on a constaté que ces moments de solidarité du peuple congolais avec les autres peuples, qui auraient dû contribuer à rehausser l'image de marque du pays, l'ont, hélas, ternie par l'improvisation, l'inexpérience, la gabegie et l'éternel recommencement dans la construction des infrastructures d'accueil, par exemple.

Par ailleurs, l'étiquette collée au chef d'État, comme l'un des "barons" de la Françafrique, est demeurée comme un boulet qui n'a pu, en aucune façon, permettre de s'affranchir d'une tutelle néocoloniale qui a fait son temps. La Françafrique, comme l'a écrit, justement et en des termes très durs, la diaspora congolaise en France[250], "est une pieuvre qui maintiendra longtemps le peuple congolais dans la vassalité la plus abjecte de père en fils ou d'oncle à neveu, si dès aujourd'hui, le peuple ne se lève pas pour en couper la ou les têtes pensantes de chez nous". Enfin, il a été noté que la voix du Congo si écoutée et respectée en Afrique centrale, en particulier, s'est quasiment éteinte au profit des pays émergents de la sous-région.

Comment donc, cet homme, si adulé par la communauté internationale au moment de sa victoire militaire de juin 1997, et qui l'a si couvert en fermant les yeux sur "les massacres et crimes contre l'humanité (guerre du Pool, disparus du Beach…)", n'a pas su se faire une certaine et bonne notoriété sur la scène internationale ? Comment n'a-t-il pas pu rayonner et prendre le leadership, ne fut-ce qu'au niveau de l'Afrique centrale ?

L'usure du pouvoir pourrait, sans doute, en être la cause ou, du moins, l'une des principales raisons ; et pourtant, dans d'autres cieux, la durée au pouvoir constitue un atout majeur dans les relations internationales ; l'expérience ainsi gagnée au fil des ans, la forte connaissance des dossiers et des acteurs de la diplomatie mondiale vous prédisposent, en effet, à être l'homme de toutes les médiations, l'homme-ressource de toutes les négociations ; il

---

[250] Sassou Nguesso, l'irrésistible ascension d'un pion de la Françafrique, ouvrage déjà cité *ut supra*.

semble que le président congolais n'a pas su et/ou pu, curieusement, exploiter à bon escient ce grand capital qu'il a ; il semble s'être limité et complu à une sorte de diplomatie de la routine, ignorant que le monde a changé et qu'il est fortement différent de celui qu'il a connu dans les années 80 ; bref, il n'a pas réussi ce "changement de cap" dont parlent *Les Dépêches de Brazzaville*.

Il y a aussi et surtout la situation interne ; on dit souvent que la politique extérieure est le reflet de ce qui se passe au plan national ; il est, en effet, très mal indiqué d'aller donner, par exemple, des leçons de démocratie aux autres, alors que chez soi, les libertés les plus élémentaires sont bâillonnées, quand le peuple manque du minimum nécessaire (eau, électricité, éducation, santé....), et que la corruption, la prédation, le pillage des biens publics, le népotisme et l'impunité sont la règle ! L'on ne saurait convaincre personne, en parlant unité, réconciliation, paix et justice aux autres, dès lors que chez soi règnent l'exclusion, la discrimination et la haine tribale !

Enfermé dans ces contradictions internes, impuissant à prendre de la hauteur et à cesser d'être le président d'un seul camp, Sassou-Nguesso II n'a su se renouveler au plan international et semble s'être plutôt empêtré dans des pratiques anciennes, celles de la période du monopartisme.

Dans un monde devenu planétaire, dans lequel les peuples sont interconnectés en permanence et vivent en direct, à travers la télévision et surtout l'internet avec ses réseaux sociaux tels que Facebook, Twitter, etc., chaque évènement où qu'il se produise et à n'importe quel moment de la journée ou de la nuit, gouverner en restant scotché sur les habitudes anciennes de conservation de pouvoir, en faisant fi de la démocratie, en réintroduisant dans les fonds baptismaux l'hégémonie d'un parti sur les autres, en faisant de la corruption, du favoritisme, du clientélisme, du pillage des biens publics et de l'impunité, comme modes de gestion de la chose publique, bref en intimidant les oppositions, en refusant le dialogue inclusif, en verrouillant les médias et en confinant son propre peuple à la misère, la pauvreté et la précarité, nous paraît, aujourd'hui, suicidaire et indigne pour un pays de jouer un rôle grand et noble dans l'arène internationale.

CONCLUSION GENERALE

Au terme de cette *histoire* diplomatique congolaise, comment conclure ?

1. Aujourd'hui, l'on peut aisément convenir que les trois dernières décennies ont montré la caducité et l'anachronisme d'un ordre qui n'en était plus un, ainsi que la fragilité d'un monde complètement désintégré.

La peur née de l'incertitude du lendemain, de même que la méfiance, a suscité chez certains peuples dominateurs, des réflexes d'autoconservation, de protectionnisme, voire de bellicisme, rejetant à la merci du hasard, ceux des peuples qui n'ont ni les moyens de leur économie voire de leur politique, ni encore moins aucune assurance de leur existence. Dans ce contexte international aussi tourmenté, la paix et la sécurité internationales ont été, hélas, sérieusement mises en péril ; les grandes décisions devant gérer le monde ont été, et le sont encore, prises ailleurs, dans des antichambres qui en imposent aux autres, souvent au grand mépris des lois et de la morale internationales.

On avait cru, un moment, avec l'avènement de la Perestroïka, la fin des blocs et l'entrée de l'humanité dans le troisième millénaire, que cette vision apocalyptique du monde d'hier était en voie de disparition ; mais les évènements du 11 septembre 2001, la flambée du baril du pétrole ainsi que sa chute vertigineuse, la faiblesse du dollar et la crise de l'Euro, les montées de l'intégrisme et du terrorisme international, la crise financière et la récession économique… sont venus nous convaincre du contraire : dans un monde, en perpétuelles mutations et de plus en plus globalisé, grâce au progrès galopant des technologies, le monde d'aujourd'hui demeure un monde de violence généralisée, de déstabilisation des faibles, de compétition âpre entre ceux qui ont et ceux qui n'ont pas.

Aussi, dans ce monde-là, avons-nous subi et subissons-nous encore, sans autre forme de procès :
- Les conséquences de l'intervention américaine et des forces alliées en Irak et en Afghanistan ;
- La poursuite, avec beaucoup de violence chaque jour, du conflit israélo-palestinien, malgré toutes les occasions manquées en vue d'un règlement négocié de cette longue guerre ;
- La menace permanente du terrorisme international alimenté par les extrémismes de tous bords ;
- La banalisation de l'impunité, de la corruption et de la misère des peuples ;
- Le renforcement des économies et des systèmes de défense des grandes puissances, avec l'élargissement de l'Union européenne et la croissance exponentielle de la Chine ;
- La mondialisation de l'économie avec le triomphe du libéralisme et la domination des sociétés multinationales ;
- L'apparition de puissances moyennes, dites "émergentes ", en Asie, au Proche-Orient, en Amérique latine, telles que, en plus de la Chine, l'Inde, le Pakistan, la Corée du Sud, la Thaïlande, l'Iran, le Brésil, Singapore, etc.…

Sur le continent africain, plus particulièrement, après une fin du 20e Siècle dominée par la fin des régimes odieux de l'apartheid en Afrique du Sud, au Zimbabwe et en Namibie et le vaste mouvement de démocratisation consécutif à l'effondrement du système communiste totalitaire, la situation, en ces premières années du 21e siècle, s'est caractérisée par le contraste entre d'une part, les pays aux avancées démocratiques indéniables, tels que le Bénin, le Cap Vert, le Ghana, la Namibie, le Sénégal et la Tanzanie, pour ne citer qu'eux, et d'autre part, par le maintien au pouvoir, depuis plusieurs décennies, des régimes antidémocratiques, et surtout, l'instauration dans beaucoup de pays des caricatures de démocratie où la modification des constitutions, la manipulation et la fraude électorale, le bâillonnement des forces d'opposition, tiennent lieu de conservation du pouvoir. En plus du processus de démocratisation dévoyé dans plusieurs pays, l'Afrique a été, et est, toujours, confrontée, partout, à des guerres civiles interminables, à l'avalanche de violences de toutes sortes, qui soumettent les populations civiles à des situations de désespoir comme au Darfour, en Somalie, en Ouganda, au nord du Niger et du Mali, en Guinée-Bissau, en République Démocratique du Congo, au Tchad, en RCA, en Côte d'Ivoire, au Nigeria, etc.. Dans toutes ces zones en guerre, la barbarie des hommes en armes a annihilé toutes formes d'assistance humanitaire et toutes voies de recours pour sauvegarder les droits de l'homme, imposer le respect de la dignité des femmes et la protection des enfants. Dans tous ces drames qui, depuis le génocide rwandais, émaillent, ainsi, le continent africain et qui ont occasionné et continuent d'occasionner par milliers le massacre des populations civiles dépourvues des moyens de défense et de protection, l'ONU, par son Conseil de Sécurité, n'a pas su prévenir ou arrêter la prolifération de ces désastres. L'Union Africaine, à l'instar de l'OUA d'hier et malgré les déclarations de bonnes intentions des chefs d'État des pays membres, non seulement demeure impuissante face à l'ampleur des dégâts, mais semble, surtout, davantage préoccupée par la condamnation des coups d'État (Côte-d'Ivoire, Mauritanie, Guinée-Conakry, Guinée-Bissau, Madagascar, Mali, Niger…) qu'à prendre des mesures préventives contre la dérive autoritaire et meurtrière des régimes antidémocratiques, comme au Niger avec l'ancien président Tandja Mamadou, au Zimbabwe et dans bien d'autres pays[251] ; ce sont les pratiques insolentes de ces régimes-là qui sont à l'origine des drames récurrents.

Au plan économique, la mauvaise gouvernance qui caractérise la gestion de l'État dans plusieurs pays en Afrique a placé l'ensemble de ces pays, superendettés pour rien, sous la coupe réglée des institutions financières internationales[252]. L'intégration économique sous-régionale prônée comme la solution à l'entrée de ces pays dans la mondialisation est devenue, particulièrement en

---

[251] Les évènements récents en Tunisie, en Egypte et en Lybie ont une fois de plus démontré l'impuissance et l'inefficacité de l'UA.
[252] Il faut seulement voir comment on s'est bousculé autour de l'IPPTE pour s'en convaincre.

Afrique centrale, un vœu pieux. Les chefs d'État s'enferment, plutôt, dans un protectionnisme absurde face à une mondialisation et une concurrence imposée par le commerce international qui consacre la domination des grandes puissances. Dans la zone CEMAC particulièrement, à l'exception de l'Union Monétaire de la zone CFA et l'harmonisation des fiscalités, l'intégration sous-régionale continue de balbutier, avec certaines décisions qui étonnent : par exemple l'obligation faite aux usagers de la route de changer de plaques d'immatriculation, de permis de conduire et des cartes grises CEMAC, alors qu'aucune route, ni même une piste praticable ne relient un seul pays de la Zone à l'autre. Le passeport CEMAC et la société de transport aérien CEMAC qui auraient dû faciliter la circulation des personnes et des biens ont été renvoyés aux calendes grecques, parce que le micronationalisme des chefs d'État passe avant toutes ces nécessités de développement qui demeurent, pourtant, des urgences incontournables.

Avec ce tableau peu reluisant, auquel s'ajoutent la récession mondiale et la crise de la dette depuis 2009 et dont personne n'a semblé se préoccuper au Congo, mais qui pourtant avait déjà eu pour effet la coupure drastique en deux du budget 2009, comment peut-on exister en tant qu'État, comment le Congo-Brazzaville peut-il s'y prendre ?

2. Pour répondre à cette redoutable question, on peut esquisser, en effet, quelques propositions ; mais, pour trouver la ou les solutions adéquates, il faudrait, sans doute, s'interroger sur les raisons de cette inefficacité ou de ce manque de bons résultats ; les raisons peuvent être assurément exogènes et endogènes. Il est évident qu'il est difficile pour le Congo de peser sur les impératifs extérieurs dus à une conjoncture internationale qu'il est difficile de contrôler ; l'échec, par exemple, du sommet de l'OMC de juillet 2008 en a été l'une des preuves flagrantes ; cependant, il est possible de regarder sur notre vie intérieure… telles causes produisant les mêmes effets ; le rayonnement de la politique extérieure d'un pays, sa crédibilité à l'extérieure sont, en effet, aujourd'hui, largement tributaires de la bonne gouvernance intérieure (donc de la Démocratie) qui va de la paix, de l'unité nationale, de la juste distribution des richesses nationales, et surtout du strict respect des droits fondamentaux de l'être humain.

Un monde différent se dresse devant nous ; il y a des signes qui ne trompent pas : avec un président atypique -Nicolas Sarkozy-, la France, notre partenaire de toujours, a vu chaque jour abandonner les valeurs nobles qui faisaient d'elle l'amie des Africains, la patrie des droits de l'homme et des libertés, le défenseur des peuples opprimées, le berceau des hautes valeurs morales et civiques ; les États-Unis d'Amérique sont en train de perdre leur leadership mondial au profit d'une Chine dont la prolifération économique contient déjà les germes de son effondrement futur ; il faut toutefois saluer l'avènement de Mr Barack H. Obama à la Maison Blanche ; si pour l'histoire, il est sans conteste que l'on parlera encore, de génération en génération, du phénomène Obama, premier Afro-Américain à la tête de l'État le plus puissant du monde, nous attendons, toutefois, de le voir en œuvre et terminer son mandat, pour que ce grand symbole du changement et de la rupture, voire de la tolérance entre les peuples et les nations, fasse des émules à travers le monde entier ; le prix Nobel de Paix octroyé en 2009 nous est apparu comme une pression de plus sur cet homme "providentiel" dont on attend encore beaucoup. En attendant, l'Amérique chancelle, et l'on peut avancer que, malgré les efforts de son président-fétiche, la puissance américaine est aux abois économiquement, et rien n'y changera dans les prochaines années ; les lois naturelles étant implacables : tout empire périra...

Du côté de l'Europe, aujourd'hui en proie à la dette, à la crise de l'Euro et à la récession[253], on s'aperçoit chaque jour qu'elle s'érige de plus en plus en bunker, avec comme véritable muraille imprenable, des côtes et des rivages devenues, au jour le jour, les cimetières désolants des milliers d'infortunés, fuyant chez eux la misère, la famine, la guerre, voire la persécution et la chasse à l'homme... La destruction en France, en 2009, de ce qu'on avait appelé la *"jungle de Calais"* et les décisions *sarkozistes* contre les "ROMS" en 2010, illustrent, à n'en point douter, toute la violence d'une philosophie de la misanthropie, de la haine et de l'égoïsme,

---

[253] Conséquence inévitable de la crise de l'Euro.

alors que la mobilité humaine est, et demeure, un facteur de développement humain[254].

Et pourtant et malgré tout, il nous faudra vivre avec ce monde-là : le Congo est un petit pays par ses dimensions et sa population ; son poids économique est très faible ; sa pratique démocratique nulle ! Occupant en 2009 le 136e rang mondial sur 182 États, selon l'*IDH*[255] du *Rapport mondial du PNUD sur le Développement humain* de cette année-là, il est illusoire de penser qu'il doit et va jouer les premiers rôles dans le concert des nations ; cependant et comme pour reprendre l'analyse faite à la Conférence nationale souveraine, pour sa réalisation, son développement, son existence, il a des intérêts à sauvegarder ; car, ce monde qui donne les apparences d'une véritable jungle, est déjà et sera encore, malgré tout, un monde de coopération par excellence ; la survie du pays dépendra, bien sûr, de la bonne gouvernance interne, mais aussi de la qualité de sa politique de coopération (cohérente, claire, bien définie) et de sa capacité de négociation et de gestion de cette coopération.

Comment faire ? C'est une politique extérieure de la rupture qu'il faut mettre en œuvre, sans plus tarder, tout en assumant le principe de la continuité de l'État qui impose un certain comportement ; mais, même dans la continuité, le changement doit s'imposer. Les missions classiques de "Représentation, Négociation et Protection" dévolues traditionnellement au ministère des Affaires étrangères demeureront inchangées ; cependant, comme il faudra *faire de la diplomatie autrement*, la nouvelle politique extérieure aura ses principes-clés comme fondements et lignes d'action ; nous en proposons huit ; ce sont :

- **Continuité de l'État et Respect des engagements pris**

    Dans le cadre de la succession de l'État, les engagements pris qui font honneur au pays doivent être respectés, sauf cas de dol flagrant, auquel cas des révisions nécessaires s'imposeront ; mais les partenaires doivent être rassurés.

---

[254] Voir : *Rapport Mondial* du PNUD *sur le Développement Humain 2009 : Lever les barrières : Mobilité et Développement Humains*.
[255] Indice du Développement humain.

La continuité imposera, également, des comportements nouveaux de la part des acteurs qui devront toujours mettre en avant la protection et la défense des intérêts supérieurs de la nation.

- **Réaffirmation de l'attachement du Congo aux idéaux et principes contenus dans les Chartes de l'ONU et de l'UA : Indépendance nationale, paix, liberté, justice, règlement pacifique des différends, non-ingérence dans les affaires intérieures, etc.**

    Le Congo de demain doit demeurer un pays de paix et de démocratie ; il s'agira par conséquent de persévérer dans cette voie pour assurer au pays un développement humain durable ; car, comme c'est bien connu, aucun développement n'est possible dans un contexte de guerre, d'agitation ou de perturbation sociopolitique. Sur cette base, il s'agira de revisiter les relations bilatérales et multilatérales du Congo pour les renforcer là où cela sera nécessaire, mais surtout pour les rendre plus respectueuses des intérêts des uns et des autres ; des ouvertures seront faites vers des partenaires souvent ignorés, mais qui apporteront beaucoup à la démocratie congolaise.

- **Coexistence pacifique, bon voisinage, solidarité et Paix régionales**

    Il s'agira de réaffirmer la vocation africaniste du Congo, en faisant de l'intégration régionale, voire continentale, le support d'une véritable paix en Afrique centrale. Le Congo pourrait rapidement initier des actions de grande portée symbolique comme, par exemple, le pont-route-rail sur le Congo (reliant Brazzaville à Kinshasa) et une première autoroute à péage entre Pointe-Noire et le Cabinda. D'autres initiatives renforçant les institutions régionales et continentales seront prises afin que les citoyens congolais en ressentent effectivement les retombées positives. Toutefois les questions d'immigration qui font, de plus en plus, problème dans beaucoup de pays (Afrique du Sud,

Burundi, Nigeria, Gabon, Guinée-équatoriale, etc..) doivent être revues et faire l'objet de mesures urgentes.

- **Condamnation de toutes formes de discrimination de race, de religion, d'opinion, de sexe…**

  Il s'agira, non pas d'une simple condamnation, mais de matérialiser cette conviction dans les faits et dans le concret ; par exemple, refuser tout asile politique à des personnes reconnues et poursuivies des faits de ce genre, mais par contre accueillir et prendre en charge les victimes, avec le soutien, évidemment, des organisations internationales habilitées ; le cas, par exemple, de certains Rwandais génocidaires, encore présents sur le sol congolais, devra être revu avec le concours du Représentant du Secrétaire général des Nations Unies en Afrique de l'Ouest et du Centre.

- **Renforcement de la coopération avec les ONG**

  Les ONG, y compris celles qui militent pour les droits de l'homme et/ou contre la corruption, etc. devront être considérées comme des partenaires de développement au même titre que les partenaires bilatéraux ou multilatéraux ; étant plus proches des populations, ce sont des auxiliaires de développement qui auront un grand rôle à jouer à côté de l'État dans le cadre des programmes de réhabilitation et de reconstruction, ceci dans le cadre de ce que l'on appelle la coopération décentralisée.

- **politique de sensibilisation et de remise en confiance**

  Il y a nécessité de recouvrer la crédibilité du pays à l'extérieur ; les partenaires du Congo doivent avoir confiance aux Congolais, en leur faisant comprendre le bien-fondé de la nouvelle politique de changement et de rupture ; le rôle du diplomate sera de persuader, de convaincre et de rassurer. Dans ce contexte, l'assainissement des missions diplomatiques (devenues le repère de parents et autres cas politiques) et la révision de la carte diplomatique congolaise, en fonction des moyens et des ambitions du pays, devraient faire partie des mesures urgentes qui s'imposent. Ce sera l'occasion de revaloriser la fonction de diplomate au Congo.

- **Renforcement et redynamisation des relations de libre coopération avec des partenaires de toujours, mais aussi avec des partenaires nouveaux (tels que les Pays Emergeants et Israël) dans le cadre de la libre coopération, mais selon le principe du codéveloppement et de la coresponsabilité**

    Telle sera la nouveauté principale ; le codéveloppement et la coresponsabilité supposent que le Congo n'acceptera plus d'accords conditionnés et n'acceptera pas non plus les chantages qui entourent souvent la signature de gros contrats. Dans ces conditions, les parties congolaises devront faire preuve de compétence, de vigilance et de probité morale. La partie congolaise devra s'organiser également en conséquence, car une coopération réellement efficace exige une coordination tant au niveau des donateurs qu'au niveau interne ; si au niveau des donateurs, les choses sont claires, ce n'est pas le cas au plan interne, où la gestion de la coopération a souvent été morcelée entre plusieurs ministères et interlocuteurs ; cela fait désordre et annihile toute action de suivi et donc toute efficacité ; il faut changer et proposer un seul interlocuteur, comme c'est le cas dans bien des pays, et ce sera le Ministère des Affaires étrangères et de la Coopération (voir ci-dessous).

- **Amorcer une politique de placement des cadres nationaux dans les organisations internationales**

    On n'a toujours pas compris au Congo que la présence des ressortissants nationaux dans les organisations internationales est une autre richesse de la diplomatie ; en effet, bien qu'internationaux, ces cadres-là ne demeurent pas moins des patriotes et sont toujours prêts à orienter, conseiller, dans les domaines de leurs compétences, et éviter ainsi au pays des déboires, des contrariétés, voire des échecs cuisants dans certaines négociations ; il est temps pour les Congolais de se réveiller et de faire, de ces cadres, les conseillers privilégiés de la nouvelle diplomatie.

3. Pour mettre en œuvre les principes ci-dessus, des réformes seront nécessaires, voire incontournables ; c'est ici, nous semble-t-il, le volet le plus important du changement et de la rupture en diplomatie congolaise :

- **Réforme des Structures de la diplomatie congolaise**

    La diplomatie est un art tellement délicat et sensible que la moindre gaffe, la plus petite erreur peut entraîner des conséquences irréparables qu'on appelle, vulgairement, "conflits diplomatiques". C'est pourquoi, afin de minimiser ces risques, il faudrait éviter la multiplicité des organes de conception, de décision et d'exécution.

    La tradition veut que le président de la République soit le chef de la diplomatie ; c'est du domaine réservé, dit-on dans le jargon diplomatique ; eh bien, ce pouvoir que lui confère la Loi fondamentale sera maintenu et confirmé ; c'est, en effet, le chef de l'État qui accrédite les Ambassadeurs et reçoit les Lettres de créance des Chefs de Missions diplomatiques des pays amis ; la présidence de la République restera donc l'organe de conception par excellence de la nouvelle diplomatie.

    Le ministère des Affaires étrangères et de la Coopération, unifié et dont tous les services seront hébergés sous le même toit (au nouveau palais actuel) œuvrera en étroite liaison avec la présidence de la République et demeurera le coordonnateur de toutes les activités diplomatiques et de coopération ; c'est le ministère des Affaires étrangères qui reçoit les Copies figurées des Lettres de créance des Ambassadeurs, ainsi que les Lettres de cabinet des Représentants des Organisations internationales ; cela lui confère donc des pleins pouvoirs pour être l'organe central, la seule voie obligée, l'interlocuteur par excellence ; à ce titre, il présidera les Commissions mixtes et autres réunions de travail ; tous les autres ministères joueront, selon leurs compétences et attributions, le rôle de départements techniques et seront, selon les cas, étroitement associés, mais animeront les réunions techniques.

- **Réforme du fonctionnement du ministère (Administration centrale et Ambassades)**

  Compte tenu de l'ampleur des missions nouvelles du Département, le fonctionnement du ministère ne doit pas être alourdi par une structure complexe, difficile à gérer ; il sera donc indispensable de revoir son organigramme ; une structure légère serait donc plus appropriée et plus efficace : Cabinet, Secrétariat général et quelques grandes Directions.

  Toutefois, si une décision du chef de l'État voulait la création d'un Secrétariat d'État, celui-ci serait évidemment rattaché au ministre et dépendrait de lui ; il aurait un cabinet, mais utiliserait les mêmes services que ceux du Ministère ; ce ne sera pas un ministère des affaires étrangères "bis".

  Il sera créée au sein de ce ministère, une Cellule d'analyses et de prospective ; celle-ci sera, non seulement chargée de réfléchir sur le rayonnement du pays à l'extérieur, sur toutes questions de politique internationale et faire des propositions conséquentes au ministre, mais aussi de gérer l'épineuse question du placement et du suivi des cadres nationaux dans les institutions internationales. Cette cellule travaillera étroitement avec les Instituts de formation diplomatique au Congo comme à l'extérieur, ainsi qu'avec certains services nationaux de sécurité et d'intelligence.

  Les structures des Ambassades congolaises doivent être fixées une fois pour toutes : un mouvement diplomatique se fera de manière cyclique et rotatoire ; le séjour dans une ambassade ne saurait excéder trois ans, sauf pour les ambassadeurs qui devront faire 4 à 5 ans maximum.

  Pour éviter des nominations arbitraires et fantaisistes, ainsi que des erreurs préjudiciables dans l'attribution des postes, on usera des critères conventionnels certes (compétence, expérience...), mais l'on ajoutera ceux liés à l'éthique, au comportement social des individus, c.-à-d. la bonne moralité, la probité. De plus, on veillera à ce que le profil exigé corresponde bien au poste ; pour cela, l'on procédera, systématiquement, à la description des postes, en mettant l'accent sur le profil et les qualifications requis, le tout assorti de Termes de Références, c.-à-d. les missions à assumer et les tâches à accomplir à un poste donné. Il est à noter que seuls les cadres du personnel diplomatique et consulaire seront concernés dans les différentes nominations. Toutefois, si la nécessité se fait sentir, l'on pourrait faire intervenir des cadres "étrangers au corps", mais dans une proportion ne dépassant pas le tiers et à certains postes donnés seulement, à définir conjointement par le président de la République et le ministre.

Enfin, à l'heure des Nouvelles Technologies de l'Information et Communication (NTIC), il est essentiel d'informatiser le ministère et ses Services rattachés ; la modernité et la complexité des questions en jeu l'imposent expressément.

- **Révision de la Carte diplomatique congolaise**

  Une nouvelle Carte diplomatique devra s'imposer ; l'implantation de nouvelles missions diplomatiques ou la suppression de quelques-unes devra se faire en tenant compte des capacités nationales à bien gérer ces structures et des intérêts réels à préserver dans les pays hôtes. Elle sera consécutive, également, à l'établissement de relations diplomatiques avec de nouveaux partenaires, ou partenaires non actifs (Israël ou la Corée du Sud, par exemple). Une réduction du nombre des ambassades pour des raisons économiques et d'efficacité est un point qui devrait être sérieusement pris en considération. Cette opération se fera en même temps qu'il faudra procéder à l'assainissement des ambassades actuelles, sur la base des recommandations des audits ou des inspections à dépêcher, le plus tôt possible, sur le terrain.

- **Formation des Cadres**

  Il s'agit ici d'un des volets importants des changements à opérer dans le département ; au lieu de subir passivement l'enrôlement automatique de nouveaux diplômés que la Fonction publique dispatche unilatéralement, le ministère devra désormais être étroitement associé à la formation de ses agents ; c'est lui qui, à travers une planification basée sur ses missions et ses besoins réels, devra définir les profils des cadres dont il aura besoin ; ce sera une formation spécialisée, en liaison étroite avec les facultés et instituts de formation ; le ministère devrait ainsi disposer des spécialistes dans tous les secteurs (sécurité, gestion du personnel, finances, droit, économie, problèmes culturels, sociologie, écologie, etc.), afin de disposer des compétences nécessaires, permettant de mieux appréhender ce monde international qui bouge tant.

- **Réforme de la politique d'immigration**

  Il est évident que l'immigration ne relève pas directement des attributions du ministère des Affaires étrangères, mais ce ministère a la responsabilité de gérer les compatriotes émigrés à travers les consulats ; dans le cadre de la politique de rupture, il faudrait absolument que le ministère soit associé à toute politique concernant la gestion des étrangers en République du Congo, en tant qu'interlocuteur gouvernemental des ambassades amies qui se réfèrent souvent à lui en cas de problème avec leurs ressortissants.

  Le Congo n'est pas traditionnellement un pays d'émigration ; si l'on a connu une période d'émigration plus ou moins importante vers l'Europe (France) dans les années 70 et 80, marquée par le mouvement dit des "*Parisiens*" et autres "*Sapeurs*", et une autre période post-conflit (1997 et 1998) vers l'Afrique australe, l'Asie, l'Europe (Grande-Bretagne) et surtout l'Amérique (USA, Canada), le mouvement semble s'être tassé depuis ; on ne note pas par exemple de Congolais parmi les "*boat people*", aux Canaries ou sur les côtes meurtrières de la

Méditerranée, qui ont souvent fait et font l'actualité ; toutefois, dans le cadre d'une politique de rassemblement de toutes les filles et tous les fils du pays du Nord au Sud et de l'Est à l'Ouest, afin de rebâtir le Congo nouveau, il est impératif que le Congo sache exactement quelle est la population de sa diaspora ; car, ils sont nombreux les Congolais de l'étranger qui souhaitent revenir au pays - si ce n'est définitivement, du moins de temps en temps - afin de contribuer, eux aussi, à la reconstruction et à la réhabilitation du pays ; il faut donc que l'on s'intéresse à eux et que l'on définisse à leur intention une politique incitative de retour ; car la diaspora, nul ne l'ignore, peut être un acteur et un atout indéniable de développement ; ne fut-ce que parce que beaucoup ont capitalisé des expériences, du savoir-faire et des ressources financières dont le pays aura certainement besoin. Le Cap-Vert et le Mali dont la population émigrée semble être la première richesse de ces pays, devraient inspirer dans le traitement particulier des émigrés congolais pour les inciter à venir investir au pays. Des mesures concrètes devront être proposées à cet effet (facilités douanières et bancaires, statut spécial, etc....)

La présence de la population étrangère est souvent source de conflit en Afrique ; on l'a vu entre la RDC et l'Angola ; on l'a vu en 2008 en Afrique du Sud avec les immigrés zimbabwéens ; on a également vu des expulsions au Gabon, au Nigeria, et même chez nous au Congo dans les années 60 (Crise Congo-Gabon), et en 1978 sous la présidence du Général Yhomby-Opango. Aujourd'hui, avec l'afflux de plus en plus inquiétant et intrigant des Libanais et des Chinois, ainsi que l'impact de plus en plus pesant des Ouest-Africains sur le petit commerce, il est temps de prévenir, plutôt que d'attendre pour, finalement, jouer au médecin après la mort quand il sera, alors, trop tard. Des mesures urgentes de contrôle devraient s'imposer, accompagnées d'un recensement méticuleux de cette population dont beaucoup, grâce à la corruption et la fraude, détiennent des cartes d'identité congolaise, voire des passeports nationaux (normaux et diplomatiques) ; ensuite, l'exercice du petit commerce devra être règlementé, de manière à ce que les Congolais ne soient plus hors jeu dans ce secteur ; enfin, l'octroi de certains marchés de l'État doit privilégier, à compétences et moyens égaux, les nationaux ; on pourrait s'inspirer du Koweït par exemple, où les étrangers ne peuvent ouvrir une boutique qu'en association avec un national dont le nom seul s'affichera sur le fronton ainsi que sur les papiers réglementaires ; par ailleurs, certains produits (comme le bois) devraient être contingentés et réservés aux seuls congolais, tout en adoptant une politique de quota pour les autres produits... Ce sont là quelques pistes à explorer parmi tant d'autres.

4. Pour terminer, il faut dire que pendant cinq décennies le Congo a, avec plus ou moins de bonheur, évolué dans un monde aux enjeux complexes ; il importe donc de tirer les leçons du passé pour esquisser des schémas de survie pour demain ; c'est ce qui vient d'être proposé ci-dessus.

Ces mesures et ces réformes ne sont, évidemment, pas figées ; bien au contraire, elles restent ouvertes à toutes suggestions susceptibles de les amender ou de les compléter dans le sens de l'enrichissement ; seul l'intérêt général, celui du pays, doit rester constant dans notre esprit.

Une fois de plus, l'on ne cessera jamais d'insister pour dire que le rayonnement extérieur d'un pays est tributaire de la bonne gouvernance interne ; un pays inversé où triomphent la corruption, la misère et le déni de droit ne saurait faire entendre sa voix au niveau international ; pour que la voix du Congo soit de nouveau audible, crédible et respectée, des efforts de bonne gouvernance, de rigueur dans la gestion des affaires de l'État, de justice et d'équité, etc. sont indispensables ; ce sont là les fondamentaux incontournables d'une bonne politique étrangère.

En effet, il faut en finir, une fois pour toutes, avec le désordre, avec toutes ces pratiques subjectives et mesquines, non scientifiques -la diplomatie demeure un art et donc une science- qui ont tant déshonoré la diplomatie congolaise ; afin que cette diplomatie retrouve ses lettres de noblesse dans le cadre du changement et de la rupture, il faut qu'elle soit - elle doit être - réellement une diplomatie consciente, responsable, sérieuse, pensée par un chef d'État tirant sa légitimité des élections démocratiques, libres et transparentes, mais aussi conduite et gérée par des personnes véritablement aptes à la profession./-

INDICATIONS BIBLIOGRAPHIQUES

Succinctes et générales, les indications bibliographiques ci-après complètent les documents cités tout au long de cet ouvrage et qui ne sont donc plus repris ici. Elles sont générales parce qu'elles doivent être, uniquement, considérées comme des points de réflexion, des repères, pour le lecteur désireux d'approfondir ses connaissances ou de compléter son information. Elles sont succinctes parce que, sur le sujet, sur la diplomatie congolaise à proprement parler, très peu d'ouvrages ont été, à ce jour, publiés.

I. Ouvrages généraux

- BALANDIER (G.) : Sociologie des Brazzaville Noires ; Fondation de Science politique, Paris
- BAZOUNI (Yv.) : Le Métier de diplomate ; L'Harmattan, Paris, 2005
- BOUTROS-GHALI (B) : L'Organisation de l'Unité Africaine, Paris, coll. U2- Armand Colin, 1968
- CARMOY (Guy de) : Les politiques étrangères de la France ; Paris, Ed. de la Table Ronde, 1971
- DUMONT (R.) : Pour l'Afrique, j'accuse… Paris, Plon, 1986
- DUROSELLE (J.B.) : Histoire diplomatique de 1919 à nos jours ; Dalloz, Paris, 1962
- GIRI (J.) : L'Afrique en Panne ; Paris, Karthala, 1986
- GONIDEC (PF.) : Relations internationales ; Précis Domat, Ed. Montchrestien, Paris, 1977
- JOUVE (Ed.) : Relations internationales du Tiers Monde et droits des peuples ; Berger

	Levrault, Paris, 1979
- KODJO (E.) :	<u>Et demain l'Afrique</u> ; Stock, Paris, 1984
- MENDE (T.) :	<u>De l'aide à la recolonisation</u> ; Ed du Seuil, Paris, 1972
- MERLE (M.) :	<u>Sociologie des Relations internationales</u> ; Dalloz, Paris, 1980
- MERLE (M.) :	<u>La politique étrangère</u> ; PUF, Paris, 1984
- NICHOLSON(Rod) :	<u>Diplomatie</u> ; Coll. Histoire et société d'aujourd'hui, Ed. La Baconnière, Neuchâtel, 1948
- PISANI (Edg.) :	<u>Pour l'Afrique</u> ; O. Jacob, Paris, 1988
- PLANTEY (A.) :	<u>Indépendance et Coopération</u> ; L.G.D.J, Paris, 1968
- REUTER (P.)	<u>Traités et documents diplomatiques</u> Coll. Thémis, P.U.F, Paris, 1976
- REUTER (P.)	<u>Institutions internationales</u> ; Coll. Thémis, PUF, Paris, 1975
- VINAY (B.) :	<u>L'Afrique commerce avec l'Afrique</u> ; PUF, Paris, 1988

II : **Ouvrages et documents spécialisés**

- ANGUILE (AG) et DAVID (J.E.):	<u>L'Afrique sans frontières</u> ; Ed. Paul Bory, Monaco, 1965
- BERTRAND (H.) :	<u>Formation sociale et mode de développement économique : la Révolution congolaise avortée</u> ; Thèse, doctorat en sciences économiques, Paris I, 1974

- BONNEFOUS (Ed.) : Les milliards qui s'envolent : l'aide française aux pays sous-développés
- GUENA (Yv.) : Histoire de la Communauté ; Fayard, Paris, 1962
- CHARBONNEAU (JP) : La politique étrangère de la République populaire du Congo ; Mémoire de science politique, Bordeaux, 1972
- GENTIL (C.R.) : Deux voies de développement : la Côte d'Ivoire et le Congo Brazzaville ; Thèse sciences économiques, Paris, 1968
- HIPPOLYTE (M.) : Les États du Groupe de Brazzaville aux Nations Unies ; Paris, presses de science politique, 1970
- LIGOT (M.) : Les Accords de coopération entre la France et les États africains et Malgache d'expression française ; La Documentation française, Paris
- NDONGO (Sally) : La Coopération franco-africaine ; Maspéro, Paris, 1972
  Et demain l'Afrique ; Stock, Paris, 1984
- MAMIMOUE (J.L.) : Le Congo-Brazzaville, son évolution politique et administrative, de la 3e République française à nos jours ; Thèse de Droit, Paris I, 1973
- MAGANGA (B) : Le Congo à l'OUA ; L'Harmattan, Paris
- NKOUKA (A.) : La Coopération Franco-congolaise ; Thèse, Droit et Économie, Paris I, 1975

- NKOUKA-TSULUBI (A.): <u>Guerres et Pleurs au Congo-Brazza. ou la Vie au-jour- le-jour du temps du président Pascal Lissouba</u> : Kaktus Éditions, Praia (Cap-Vert), 2003

- YOULOU(F.): <u>J'accuse la Chine</u> ; Paris, la Table Ronde, 1965

- **ANNEXES** -

TEXTES ET ACCORDS SIGNES PAR LE CONGO

Ici encore, il s'agit de quelques textes choisis parmi tant d'autres, pour que le lecteur se fasse une opinion sur le travail abattu par la diplomatie congolaise en ces temps-là. Ce sont essentiellement :

1- L'Accord de Coopération en matière de politique étrangère entre la République française et la République du Congo

2- Le Traité d'Amitié et de Coopération Soviéto-Congolais

3- L'Accord général entre le PCT et le PCUS

4- Le Protocole de Brazzaville sur l'Indépendance de la Namibie

5- L'Accord entre la République d'Angola, la République de Cuba et la République Sud-africaine sur l'indépendance de la Namibie

6- L'Accord entre le gouvernement de la République du Cuba et le gouvernement de la République d'Angola mettant fin à la mission internationaliste du contingent militaire cubain.

1. ACCORD DE COOPÉRATION EN MATIÈRE DE POLITIQUE ÉTRANGÈRE ENTRE LA RÉPUBLIQUE FRANÇAISE ET LA RÉPUBLIQUE DU CONGO

Le gouvernement de la République française d'une part ;
Le gouvernement de la République du Congo d'autre part ;

Considérant que par l'effet de l'accord de transfert en date du 12 juillet 1960, entré en vigueur le 4 août 1960, la République du Congo a accédé à l'indépendance et que la République française l'a reconnue en tant qu'État indépendant et souverain ;

Considérant que la République du Congo manifeste la volonté de coopérer avec la République française au sein de la communauté à laquelle elle participe dans les conditions prévues aux accords en date de ce jour ;

Désireux d'affirmer la permanence des liens d'amitié qui unissent les deux peuples et reconnaissant que leurs politiques étrangères s'inspirent, dans l'esprit de la Charte des Nations Unies, d'un même idéal et des mêmes principes.

Sont convenus de ce qui suit :

Article 1er : Le président de la République française, président de la communauté, accrédite auprès du président de la République du Congo un haut représentant qui a rang et prérogatives d'ambassadeur et qualité de représentant spécial du président de la Communauté. Ce haut représentant est le doyen du corps diplomatique au Congo. Le président de la République du Congo accrédite auprès du président de la République française, président de la Communauté, un haut représentant qui a rang et prérogatives d'ambassadeur et qualité de représentant spécial auprès du président de la Communauté. Il est réservé à ce haut représentant une place privilégiée parmi les envoyés diplomatiques accrédités à Paris.

Article 2 : Des postes consulaires seront établis sur le territoire de chacun des deux États. Leurs sièges sont fixés à l'annexe jointe au présent accord. Leurs circonscriptions seront définies par un accord ultérieur. D'autres postes consulaires pourront être ouverts ultérieurement d'un commun accord entre les deux gouvernements.

Article 3 : La République française assure, à la demande de la République du Congo, dans les États où celui-ci n'a pas de représentation propre, la représentation de la République du Congo ainsi que la protection de ses représentants et de ses intérêts.

La République française assure, à la demande de la République du Congo, sa représentation auprès des Organisations internationales où celle-ci n'a pas de représentation propre.

En effet, le gouvernement dès la République du Congo donne par l'intermédiaire du gouvernement de La République française, des directives aux agents diplomatiques et consulaires et aux délégués français.

Les fonctionnaires de la République du Congo peuvent être accueillis dans les postes diplomatiques et consulaires de la République française et de la Communauté, afin de suivre les affaires intéressant la République du Congo.

Article 4 : le gouvernement de la République française et le gouvernement de la République du Congo se tiennent mutuellement informés et se consultent au sujet des problèmes de politique étrangère.

Afin de confronter leurs points de vue et de rechercher, avant toute décision importante, une harmonisation de leurs positions et de leurs actions, ils se concertent de manière régulière, notamment au sein de la Conférence des Chefs d'État et de gouvernement ou des ministres des Affaires étrangères.

Dans le même esprit, les délégués des parties contractantes se concertent avant toutes négociations ou conférences techniques internationales intéressant la République française et la République du Congo.

Article 5 : Le gouvernement de la République française prête au gouvernement de la République du Congo son concours pour l'organisation de la formation technique des cadres diplomatiques et consulaires de la République du Congo.

Article 6 : La République française appuiera la candidature de la République du Congo à l'Organisation des Nations Unies en temps utile pour qu'elle puisse être admise à la réunion de 1960 ainsi qu'aux Institutions spécialisées qui en dépendent.

Article 7 : Chacune des parties contractantes notifiera à l'autre l'accomplissement des procédures constitutionnellement requises pour la mise en vigueur du présent accord qui prendra effet à la fin de la dernière de ces notifications.

Fait à Brazzaville, le 15 août 1960

Pour le gouvernement de la République française
Jean Foyer

Pour le gouvernement de la République du Congo
Fulbert Youlou

Annexe concernant les postes consulaires

En application de l'article 2 du présent accord :

a). Des postes consulaires français seront établis à Brazzaville et à Pointe-Noire ;
b). Des postes consulaires de la République du Congo seront établis à Bordeaux, Lille, Marseille, Paris, Strasbourg.

2. TRAITE D'AMITIÉ ET DE COOPERATION SOVIETO- CONGOLAIS

La République populaire du Congo et l'Union des Républiques Socialistes Soviétiques, ci-après désignées "Hautes parties contractantes",

Considérant que le développement et le renforcement continus des rapports d'amitié et de coopération harmonieuse entre elles sont conformes aux intérêts nationaux fondamentaux des peuples des deux pays et servent la cause de la paix dans le monde ;

Animées par les idéaux de la lutte contre l'impérialisme, le colonialisme et le racisme sous toutes leurs formes et dans toutes leurs manifestations, ainsi que par la volonté constante d'apporter l'appui maximum aux peuples en lutte pour la liberté, l'indépendance et le progrès social ;

Résolues à contribuer au renforcement de la paix et de la sécurité internationale dans l'intérêt des peuples de tous pays ;

Se prononçant pour l'unité de toutes les forces progressistes dans la lutte pour la paix, la liberté, l'indépendance et le progrès social, et estimant que le développement des relations d'amitié et de coopération entre les pays en voie de développement correspond à leurs intérêts communs ;

Animés par la volonté de conserver et de consolider les rapports d'amitié et de coopération mutuellement avantageuse qui se sont établis entre les deux États et leurs peuples et de créer une base pour le développement continu de ces rapports ;

Réaffirmant leur attachement aux buts et principes de la Charte des Nations Unies ;

Sont convenues de ce qui suit :

Article 1er : Les hautes parties contractantes développeront et approfondiront les relations d'amitié indéfectible et de coopération harmonieuse dans les domaines politique, économique, commercial, scientifique, technique, culturel sur la base de l'égalité en droit, de la non-ingérence dans les affaires intérieures, du respect de la souveraineté, de l'intégrité territoriale et de l'inviolabilité des frontières.

Article 2 : Les hautes parties contractantes s'engagent à coopérer étroitement afin d'assurer les conditions du maintien et du développement des acquis sociaux et économiques de leurs peuples ainsi que du respect de la souveraineté de chacune d'elles sur toutes les ressources naturelles.

Article 3 : La République populaire du Congo respecte la politique de défense de la paix poursuivie par l'Union des Républiques Socialistes Soviétiques en vue de resserrer l'amitié et la coopération avec tous les pays et les peuples du monde.

L'Union des Républiques Socialistes Soviétiques respecte la politique de Non-alignement poursuivie par la République du Congo qui constitue un facteur important du développement de la coopération internationale et de la coexistence pacifique.

Article 4 : Les hautes parties contractantes redoubleront d'efforts en vue de protéger la paix internationale et la sécurité des peuples, d'approfondir le processus de la détente internationale, d'étendre celle-ci à toutes les régions du monde, de la matérialiser en des formes concrètes de coopération mutuellement avantageuse entre États en vue de régler les problèmes litigieux internationaux par des moyens pacifiques. Elles favorisent activement la cause du désarmement nucléaire, sous un contrôle international efficace.

Article 5 : Les hautes parties contractantes continueront à mener une lutte inlassable contre les forces de l'impérialisme pour une suppression définitive du colonialisme et du néocolonialisme, du racisme et de l'apartheid, à se prononcer pour une application intégrale de la déclaration de l'ONU sur l'octroi de l'indépendance aux pays et peuples coloniaux.

Article 6 : Les hautes parties contractantes se consulteront sur toutes les grandes questions internationales touchant les intérêts des deux pays.

Article 7 : Au cas où surgiraient des situations qui créeraient une menace contre la paix ou une rupture de la paix, les hautes parties contractantes entreraient sans tarder en contact afin de coordonner leurs positions en vue d'éliminer une telle menace ou rétablir la paix.

Article 8 : Les hautes parties contractantes s'engagent à tout mettre en œuvre en vue de renforcer et d'élargir une coopération politique, économique, sociale, culturelle, scientifique et technique mutuellement avantageuse entre elles.

À ces fins, elles développeront et approfondiront leur coopération dans les domaines faisant l'objet d'accords particuliers.

Les hautes parties contractantes développeront leurs échanges commerciaux et la navigation marchande sur la base des principes d'égalité de droits, de l'avantage réciproque et du traitement de la nation la plus favorisée.

Article 9 : Les hautes parties contractantes favoriseront le développement des liens d'amitié et de coopération entre les organisations socio-politiques et culturelles de leurs pays en vue d'assurer une connaissance mutuelle et approfondie de la vie, du travail, de l'expérience et de réalisation de leurs peuples.

Article 10 : Chacune des hautes parties contractantes déclare qu'elle ne participera pas aux actions et aux mesures qui seraient dirigées contre l'autre haute partie contractante.

Article 11 : Les hautes parties contractantes déclarent que le présent Traité n'affecte pas leurs droits et obligations en vertu des traités internationaux en vigueur conclus avec leur participation et elles s'engagent à ne pas conclure d'accords internationaux incompatibles avec ce dernier.

Article 12 : Toute question qui pourrait surgir entre les hautes parties contractantes quant à l'interprétation d'une disposition du présent traité sera réglée par voie bilatérale dans un esprit d'amitié, de respect et de compréhension mutuelle.

Article 13 : Le présent Traité est conclu pour une période de 20 ans. Si l'une des hautes parties contractantes ne notifie pas son désir de faire cesser les effets du Traité six mois avant l'expiration de ladite période, il restera en vigueur pour les cinq années suivantes et ainsi de suite tant que l'une des hautes parties contractantes n'aura pas fait connaître par écrit, six mois avant l'expiration du délai de cinq ans en cours, son intention d'y mettre fin.

Article 14 : Le présent Traité sera ratifié et entrera en vigueur à la date de l'échange des instruments de ratification qui aura lieu à Brazzaville.

Article15 : Les hautes parties contractantes communiqueront copie du présent Traité au Secrétariat général de l'Organisation des Nations Unies pour son enregistrement.

Le présent Traité est rédigé en double exemplaire original, chacun en Français et en Russe, les deux textes faisant également foi.

Fait à Moscou, le 13 mai 1981

Pour l'Union des Républiques Socialistes Soviétiques	Pour la République Populaire du Congo
Léonid Ilitch Brejnev	Denis Sassou-Nguesso

3. ACCORD GÉNÉRAL DE COOPERATION ENTRE LE PCT ET LE PCUS

Le Comité Central du Parti Congolais du Travail et le Comité Central du Parti Communiste de l'Union Soviétique se fondant sur les relations d'amitié et de solidarité militantes existant entre le PCT et le PCUS ;

Considérant la coopération entre les Partis comme une base essentielle du développement des liens d'amitié traditionnels entre les peuples de la République populaire du Congo et de l'Union Soviétique ;

Partant de la communauté de buts poursuivis dans la lutte contre l'impérialisme, le néocolonialisme et le racisme sous toutes leurs formes et manifestations, pour l'émancipation nationale et l'édification d'une société nouvelle sur les principes du socialisme scientifique ;

Réaffirmant leur volonté inébranlable de prêter leur soutien internationaliste à tous les peuples en lutte pour la liberté, l'indépendance et le progrès social ;

S'inspirant de l'intérêt de la consolidation de l'alliance des pays socialistes et des forces de libération nationale et sociale ;

Ont signé le présent Accord en conformité duquel les deux Partis manifestent leur intention de :

1. Renforcer toujours et perfectionner leur coopération à tous les niveaux ;
2. Procéder constamment à l'échange d'expérience dans le domaine de l'activité du Parti et de son rôle dirigeant dans l'édification sociale, économique et culturelle ;
3. Échanger régulièrement des délégations de cadres du Parti, organiser des consultations systématiques et des échanges militants d'opinion sur des questions d'intérêt commun aux deux Partis. Mener des

recherches scientifiques communes sur les problèmes actuels du processus révolutionnaire mondial et du développement social contemporain ;
4. Poursuivre une large coopération dans le domaine de la formation des cadres du Parti et de l'État, fidèles à leurs peuples et à la cause de l'édification socialiste ;
5. Renforcer les contacts entre les organes de presse de nos Partis et les autres moyens d'information, faire connaître largement à l'opinion publique les activités des deux Partis dans tous les domaines de la vie, riposter énergiquement à la propagande impérialiste et réactionnaire ;
6. Procéder périodiquement à la concertation des protocoles concrets de coopération entre nos partis ;
7. Favoriser les échanges de tous ordres entre les organisations de masse des deux pays.

Fait à Moscou, le 13 mai 1981

Pour le PCUS   Pour le PCT

Léonid LLitch Brejnev   Denis Sassou-Nguesso

4. PROTOCOLE DE BRAZZAVILLE SUR L'INDÉPENDANCE DE LANAMIBIE

Les délégations représentant les gouvernements de la République populaire d'Angola, de la République de Cuba et de la République d'Afrique du Sud ;

Se retrouvant à Brazzaville avec la médiation du gouvernement des États-Unis d'Amérique ;

Exprimant leur profonde appréciation à l'égard du président de la République populaire du Congo, le Colonel Sassou-Nguesso, pour son indispensable contribution à la cause de la paix en Afrique Australe et pour l'hospitalité offerte aux délégations par le gouvernement de la République populaire du Congo ;

Confirmant leur engagement à agir en accord avec les principes d'un règlement pacifique en Afrique Australe, signé à New York le 13 juillet 1988, chaque élément étant indispensable pour un règlement global, avec les accords conclus à Genève le 5 août 1988 qui ne sont pas remplacés par ce document ; et avec l'accord conclu à Genève le 15 novembre 1988 pour le redéploiement au Nord, et le retrait total et par étape des troupes cubaines d'Angola ;

Exhortant la communauté internationale de fournir un soutien financier et économique pour la mise en place de tous les aspects de ce règlement ;

Conviennent de ce qui suit :

1. Les parties conviennent de recommander au Secrétaire général des Nations Unies que le 1er avril 1989 soit désigné comme la date de mise en place de la Résolution 435/78 du Conseil de Sécurité des Nations Unies ;
2. Les parties conviennent de recommander de se rencontrer le 22 décembre 1988 à New York pour la signature de l'Accord tripartite et pour la signature par l'Angola et Cuba de leur Accord bilatéral. Au moment de la date de la signature, l'Angola et Cuba auront conclu un accord avec le Secrétaire

général des Nations Unies sur les arrangements concernant la vérification qui doivent être approuvés par le Conseil de Sécurité ;
3. Les parties acceptent d'échanger les prisonniers de guerre après la signature de l'accord tripartite;
4. Les parties acceptent de créer une commission conjointe en accord avec l'annexe attachée au présent protocole.

Fait à Brazzaville le, 13 décembre 1988.

Pour la République populaire d'Angola	Pour la République de Cuba	Pour la République Sud-africaine
(Signé) AFONSO VAN DUNEM M'BINDA	(Signé) ISIDORO MALMIERCA PEOLI	(Signé) ROELOF F.BOTHA

ANNEXE À PROPOS DE LA COMMISSION CONJOINTE

a. Avec l'objectif de faciliter la résolution de toute dispute concernant l'interprétation ou la mise en place de l'Accord tripartite, les parties, par la présente, établissent une commission conjointe qui commencera son travail à la signature de l'Accord tripartite ;
b. La commission conjointe servira comme forum de discussion et de résolution des questions relatives à l'interprétation et la mise en place de l'Accord tripartite, et autres buts sur lesquels les parties se seront, à l'avenir, mutuellement entendues ;
c. Les parties invitent les États-Unis d'Amérique et l'URSS, à participer comme observateurs à la tâche de la commission. En outre, les parties conviennent que, à l'indépendance de la Namibie, le gouvernement namibien soit inclus comme membre à part entière de la commission conjointe. À cet effet, les parties enverront une invitation formelle au gouvernement

namibien de faire partie de la commission conjointe à la date de l'indépendance de la Namibie ;
d. La commission conjointe sera constituée dans les trente jours qui suivent la signature de l'Accord tripartite. La commission conjointe établira ses propres règlements et ses règles de procédure pour les réunions ordinaires et les réunions spéciales qui peuvent être convoquées par chacune des parties.
e. La commission conjointe, en aucune manière, ne fonctionnera comme substitut de l'UNTAG (y compris le rôle de surveillance de l'UNTAG hors de la Namibie) ou de l'entité des Nations Unies chargée de la vérification en Angola.

5. ACCORD ENTRE LA RÉPUBLIQUE POPULAIRE D'ANGOLA, LA RÉPUBLIQUE DE CUBA ET LA RÉPUBLIQUE SUD-AFRICAINE SUR L'INDÉPENDANCE DE LA NAMIBIE

Les gouvernements de la République populaire d'Angola, de la République de Cuba et de la République Sud-africaine, ci-après dénommés "les Parties" ;

Tenant compte des " Principes d'un règlement pacifique dans le Sud-Ouest de l'Afrique" approuvés par les parties le 20 juillet 1988, et des négociations ultérieures relatives à l'application de ces principes, dont chacun est indispensable à un règlement global ;

Considérant que les Parties ont accepté l'application de la révolution 435 (1978) du Conseil de Sécurité de l'Organisation des Nations Unies, adoptée le 29 septembre 1978, ci-après dénommée "Résolution 435 (1978)" ;

Considérant que la République populaire d'Angola et la République du Cuba ont conclu un accord bilatéral prévoyant le repli vers le Nord et le retrait graduel et total des troupes cubaines du territoire de la République populaire d'Angola ;

Reconnaissant le rôle du Conseil de Sécurité de l'Organisation.des Nations Unies en ce qui concerne l'application de la Résolution 435 (1978) en l'appel à apporter à l'application du présent Accord ;

Affirmant la souveraineté, l'égalité souveraine et l'indépendance de tous les États du Sud-Ouest de l'Afrique ;

Affirmant le principe de la non-ingérence dans les affaires intérieures des États ;

Affirmant le principe de non-recours à l'emploi ou à la menace de la force contre l'intégrité territoriale ou l'indépendance politique des États ;

Réaffirmant le droit des peuples dans le Sud-Ouest de l'Afrique à l'autodétermination, l'indépendance et l'égalité des droits, et le droit des États de cette région à la paix, au développement et au progrès social ;

Invitant instamment l'Afrique et la communauté internationale à coopérer au règlement des problèmes que pose le développement de la région du Sud-Ouest de l'Afrique ;

Remerciant le gouvernement des États-Unis d'Amérique de son rôle de médiateur ;

Désireux de contribuer à l'instauration de la paix et de la sécurité dans la région du Sud-Ouest de l'Afrique ;

Conviennent de ce qui suit :

1. Les Parties prieront immédiatement le Secrétaire général de l'Organisation des Nations Unies de demander au Conseil de Sécurité l'autorisation de commencer à appliquer la Résolution 435 (1978) le 1er avril 1989.

2. Toutes les forces militaires de la République Sud-africaine quitteront la Namibie conformément à la Résolution 435 (1978).

3. Conformément aux dispositions de la Résolution 435 (1978), la République Sud-africaine et la République d'Angola coopéreront avec le Secrétaire général pour assurer l'indépendance de la Namibie au moyen d'élections libres et équitables et s'abstiendront de toute action qui pourrait empêcher l'application de la Résolution 435 (1978). Les Parties respecteront l'intégrité territoriale et l'inviolabilité des frontières de la Namibie et veilleront à ce qu'aucun État, organisme ou particulier n'utilise leur territoire pour des actes de guerre, d'agression ou de violence dirigés contre l'intégrité territoriale ou l'inviolabilité des frontières de la Namibie ou pour toute autre action qui pourrait empêcher l'application de la Résolution 435 (1978).

4. La République populaire d'Angola et la République de Cuba appliqueront l'accord bilatéral, signé le même jour que le présent Accord, prévoyant le repli vers le Nord et le retrait

graduel et total des forces cubaines du territoire angolais, ainsi que les arrangements conclus avec le Conseil de Sécurité de l'Organisation des Nations Unies pour la vérification sur place de ce retrait.

5. Conformément aux obligations qui leur incombent aux termes de la Charte des Nations Unies, les parties s'abstiendront de recourir à la menace ou à l'emploi de la force et veilleront à ce qu'aucun État, organisme ou particulier n'utilise leur territoire respectif pour des actes de guerre, d'agression ou de violence dirigés contre l'intégrité territoriale, l'inviolabilité des frontières ou l'indépendance des États du Sud-Ouest de l'Afrique.

6. Les Parties respecteront le principe de la non-ingérence dans les affaires intérieures des États du -Ouest de l'Afrique.

7. Les Parties se conformeront en toute bonne foi à toutes les obligations assumées aux termes du présent Accord et régleront par la négociation et dans un esprit de coopération tout différend relatif à l'interprétation ou à l'application du présent accord.

8. Le présent Accord prendra effet à la date de sa signature.

Signé à New York en trois exemplaires, en langues portugaise, espagnole et anglaise, chaque exemplaire faisant également foi, le 22 décembre 1988.

Pour la République populaire d'Angola	Pour la République de Cuba	Pour la République Sud-africaine
(Signé) AFONSO VAN DUNEM M'BINDA	(Signé) ISIDORO MALMIERCA PEOLI	(Signé) ROELOF F.BOTHA

6. ACCORD ENTRE LE GOUVERNEMENT DE LA RÉPUBLIQUE DU CUBA ET LE GOUVERNEMENT DE LA RÉPUBLIQUE POPULAIRE D'ANGOLA METTANT FIN A LA MISSION INTERNATIONALISTE DU CONTINGENT MILITAIRE CUBAIN

Le gouvernement de la République de Cuba et le gouvernement de la République populaire d'Angola, ci-après dénommés les parties,

Considérant :

Que le 1er avril 1989 commencera l'application de la Résolution 435 (1978) du Conseil de Sécurité de l'Organisation des Nations Unies pour l'indépendance de la Namibie,

Que la question de l'indépendance de la Namibie et la question de la sauvegarde de la souveraineté, de l'indépendance et de l'intégrité territoriale de la République populaire d'Angola sont étroitement liées entre elles ainsi qu'avec la paix et la sécurité dans le Sud-Ouest de l'Afrique ;

Que sera signé, à la même date que le présent accord, un Accord tripartite entre le gouvernement de la République de Cuba, le gouvernement de la République populaire d'Angola et le gouvernement de la République Sud-africaine, qui contient les éléments indispensables à l'instauration de la paix dans le Sud-Ouest de l'Afrique ;

Qu'avec l'acceptation et l'application rigoureuse des textes précités, disparaissent les raisons qui ont amené le gouvernement de la République populaire d'Angola, exerçant légitimement le droit que lui confère l'article 51 de la Charte des Nations Unies, à demander l'envoi sur le territoire angolais d'un contingent militaire internationaliste cubain pour garantir, conjointement avec les forces armées angolaises, son intégrité territoriale et sa souveraineté face à l'invasion et à l'occupation d'une partie de son territoire ;

Tenant compte :
   Des Accords signés entre les gouvernements de la République du Cuba et de la République populaire d'Angola le 4 février 1982 et le 19 mars 1984, de la Plate-forme du gouvernement de la République populaire d'Angola, approuvée en novembre 1984, et du Protocole de Brazzaville signé par les gouvernements de la République de Cuba, de la République populaire d'Angola et de la République Sud-africaine le 13 décembre 1988 ;

Il est par conséquent établi :
   Qu'ont été créées les conditions qui permettent de commencer le rapatriement du contingent militaire cubain qui se trouve en territoire angolais, et qui a accompli avec succès sa mission internationaliste, et les Parties sont donc convenues de ce qui suit :

Article 1er :
Effectuer graduellement le repli jusqu'aux 15e et 13e parallèles et le retrait total vers Cuba du contingent de 50.000 hommes que constituent les troupes cubaines envoyées en République populaire d'Angola, selon les étapes et les dates fixées dans le calendrier de l'annexe, lequel fait partie intégrante du présent Accord. Le retrait total sera achevé le 1er juillet 1991.

Article 2 :
Les gouvernements de la République populaire d'Angola et de la République de Cuba se réservent le droit de modifier ou de changer les obligations qui leur incombent aux termes de l'article premier du présent accord au cas où des violations flagrantes de l'Accord tripartite seraient vérifiées.

Article 3 :
Par l'intermédiaire du Secrétaire général de l'Organisation des Nations unies, les deux parties demandent au Conseil de Sécurité d'assurer la vérification du repli et du retrait graduel et total des troupes cubaines du territoire de la République populaire d'Angola et, à cette fin, un protocole relatif à cette question sera établi.

Article 4 :
Le présent accord entrera en vigueur au moment de la signature de l'Accord tripartite entre les gouvernements de la République de Cuba, de la République populaire d'Angola et de la République Sud-africaine.

Fait, le 22 décembre 1988, au siège de l'Organisation des Nations Unies, en deux exemplaires, en langues espagnole et portugaise, les deux textes faisant également foi.

Pour le gouvernement de la République de Cuba, pour le gouvernement de la République populaire d'Angola

Isidoro MALMIERCA PEOLI   Af. VAN DUNEM M'BINDA

APPENDICE :

Calendrier annexe à l'Accord entre le gouvernement de la République de Cuba et le gouvernement de la République populaire d'Angola sur la conclusion de la Mission internationaliste du Contingent militaire cubain

En application de l'article premier de l'Accord entre le gouvernement de la République de Cuba et le gouvernement de la République populaire d'Angola mettant fin à la mission internationaliste du contingent militaire cubain qui se trouve sur le territoire angolais, les deux Parties établissent le calendrier de retrait suivant :

Échéances :

Avant le 1er avril 1989 (date à laquelle commence l'application de la Résolution 435) : 3.000 hommes

Durée totale du calendrier de retrait commençant le 1er avril 1989 : 27 mois

Repli vers le Nord :
Jusqu'au 15e parallèle : 1er août 1989

Jusqu'au 13ᵉ parallèle : 11 octobre 1989

Total des effectifs à retirer :

Au 1ᵉʳ novembre 1989 : 25.000 (50%)
Au 1ᵉʳ avril 1989 : 33.000 (66%)
Au 1ᵉʳ octobre 1990 : 38.000 (76%)
Au 1ᵉʳ juillet 1991 : 50.000 (100%)

Sur la base de forces cubaines composées de 50.000 hommes.

SIGLES ET ABREVIATIONS

AEF	Afrique équatoriale Française
AFDL	Alliance des Forces Démocratiques de Libération
ACERAC	Association des Conférences Episcopales de la Région d'Afrique Centrale
ACP	Afrique-Caraïbes-Pacifique
ALLIADA	Alliance de Mayombe
ANP	Assemblée Nationale Populaire
AOF	Afrique Equatoriale Française
APN	Armée Populaire Nationale
ATEC	Agence Trans-Equatoriale de Communications
BAD	Banque Africaine de Développement
BEAC	Banque des États d'Afrique Centrale
BIRD	Banque Internationale pour la Reconstruction et le Développement
CAUNC	Comité de l'Union Nationale de Cabinda
CEEAC	Communauté Economique des États de l'Afrique centrale
CEMAC	Communauté Economique et Monétaire de l'Afrique centrale
CFA	Communauté Financière Africaine
CSC	Confédération Syndicale Congolaise
CSTC	Confédération syndicale des Travailleurs du Congo
CNUCED	Conférence des Nations Unies sur le Commerce et le Développement
ERDDUN	Espace Républicain pour la Défense de la Démocratie et de l'Unité nationale
ENA	Ecole Nationale d'Administration
EU	Union Européenne
FAP	Forces Armées Populaires
FAN	Forces Armées Nationales
FCD	Fédération des Congolais de la Diaspora

FDP	Forces Démocratiques et Patriotiques
FDU	Forces Démocratiques Unies
FED	Fond Européen de Développement
FIDA	Fonds International pour le Développement Agricole
FIDH	Fédération Internationale des Droits de l'Homme
FLEC	Front de Libération de l'Enclave de Cabinda
FMI	Fond Monétaire International
FNLA	Front National de Libération de l'Angola
FNLC	Front National de Libération du Congo
IDH	Indice du Développement Humain
IPPTE	Initiative des Pays Pauvres Très Endettés
GUNT	gouvernement d'Union Nationale du Tchad
LDH	Ligue des Droits de l'Homme
MCDDI	Mouvement Congolais pour la Démocratie et le Développement Intégral
MLEC	Mouvement de Libération de l'Enclave de Cabinda
MNR	Mouvement National de la Révolution
MPLA	Mouvement Populaire pour la Libération de l'Angola
MSA	Mouvement Social Africain
NIBOLEK	Niari-Bouenza-Lekoumou
OCAM	Organisation Commune Africaine et Malgache
OCDH	Office Congolais des Droits de l'Homme
OMC	Organisation Mondiale du Commerce
ONG	Organisation non gouvernementale
ONU	Organisation des Nations Unies
OUA	Organisation de l'Unité Africaine
OSC	Organisation de la Société Civile
OTAN	Organisation du Traité Atlantique Nord
PCUS	Parti Communiste de l'Union Soviétique
PCT	Parti Congolais du Travail
PNUD	Programme des Nations Unies pour le Développement

PPC	Parti Progressiste Congolais
PPTE	Pays Pauvres Très Endettés
PRA	Parti du Regroupement Africain
PUF	Presses Universitaires de France
RASD	République Arabe Sahraouie Démocratique
RCA	République centrafricaine
RDA	République Démocratique Allemande
RDD	Rassemblement pour la Démocratie et le Développement
RDC	République Démocratique du Congo
RDPS	Rassemblement Démocratique pour le Progrès social
RDR	Rassemblement pour la Démocratie et la République
RFA	République Fédérale Allemande
RSA	République Sud-africaine
SFIO	Section Française de l'Internationale Ouvrière
SIDA	Syndrome d'Immuno-Déficience Acquise
UA	Union Africaine
UAM	Union Africaine et Malgache
UDDIA-RDA	Union Démocratique pour la Défense des Intérêts Africains-Rassemblement Démocratique Africain
UDE	Union Douanière Équatoriale
UDEAC	Union Douanière et Economique de l'Afrique Centrale
UJSC	Union de la jeunesse socialiste congolaise
UNESCO	Organisation des Nations Unies pour la Science et la Culture
UPADS	Union panafricaine pour le Développement Social
URAC	Union des Républiques d'Afrique Centrale
URSS	Union des Républiques Socialistes Soviétiques

USA	États Unis d'Amérique
USAID	Agence Américaine de Coopération et d'Aide
USD	Dollar Américain
VIH	Virus d'Immuno Déficience Acquise

TABLE DES MATIERES

1. AVANT-PROPOS	**9**
2. INTRODUCTION	**11**
3. PREMIERE PARTIE : **LA POLITIQUE EXTÉRIEURE DU** **CONGO DE 1960 À 1963**	**17**
• Chapitre 1er : Fondements historico-idéologiques	19
• Chapitre 2e : Principes directeurs de la politique extérieure du président Fulbert Youlou	29
• Chapitre 3e : Mise en œuvre de la politique extérieure du président Fulbert Youlou	35
4. DEUXIEME PARTIE : **LA POLITIQUE EXTÉRIEURE DU** **CONGO DE 1963 À 1968**	**53**
• Chapitre 1er : Fondements idéologiques	55
• Chapitre 2e : Bases juridiques et Principes directeurs de la politique extérieure du président Alphonse Massambat-Débat	61
• Chapitre 3e : Mise en œuvre de la politique extérieure du président Alphonse Massambat-Débat	67

5. TROISIEME PARTIE : LA POLITIQUE EXTÉRIEURE DU CONGO DE 1969 À 1991 — 77

- Chapitre 1er : Marxisme-léninisme et politique extérieure — 81
- Chapitre 2e : Bases juridiques et Principes directeurs de la politique extérieure du Parti Congolais du Travail (PCT) — 87
- Chapitre 3e : Mise en œuvre de la politique extérieure du Parti Congolais du Travail (PCT) — 101

6. QUATRIEME PARTIE : LA DIPLOMATIE DU PÉTROLE ET DE LA GUERRE (1991-2010) — 141

- Chapitre 1er : Conférence nationale, Démocratie et Diplomatie — 143
- Chapitre 2e : La Diplomatie du président Pascal Lissouba : Continuité et Ruptures — 151
- Chapitre 3e : Sassou-Nguesso II et la Diplomatie de la Françafrique — 179

7. CONCLUSION GENERALE — 191

8. INDICATIONS BIBLIOGRAPHIQUES — 207

9. ANNEXES : TEXTES ET ACCORDS SIGNES PAR LE CONGO — 211

10. SIGLES ET ABREVIATIONS — 231

11. TABLE DES MATIERES — 235

Le Congo-Brazzaville aux éditions L'Harmattan

Dernières parutions

GRAND-PÈRE, PARLE-NOUS DU PEUPLE KOONGO
Antoine-Ganga Dieudonné - Préface de Guy Menga
Ce livre donne une mine d'informations sur le grand peuple koongo, sur ses coutumes et ses traditions qui sont en train de se désagréger petit à petit. Il consiste donc à sauver, grâce à l'écriture, ce qui peut encore l'être. L'auteur, dans un langage perméable et facile, use du procédé de questions-réponses et aborde un large éventail de domaines : proverbes koongos, histoire ancienne, colonisation et indépendance, religion traditionnelle.
(19.00 euros, 190 p.) ISBN : 978-2-336-00141-8, ISBN EBOOK : 978-2-296-50486-8

PRATIQUE ET DÉONTOLOGIE NOTARIALES EN DROIT POSITIF Congo-Brazzaville
Amboulou Hygin Didace
Cet ouvrage présente de nouveaux enjeux de la profession et contient une étude complète des missions du notaire notamment celles de conseil, de médiation, d'établissement et de conservation des minutes dans les matières relatives au droit de la famille, au droit des affaires et au droit immobilier, des informations sur le calcul des droits de mutation, un glossaire de notions clés, 243 références de législation, jurisprudence et doctrine..
(Coll. Etudes africaines, 18.00 euros, 168 p.)
ISBN : 978-2-296-99339-6, ISBN EBOOK : 978-2-296-50285-7

HISTOIRE DES INSTITUTIONS JUDICIAIRES CONGOLAISES DE 1910 À NOS JOURS
Amboulou Hygin Didace - Préface d'Aimé Emmanuel Yoka
En 1910, la France ouvre une nouvelle ère de la colonisation en créant la Fédération de l'Afrique équatoriale (AEF). S'installent ensuite des institutions politiques, administratives et socioéconomiques (conférence de Brazzaville en 1944, Union française en 1946, Loi-cadre de 1956, Communauté française et création de la République du Congo en 1958, indépendance en 1960). Chaque période se caractérise par l'unification difficile des institutions judiciaires dans une société où cohabitent deux civilisations (traditionnelle et moderne).
(Coll. Etudes africaines, 29.00 euros, 280 p.)
ISBN : 978-2-296-99351-8, ISBN EBOOK : 978-2-296-50376-2

DROIT (LE) DU PATRIMOINE CULTUREL CONGOLAIS
Kianguebeni Ulrich Kévin
Le patrimoine culturel congolais est digne d'intérêt ; il apparaît, dès lors, nécessaire de mentionner les progrès enregistrés dans l'élaboration des

outils juridiques et dans la mise en place des institutions qui contribuent à la protection du patrimoine culturel dans ce pays.
(Coll. Etudes africaines, 14.00 euros, 132 p.)
ISBN : 978-2-296-96281-1, ISBN EBOOK : 978-2-296-50255-0

VILLE (LA) D'OYO – Futurs possibles d'Oyo Poro
Ikiemi Serges - Préface du Pr Théophile Obenga
Serges Ikiemi retrace le parcours d'une ville du Congo Brazzaville née d'intenses luttes syndicalistes des natifs de cette localité, de la prophétie de Marcel Okoyo et de l'action de Denis Sassou Nguesso. Oyo est une ville cosmopolite, et ses habitants contribuent à faire de cette communauté urbaine une cité bien organisée.
(Coll. Harmattan Congo, 13.50 euros, 124 p.)
ISBN : 9782-296-99661-8, ISBN EBOOK : 9782-296-50074-7

ANNALES DE LA FACULTÉ DES LETTRES ET DES SCIENCES HUMAINES N° 5
Premier trimestre 2011
Massoumou Omer
Cinquième numéro des Annales de la FLSH de l'Université Marien Ngouabi, avec trois grandes parties comprenant divers articles : Langues, Littérature et Sciences Humaines.
(45.00 euros, 474 p.) ISBN : 978-2-296-99218-4, ISBN EBOOK : 978-2-296-50297-0

EXPÉRIENCE (L') CONGOLAISE DU SOCIALISME DE MASSAMBA-DÉBAT À MARIEN N'GOUABI
Ollandet Jérôme
Le 15 août 1963, la population de Brazzaville descend dans la rue pour exiger la démission de l'abbé Fulbert Youlou, le premier président du pays. De ce geste naît un autre mythe. Le pays opte pour l'expérience d'économie planifiée qui prend vite le nom de «socialisme scientifique». Ce livre retrace les étapes essentielles de cette expérience congolaise du socialisme pendant les douze premières années de son déroulement.
(Coll. Harmattan Congo, 37.00 euros, 358 p.) ISBN : 978-2-296-96770-0

MONARCHIE (LA) DE DROIT ANCESTRAL TÉKÉ – Sacralité et autorité
Ebiatsa Hopiel
Chez les Téké, la stratégie développée autour des forces surnaturelles pour exercer le pouvoir a donné naissance à une structure politique originale et peut-être unique en Afrique centrale : une Monarchie décentralisée au sein de laquelle les pouvoirs du roi sont largement tempérés par un Conseil spirituel et fortement limités par un Grand Conseil des Sages du royaume.
(Coll. Etudes africaines, 11.50 euros, 82 p.) ISBN : 978-2-296-96095-4

COMPORTEMENTS (LES) ANTI-SOCIAUX DANS LE SYSTÈMES JURIDIQUE TRADITIONNEL CONGOLAIS
Ognimba Amédée
Avant l'époque coloniale, le Congo-Brazzaville actuel était constitué par des royaumes et chefferies. Ils possédaient des institutions judiciaires

propres, et le droit de la répression qui s'y appliquait ne s'exerçait que sur les comportements anti-sociaux reconnus comme répréhensibles. Mais il y avait des actes anti-sociaux tolérés donc impunis. Voici d'abord une analyse exhaustive de ces comportements anti-sociaux, ce qui les caractérisait et les modes de répression.
(Coll. Pensée Africaine, 21.00 euros, 204 p.)   *ISBN : 978-2-296-96995-7*

MVOUMVOU
Ensemble levons-nous et bâtissons !
Makosso Anatole Collinet
Natif de Mvoumvou au Congo, l'auteur y a passé une bonne partie de son enfance et est lié à cette commune. Mais Mvoumvou semble aujourd'hui à l'écart du mouvement de reconstruction amorcé partout dans le pays. Il est temps de rebâtir cette commune, d'en faire une sorte de nouvelle Jérusalem, d'y entreprendre d'importantes réformes devant lui permettre de retrouver son identité et sa place au coeur du Kouilou.
(Coll. Harmattan Congo, 12.00 euros, 90 p.)   *ISBN : 978-2-296-96854-7*

CHINE (LA) AU CONGO-BRAZZAVILLE
Stratégie de l'enracinement et conséquences sur le développement en Afrique
Bokilo Julien
La Chine a besoin des matières premières dont dispose l'Afrique, ce qui semble justifier la stratégie d'enracinement chinoise au Congo. Cette étude montre les constances de cet échange, comment la Chine maintient les Africains dans une dépendance grâce aux ancrages idéologique, monétaire et humanitaire, comment elle mène une gestion ethnocentrique en Afrique. Voici une réflexion sur l'échange asymétrique et sa dynamique dans le jeu de coopération économique entre les pays riches et les pays pauvres.
(Coll. Etudes africaines, 32.00 euros, 314 p.)   *ISBN : 978-2-296-96498-3*

LANGUE (LA) DE LA POLITIQUE AU CONGO-BRAZZAVILLE
Contexte sociopolitique et comportements langagiers
Mfoutou Jean-Alexis
Cet ouvrage met en évidence le rôle des événements et des pratiques politiques dans la conduite langagière des sujets parlants qu'il présente comme une réponse à un *stimulus*. L'auteur montre le nouveau rôle du français (langue refuge) et la manière dont cette langue est parlée dans le Congo-Brazzaville contemporain en proie à des conflits politiques et ethniques.
(Coll. Etudes africaines, 24.00 euros, 238 p.)   *ISBN : 978-2-296-96937-7*

L'HARMATTAN, ITALIA
Via Degli Artisti 15; 10124 Torino

L'HARMATTAN HONGRIE
Könyvesbolt ; Kossuth L. u. 14-16
1053 Budapest

ESPACE L'HARMATTAN KINSHASA
Faculté des Sciences sociales,
politiques et administratives
BP243, KIN XI
Université de Kinshasa

L'HARMATTAN CONGO
67, av. E. P. Lumumba
Bât. – Congo Pharmacie (Bib. Nat.)
BP2874 Brazzaville
harmattan.congo@yahoo.fr

L'HARMATTAN GUINÉE
Almamya Rue KA 028, en face du restaurant Le Cèdre
OKB agency BP 3470 Conakry
(00224) 60 20 85 08
harmattanguinee@yahoo.fr

L'HARMATTAN CAMEROUN
BP 11486
Face à la SNI, immeuble Don Bosco
Yaoundé
(00237) 99 76 61 66
harmattancam@yahoo.fr

L'HARMATTAN CÔTE D'IVOIRE
Résidence Karl / cité des arts
Abidjan-Cocody 03 BP 1588 Abidjan 03
(00225) 05 77 87 31
etien_nda@yahoo.fr

L'HARMATTAN MAURITANIE
Espace El Kettab du livre francophone
N° 472 avenue du Palais des Congrès
BP 316 Nouakchott
(00222) 63 25 980

L'HARMATTAN SÉNÉGAL
« Villa Rose », rue de Diourbel X G, Point E
BP 45034 Dakar FANN
(00221) 33 825 98 58 / 77 242 25 08
senharmattan@gmail.com

L'HARMATTAN TOGO
1771, Bd du 13 janvier
BP 414 Lomé
Tél : 00 228 2201792
gerry@taama.net

Achevé d'imprimer par Corlet Numérique - 14110 Condé-sur-Noireau
N° d'Imprimeur : 93120 - Dépôt légal : décembre 2012 - *Imprimé en France*